D1867494

Grundlagen der Datenverarbeitung

für Sozialwissenschaftler

Von

Professor

Dr. Werner Voß

R. Oldenbourg Verlag München Wien

89 A 1537

Stadtbibliothek Trier
Ausgeschieden Wissenschaftliche Bibliothek der Stadt Trier Weberbach 25 54290 Trier

CIP-Titelaufnahme der Deutschen Bibliothek

Voss, Werner:
Grundlagen der Datenverarbeitung für Sozialwissenschaftler /
von Werner Voss. - München ; Wien : Oldenbourg, 1989
ISBN 3-486-21129-3

© 1989 R. Oldenbourg Verlag GmbH, München

Das Werk einschließlich aller Abbildungen ist urheberrechtlich geschützt. Jede Verwertung außerhalb der Grenzen des Urheberrechtsgesetzes ist ohne Zustimmung des Verlages unzulässig und strafbar. Das gilt insbesondere für Vervielfältigungen, Übersetzungen, Mikroverfilmungen und die Einspeicherung und Bearbeitung in elektronischen Systemen.

Gesamtherstellung: Huber KG, Dießen

ISBN 3-486-21129-3

INHALT

KAPITEL 1 :
BEDEUTUNG DER DATENVERARBEITUNG IN DEN SOZIALWISSENSCHAFTEN

1.1 VORBEMERKUNG

Die Themenbereiche, mit denen sich die Sozialwissenschaften befassen, sind sehr vielgestaltig und durchaus unterschiedlich. Ihnen allen aber ist gemeinsam, daß gesellschaftliche Phänomene, Tatbestände, Sachverhalte oder Entwicklungen zum Gegenstand der Betrachtung gemacht werden.

Typische Beispiele für entsprechende Fragestellungen sind beispielsweise:

- Untersuchungen zur Sozialstruktur in der Bundesrepublik Deutschland

- die sozio-ökonomische Situation von Studenten an deutschen Universitäten

- die Einkommensverteilung in der Bundesrepublik Deutschland und ihre zeitlichen Veränderungen

- Veränderungen des Wählerverhaltens und die Determinanten von Wahlentscheidungen

usw.

Wie in allen wissenschaftlichen Bereichen geht es auch in den Sozialwissenschaften letztlich um Erkenntniszuwächse, d.h. um den Versuch, interessierende Sachverhalte zu "beleuchten", also zu beschreiben, zu erklären und vielleicht zu begründen.

Im Zeitablauf kann beobachtet werden, daß die Notwendigkeit sozialwissenschaftlicher Analysen offenbar zunimmt. Dies wird nicht nur von Sozialwissenschaftlern selbst so gesehen, sondern zum Beispiel auch von Politikern. Das ist insbesondere darauf zurückzuführen, daß - angesichts der zunehmenden Komplexität gesellschaftlicher Problemfelder und entsprechender Beziehungsgeflechte und angesichts der zunehmenden Bedeutung der Lösung gesellschaftlicher Probleme oder der Verhinderung bzw. Dämpfung gesellschaftlicher Konflikte und Spannungen, also angesichts bedeutsamer werdender politischer Steuerungsaufgaben - sozialwissenschaftlichen Erklärungen und Analysen zunehmend Aufmerksamkeit gewidmet wird.

In diesem Zusammenhang muß besonders beachtet werden, daß Erklärungen und Analysen in der Regel das Endergebnis wissenschaftlicher Arbeit darstellen, das ohne vorbereitende Überlegungen und ohne vorhergehende Arbeitsschritte nicht vorstellbar ist. Dies bedeutet aber auch gleichzeitig, daß solche Ergebnisse wissenschaftlichen Bemühens in weitem Ausmaß mit dadurch beeinflußt werden, was in den vorhergehenden Arbeitsschritten und in den vorbereitenden Überlegungen geleistet wurde. Insoweit stellen diese vorbereitenden Arbeiten gewissermaßen die "Weichen" für die Auswertungen, für Analysen und für andere Ergebnisse wissenschaftlicher Untersuchungen.

Diese Anmerkung gilt ganz generell und ist nicht speziell nur auf die Sozialwissenschaften zugeschnitten. Sie wird verdeutlicht, wenn wir uns im folgenden Abschnitt schematisch den Ablauf einer sozialwissenschaftlichen Untersuchung anschauen.

Bevor dies geschieht, soll jedoch noch darauf aufmerksam gemacht werden, daß der Bereich der Sozialwissenschaften, der hier - speziell unter dem Blickwinkel der Datenverarbeitung - betrachtet wird, insgesamt gesehen eine sehr heterogene Struktur aufweist: Es sind nicht nur soziologische Fragestellungen, die hier von Interesse sind, sondern genauso wichtig sind Fragestellungen aus dem Bereich der Politikwissenschaft, oder solche sozialpsychologischer Art u.ä. In vielen Fällen wird es auch sinnvoll oder sogar unumgänglich sein, sich mit "Randbereichen" der Gesellschaftswissenschaften zu befassen, wenn sozialwissenschaftliche Probleme diskutiert werden - so werden zum Beispiel von Fall zu Fall auch wirtschaftliche Fragen bedeutsam sein, oder es müssen psychologische Gesichtspunkte mit berücksichtigt werden usw. Insoweit ist also der Begriff der Sozialwissenschaften, von dem wir im folgenden ausgehen, sehr weit gefaßt.

1.2 DER EMPIRISCHE ASPEKT

Wenn man davon ausgeht, daß es Aufgabe der Sozialwissenschaften ist, zu Erkenntnissen und Erklärungen bei gesellschaftlichen Problemstellungen zu gelangen, dann wird üblicherweise - wenn auch nicht immer - unterstellt, daß "empirisch" vorgegangen wird: Nicht umsonst spricht man häufig einfach von "empirischen Sozialwissenschaften". Damit werden diejenigen Bereiche dieser wissenschaftlichen Disziplin angesprochen, die sich empirischer Methoden bedient.

Sozialwissenschaftliche Methoden wiederum dienen dazu, die Ziele der sozialwissenschaftlichen Forschung zu realisieren, also zu Erkenntnissen und Forschungsergebnissen zu gelangen, die sich auf gesellschaftlich relevante Fragen und Problemstellungen beziehen. "Empirisch" nennt man die entsprechenden Methoden dann, wenn der Prozeß der Erkenntnisgewinnung sich auf wahrnehmbare Beobachtungen stützt.

"Empirie ist aus dem Griechischen hergeleitet und bedeutet von daher "Sinneserfahrung". Empirische Wissenschaft ist demnach der Teil der Wissenschaften, der auf der Erfahrung durch menschliche Sinne (auf Beobachtung in allerweitester Bedeutung) beruht; empirisches Vorgehen ist "Ausgehen von Erfahrungstatsachen"..." (H. KROMREY: Empirische Sozialforschung, 3.Auflage, Opladen 1986, Seite 13).

Diese Erläuterung zum Begriff der empirischen Wissenschaft gilt sinngemäß natürlich auch für die empirischen Sozialwissenschaften. Es wird damit verdeutlicht, daß wir uns in den Bereichen der Soziologie, der Politikwissenschaft, der Sozialpsychologie, der Ökonomie und in benachbarten Bereichen solcher Methoden bedienen können, die "erfahrbare Sachverhalte" bzw. entsprechende Tatbestände oder Entwicklungen bereitstellen und mithin zur Grundlage folgender Auswertungen, Analysen und Interpretationen machen: Erkenntniszuwachs auf der Grundlage (oder zumindest unter Zuhilfenahme) sinnlich wahrnehmbarer Sachverhalte - dies ist das Wesen der empirisch orientierten Sozialwissenschaften.

Bewußt wird in diesem Zusammenhang hier darauf verzichtet, solche durchaus interessanten Fragen zu diskutieren, ob es erfahrbare Sachverhalte überhaupt gibt, oder ob - anders ausgedrückt - erfahrbare Realität überhaupt existiert. Mit solchen und den damit zusammenhängenden Fragen mögen sich die Philosophen befassen oder die Wissenschaftstheoretiker. Hier wird ein pragmatischer Ansatz bevorzugt, der unterstellt, daß Realität existiert und daß sie auch durch die menschlichen Sinne erfahrbar ist (wer sich in diese Diskussion vertiefen möchte, sei verwiesen zum Beispiel auf H.ALBERT : Theorie und Realität, Tübingen 1972 oder E.TOPITSCH (Hg.): Logik der Sozialwissenschaften, Köln 1972).

Wir gehen also im folgenden davon aus, daß der Prozeß der Gewinnung empirischer Informationen wesentlicher Bestandteil der Sozialwissenschaften ist, dazu geeignet, Erkenntniszuwächse zu ermöglichen. Es muß allerdings mit Nachdruck darauf aufmerksam gemacht werden, daß mit dieser Feststellung nicht gemeint ist, daß sozialwissenschaftliche Erkenntnisse schließlich als Ergebnisse empirischer Befunde interpretiert werden können. Vielmehr muß berücksichtigt werden. daß

- die Auswahl derjenigen empirischen Informationen, die zur Beantwortung einer bestimmten Forschungsfrage bereitgestellt werden sollen,
- die Formulierung und Präzisierung dieser Forschungsfrage selbst,
- die Methoden, mit denen die interessierenden empirischen Informationen bereitgestellt werden,
- die Auswahl der Methoden zur Auswertung und Analyse der empirischen Befunde
- und selbstverständlich auch die Ansätze zur inhaltlichen Interpretation dieser Befunde und damit schließlich die präsentierten Forschungsergebnisse

in entscheidender Weise dadurch geprägt werden, von welchem theoretischen Vorverständnis der jeweilige empirisch arbeitende Sozialwissenschaftler ausgeht. Es ist dabei prinzipiell zunächst gleichgültig, ob er sich seiner theoretischen Ausgangsposition bewußt ist oder nicht.

Dies bedeutet, daß die jeweilige Fragestellung einer empirischen Untersuchung im Prinzip nur in der Form einer Hypothese formulierbar ist:

- Das Durchschnittseinkommen abhängig Beschäftigter in der Bundesrepublik Deutschland liegt bei DM 2700.-- monatlich netto;

- Es besteht ein starker statistischer Zusammenhang zwischen der Zahl tagesdurchschnittlich gerauchter Zigaretten und der Gefahr, an Bronchialkrebs zu erkranken;

- Wähler aus vornehmlich ländlichen Bereichen tendieren eher dazu, CDU oder CSU zu wählen;

- Der Anteil weiblicher Studierender an der Gesamtzahl der Studierenden der deutschen Hochschulen nimmt im Zeitablauf zu;

- Das Super-Waschmittel mit einer neuer Verpackung versehen, wird sich besser verkaufen, als es mit der alten Aufmachung möglich war;

usw.

Solche und ähnliche Aussagen, die man ja in fast beliebiger Zahl formulieren kann, sind nichts anderes als Hypothesen, von denen kein Mensch weiß, ob sie in Wirklichkeit (in der Realität also) zutreffen oder nicht. Allerdings gibt es nur diese zwei Möglichkeiten : Eine Hypothese ist entweder wahr oder falsch.

Die empirisch orientierte Wissenschaft kann nun keine Entscheidung darüber herbeiführen, ob eine solche Hypothese wahr ist oder falsch - sie kann nur dazu dienen, darüber zu entscheiden, ob sie (die Hypothese) bestätigt werden kann, oder ob sie sinnvollerweise zu verwerfen ist. Für diese Entscheidung werden empirische Beobachtungen benötigt (Ergebnisse von Umfragen, Marktforschungen, Zählungen, Auswertungen vorhandenen statistischen Materials usw.), d.h. die betreffende Entscheidung wird "im Lichte empirischer Befunde" gefällt.

Der angestrebte Erkenntnisfortschritt reduziert sich somit auf die Entscheidung über Bestätigung oder Verwerfung von Untersuchungshypothesen (nur am Rande sei darauf hingewiesen, daß diese Beschreibung der Bedeutung der Empirie im Prozeß des wissenschaftlichen Erkenntnisgewinns nur einen unter mehreren denkbaren wissenschaftstheoretischen Denkansätzen beleuchtet; Alternativen dazu kann der interessierte Leser der einführenden wissenschaftstheoretischen und methodologischen Literatur entnehmen, die am Ende dieses Kapitels genannt wird).

Schematisch läßt sich das Dilemma zwischen wahren und falschen Aussagen einerseits und Entscheidungen über Bestätigung oder Verwerfung andererseits wie folgt skizzieren:

	Aussage über die Realität	
	wahr	falsch
Hypothese beibehalten	korrekt	Fehler vom Typ II
Hypothese verwerfen	Fehler vom Typ I	korrekt

Wir erkennen, daß - unabhängig davon, wie die jeweilige Entscheidung im Lichte der empirischen Befunde ausfällt - immer die Gefahr einer Fehlentscheidung besteht, weil wir eben nie genau wissen können, was in der Realität (wirklich) wahr ist und was falsch ist.

Natürlich könnten derartige Entscheidungen so getroffen werden, daß man eine Münze wirft, um dann, wenn "Zahl" kommt, die in frage stehende Hypothese als bestätigt anzusehen, und sie verwirft, wenn "Wappen" kommt (die Trefferquote derart zustande gekommener Entscheidungen ist vielleicht noch nicht einmal so sehr schlecht). Sollten jedoch Methoden zur Verfügung stehen, die es erlauben, den Anteil korrekter Entscheidungen über die durch den Münzwurf ermöglichte 50%-Marke hinauszuschieben, mithin also den Anteil fehlerhafter Entscheidungen unter die 50%-Marke zu drücken, dann dürften uns derartige Methoden sehr willkommen sein.

Diese Möglichkeiten werden durch die Methoden der mathematischen Statistik (Wahrscheinlichkeitsstatistik, inferenzielle Statistik, induktive Statistik - alle diese Begriffe beziehen sich auf die gleichen Methoden) bereitgestellt. Sie ermöglichen nicht - und dies sei mit aller Deutlichkeit betont - darüber zu entscheiden, was wahr ist oder falsch, sondern nur darüber, ob eine Hypothese als bestätigt gelten kann oder ob sie verworfen werden soll. Bei beiden Entscheidungen besteht die Gefahr, einen Fehler zu begehen - aber die Statistik bietet nicht nur die Möglichkeit, diese Entscheidung herbeizuführen, sondern sie ermöglicht darüber hinaus, auch die Wahrscheinlichkeiten für derartige Fehler zu quantifizieren.

Auf diese Weise können wir also in den empirischen Wissenschaften sinnvolle Entscheidungen über aus theoretischen Vorgaben hergeleitete Untersuchungshypothesen herbeiführen.

Die Zusammenhänge zwischen theoretischen Vorgaben und Ausgangspositionen einerseits und den dadurch mit beeinflußten empirischen Methoden und insbesondere den Ergebnissen empirischer Forschungen andererseits sollen hier nicht im Detail diskutiert werden. Eine Verdeutlichung dieser Beziehungen bietet der folgende Abschnitt, in dem ein typischer sozialwissenschaftlicher empirischer Forschungspropzeß stichwortartig skizziert wird. Im übrigen verweise ich auf die einführende Literatur am Ende dieses Kapitels.

1.3 EMPIRISCHE SOZIALFORSCHUNG

Ausgehend von einer typischen sozialwissenschaftlichen Forschungsfrage (beispielsweise soll die Einkommensverteilung in der Bundesrepublik Deutschland untersucht werden) zeigt dieser Abschnitt, wie ein empirischer Forschungsprozeß abläuft. Zu diesem Zweck skizzieren wir die wesentlichen Arbeitsschritte, die durchlaufen werden müssen, wenn Erkenntniszuwächse erzielt werden sollen, wenn wir also etwas Neues erfahren wollen über die Einkommensverteilung in der Bundesrepublik Deutschland.

Bei der Auflistung dieser Arbeitsschritte muß berücksichtigt werden, daß es ohne weiteres auch möglich ist, bestimmte Schritte noch weiter zu untergliedern, also in kleinere Teilschritte zu zerlegen, daß es aber auch von Fall zu Fall geboten sein könnte, aus zu vielen kleinen Teilschritten von Vornherein einmal einen größeren Gesamtschritt zu machen.

1) Die Forschungsfrage

Ausgangspunkt jeder empirischen Forschung ist einer Herleitung der interessierenden Forschungsfrage und - soweit dies erforderlich ist - deren Präzisierung. Dabei ist es besonders wichtig, sich auch darüber klar zu werden,

- ob es ein Interesse an dieser Forschungsfrage gibt (und sei es auch nur das eigene),

- welches der eigentliche Forschungsanlaß ist,

- welche weiteren Forschungsinteressen hinter einer bestimmten Forschungsfrage stehen (oder welche anderen Interessen zusätzlich oder alternativ eine Rolle spielen könnten),

- und wer der Auftraggeber einer bestimmten Untersuchung ist (und welches seine Interessen sein könnten).

Beim Beispiel der Einkommensverteilung in der Bundesrepublik Deutschland könnte es so sein, daß vielleicht eine der großen politischen Parteien - etwa mit Blick auf die Argumentationsbedürfnisse in der Vorbereitung der nächsten Bundestagswahl - daran interessiert sein könnte, gesellschaftliche Ausgleichsprozesse (oder Diversifizierungen) dadurch zu belegen, daß entsprechende Befunde vorgelegt werden - von der Hypothese ausgehend, daß eine Abnahme von Ungleichgewichtigkeiten in der Einkommensverteilung für zunehmenden sozialen Ausgleich spricht (auch diese Hypothese müßte eigentlich näher diskutiert werden) und umgekehrt.

2) Die Präzisierung

In einem nächsten Schritt muß geprüft werden, ob die interessierende Forschungsfrage so weit präzisiert werden kann, daß sie einer empirischen Untersuchung zugänglich ist. Dies bedeutet, daß zum Beispiel die folgenden Teilfragen beantwortet werden müssen:

- Was bedeutet "Einkommen"?

- Sollen Personen- oder Haushaltseinkommen betrachtet werden?

- Was bedeutet "Abnahme" des Einkommensverteilungsungleichgewichts, was bedeutet "Zunahme" dieses Ungleichgewichts?

Wenn man diese und damit zusammenhängende Fragen (noch) nicht beantworten kann, dann ist die Forschungsfrage "zu früh" gestellt - sie kann empirisch nicht untersucht werden.

Bei unserem Ausgangsbeispiel könnte hier nun entschieden werden, daß Haushaltsnettoeinkommen (pro Monat) im Zeitablauf betrachtet werden sollen, und daß die "Ungleichgewichtigkeit" der Einkommensverteilung durch geeignete Streuungs- oder Konzentrationsmaße zum Ausdruck gebracht werden könnte. "Abnahme des Ungleichgewichts" würde dann bedeuten, daß die entsprechende Maßzahl kleinere Werte, "Zunahme", daß sie größere Werte annimmt.

3) Vorkenntnisse

In einem dritten Schritt muß nun festgestellt werden, welches schon vorhandene Vorwissen (eigenes oder fremdes Vorwissen) eingesetzt werden kann, um die Forschungsfrage zu beantworten. Hier muß also die Quellenlage studiert werden; es ist zu untersuchen, ob eigene, vielleicht in anderen Zusammenhängen entstandenen Ergebnisse, verwendet werden können u.ä.

Zudem muß überprüft werden, welche Daten zur Einkommensverteilung in der Bundesrepublik Deutschland vorliegen, ob es sich dabei um amtliche Quellen (sekundärstatistische Quellen) handelt oder beispielsweise um die Ergebnisse früherer sozialwissenschaftlicher Untersuchungen, ob gegebenenfalls Schätzungen verwendet werden können usw.

Möglicherweise stellt sich bei diesem Arbeitsschritt sogar heraus, daß die vorliegenden Kenntnisse zur Beantwortung der gestellten Frage schon ausreichen, so daß der empirische Forschungsprozeß, der hier in Gang kommen sollte, schon seinen Abschluß erreicht hätte. Nach einer entsprechenden Dokumentation und der Bekanntgabe der schon vorliegenden Ergebnisse könnte dieses Ende tatsächlich festgestellt werden, bzw. es würde auf eine weitere empirische Untersuchung verzichtet werden können.

Kommt man hingegen zu dem Schluß, daß auf der Grundlage der zur Verfügung stehenden Informationen die Forschungsfrage nicht oder noch nicht beantwortet werden kann, wird man mit der Vorbereitung einer eigenen empirischen Untersuchung fortfahren müssen.

4) Präzisierung der Begriffe

Ist dies der Fall, müssen in einem nächsten Arbeitsschritt die verwendeten Begriffe genau präzisiert werden. Nach der Präzisierung der Forschungsfrage selbst (siehe 2)) ist dies nun die "Feinarbeit", die geleistet werden muß, bevor die eigene empirische Informationsbeschaffung zufriedenstellend, d.h. mit Aussicht auf Erfolg ("Erfolg" bedeutet in diesem Zusammenhang, daß wir letztlich zu einer Entscheidung über die gestellte Forschungsfrage gelangen wollen) vonstatten gehen kann.

Nach diesem Arbeitsschritt, der bei dem Beispiel, von dem hier ausgegangen wird, nicht allzu schwierig sein dürfte, wird man zum Beispiel zu dem Ergebnis gelangen können, daß die monatlichen Nettoeinkommen privater Haushalte im Zeitablauf untersucht werden müssen, um die Forschungsfrage beantworten zu können.

5) Hypothesenformulierung

Nach der Präzisierung der Forschungsfrage und der Präzisierung der verwendeten Begriffe kann jetzt die eigentliche Untersuchungshypothese unter Verwendung dieser Begriffe und unter Bezugnahme auf die Forschungsfrage formuliert werden. Unter Umständen handelt es sich dabei auch um mehrere Hypothesen gleichzeitig, was uns jetzt aber nicht weiter beschäftigen soll.

Ausgehend von unserem Beispiel könnte eine solche Untersuchungshypothese folgendermaßen lauten:

Die Verteilung monatlicher Netto-Haushaltseinkommen in der Bundesrepublik Deutschland ist im Zeitablauf ungleichgewichtiger geworden, d.h. ihre Streuung hat zugenommen, wobei diese Streuung mit geeigneten statistischen Streuungsmaßzahlen, wie zum Beispiel der Standardabweichung quantifiziert werden kann (die Standardabweichung ist bei gegebenen Merkmalswerten definiert als die Quadratwurzel aus der durch die Anzahl der Werte dividierten Summe der quadrierten Abweichungen zwischen den Merkmalswerten und ihrem eigenen arithmetischen Mittel; letzteres wiederum ist definiert als die Summe der Merkmalswerte dividiert durch ihre Anzahl).

6) Festlegung der Erhebungsmethoden

Nach der Formulierung der Untersuchungshypothese, die ja im Lichte empirischer Befunde überprüft werden soll, ist zu diskutieren, in welcher Weise die erforderlichen empirischen Daten bereitgestellt werden können. Hier geht es also etwa um die folgenden Fragen:

- Soll bzw. kann sekundärstatistisch vorgegangen werden (Rückgriff auf schon vorhandenes statistisches Datenmaterial) oder ist eine primärstatistische Datenerhebung erforderlich (zum Beispiel eine Befragung)?

- Soll eine Totalerhebung durchgeführt werden (Befragung aller in frage kommender Haushalte) oder bietet es sich an, eine Teilerhebung (Stichprobenerhebung) durchzuführen?

- Wenn eine Teilerhebung durchgeführt wird, nach welchen Regeln sollen dann die Haushalte ausgewählt werden, die in die Teilerhebung aufgenommen werden?

In diesem Zusammenhang müssen selbstverständlich auch die Vor- und die Nachteile der einzelnen Erhebungsmethoden diskutiert und mit Blick auf die interessierenden Sachverhalte gegeneinander abgewogen werden, so daß sich schließlich ergibt, welche der Erhebungsmethoden im konkreten Fall sinnvollerweise verwendet wird, und welche Probleme damit verbunden sein könnten.

Diese und damit zusammenhängende Fragen lassen sich unter dem Oberbegriff "Meßtechniken und Meßmethoden" zusammenfassen. Dabei geht es nicht nur um die mit obigen Fragen angesprochene Art der Vorgehensweise bei der Datenerhebung, sondern auch darum, welches die statistischen Größen sind, die mit Daten "gefüllt" werden sollen. Diese Festlegung der statistischen Größen und der Methoden der Datenerhebung nennt man Operationalisierung, die als weiterer Schritt wegen ihrer großen Bedeutung noch einmal gesondert aufgeführt werden soll.

7) Operationalisierung

In diesem Arbeitsschritt wird also festgelegt, in welcher Weise die interessierenden empirischen Begriffe mit Daten "gefüllt" werden können. Dies bedeutet, daß Regeln angegeben werden, in welcher Weise die empirischen Sachverhalte, wie sie sich aus der Präzisierung der Fragestellung und der Begriffe ergeben haben, in statistisch faßbare Größen "übersetzt" werden. Darüber hinaus bedeutet es, daß die

Meßmethoden angegeben und damit fixiert werden, die die Datenaufnahme selbst steuern.

8) Pretest

Ausgehend von den Ergebnissen der bisherigen Arbeitsschritte kann nun ein Pretest erfolgen. Dabei wird untersucht, ob man mit dem nun hergeleiteten Instrumentarium zu brauchbaren Ergebnissen gelangen kann, bzw. in welcher Weise gegebenenfalls Veränderungen oder Ergänzungen erforderlich sind, bevor die eigentliche Untersuchung durchgeführt werden kann.

9) Hauptuntersuchung

Auf der Grundlage der Prestest-Ergebnisse kann jetzt die eigentliche empirische Untersuchung durchgeführt werden.

10) Datenüberprüfung

Die bei der Hauptuntersuchung gewonnenen Daten müssen zunächst gesammelt werden. Dabei ist in erster Linie darauf zu achten, ob der Datenrücklauf befriedigend ist (gegebenenfalls sind Maßnahmen zur Erhöhung der Rücklaufquote zu diskutieren und in die Tat umzusetzen). Weiterhin muß kontrolliert werden, ob offenkundig unkorrekte Daten auftreten und die entsprechenden Angaben müssen aus dem Datenbestand entfernt werden.

11) Codierung und Dateneingabe

Zum Zwecke der späteren computergestützten Datenauswertung und -analyse (dies ist ja letztlich das Thema dieses Buches) müssen die Daten codiert werden. Dabei werden die Daten so aufbereitet, daß sie der Auswertung durch einen Computer mit dafür geeigneten Programmen zugänglich sind. Wie dabei im einzelnen vorzugehen ist und was der Begriff der Codierung eigentlich bedeutet, wird in einem der folgenden Kapitel diskutiert.

Die codierten Daten werden dann einer Rechenanlage zwecks weiterer Auswertung zugänglich gemacht, d.h. sie werden "eingegeben". Auch dazu an anderer Stelle einige Detailhinweise.

12) Datenkontrolle

In Ergänzung zum Schritt 10) wird nun - ausgehend von dem codierten Datenbestand, der einem Rechner eingegeben wurde - ein Kontrollprogramm angesetzt, welches den Datenbestand darauf überprüft, ob sich die angegeben Werte, also die einzelnen statistischen Befunde, alle in zulässigen Grenzen bewegen (Altersangaben in der Größenordnung von 158 oder -2.5 Jahren sind sicherlich als unzulässig auszuweisen). Bei Werten, die vorgegebene Grenzen überschreiten, muß das entsprechende Prüfprogramm eine Meldung ausgeben, die es erlaubt, in den ursprünglichen Datenbelegen, zum Beispiel in ausgefüllten Fragebögen, nachzuschauen, welche Angaben tatsächlich vorliegen. Gegebenenfalls müssen die entsprechenden Angaben dann korrigiert werden, bzw. die in frage kommenden Daten sind wegen Unbrauchbarkeit auszuscheiden, wenn eine Korrektur nicht möglich ist.

13) Auswertung

Es schließen sich jetzt wiederum computergestützt die Auswertungs- und Analyseschritte an, wobei die üblichen und bewährten statistischen Methoden und Modelle zum Einsatz kommen können, um zum Beispiel Häufigkeitsverteilungen zu erstellen und zu präsentieren, um diese Verteilungen durch geeignete statistische Maßzahlen (etwa Mittelwerte und Streuungsmaße) zu charakterisieren, um statistische Zusammenhänge zu quantifizieren, um trendmäßige Entwicklungen beschreiben zu können usw. Daneben kann auch mit anspruchsvolleren und komplexeren Methoden gearbeitet werden (gerade der Rechnereinsatz bietet hier wertvolle Hilfestellungen), etwa mit den Methoden der multivariaten Statistik.

14) Entscheidungen über die Untersuchungshypothesen

Auf der Grundlage der statistischen Befunde können nun die Entscheidungen über die formulierten Untersuchungshypothesen herbeigeführt werden (siehe 5)). Jetzt kann also festgelegt werden, ob eine bestimmte Hypothese "im Lichte empirischer Befunde" als bestätigt gelten kann, oder ob sie sinnvollerweise verworfen werden sollte. In diesem Zusammenhang sei noch einmal an das Vierfelder-Schema in Abschnitt 1.2 erinnert, dem zu entnehmen war, daß es Aufgabe der empirischen Forschung <u>nicht</u> ist, festzustellen, was "wahr" ist oder was "falsch" ist, sondern daß Entscheidungen über Hypothesen herbeigeführt werden, wobei diese Entscheidungen immer mit Fehlerrisiken behaftet sind. Die Quantifizierung der entsprechenden Fehlerwahrscheinlichkeiten ist Aufgabe der inferenziellen Statistik (siehe z.B. TIEDE/VOSS im Literaturanhang zu diesem Kapitel).

15) Interpretation der Ergebnisse

Ausgehend von den inhaltlich-theoretischen Vorüberlegungen und den Auswertungen und Analysen der erhobenen Daten und insbesondere auf der Grundlage der Hypothesenüberprüfungen können nun die Ergebnisse der Forschungsaktivitäten inhaltlich interpretiert werden. Letztendlich geht es dabei darum, zu überprüfen, ob die Theorien, von denen ausgegangen wurde, Gültigkeit behalten können, ob sie zu modifizieren sind, ob sie ergänzt oder spezieller oder allgemeiner gefaßt werden müssen, oder ob sie durch konkurrierende Ansätze ersetzt werden müssen.

Auf diese Weise gelangt das Forschungsprojekt zu seinem Abschluß. Häufig ergibt sich dabei der Bedarf nach weiteren Forschungen, d.h. die Forschungsergebnisse sind nicht selten der Ansatzpunkt für weitere und neue Forschungsfragen.

Zusammenfassend läßt sich diese Folge von Arbeitsschritten in einem Ablaufplan wie folgt skizzieren:

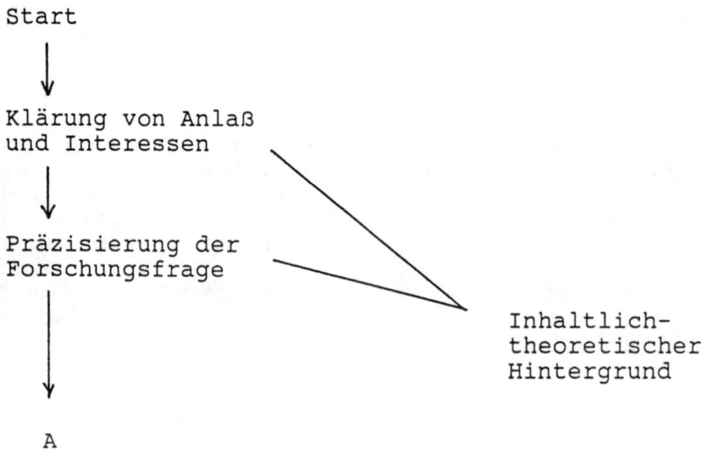

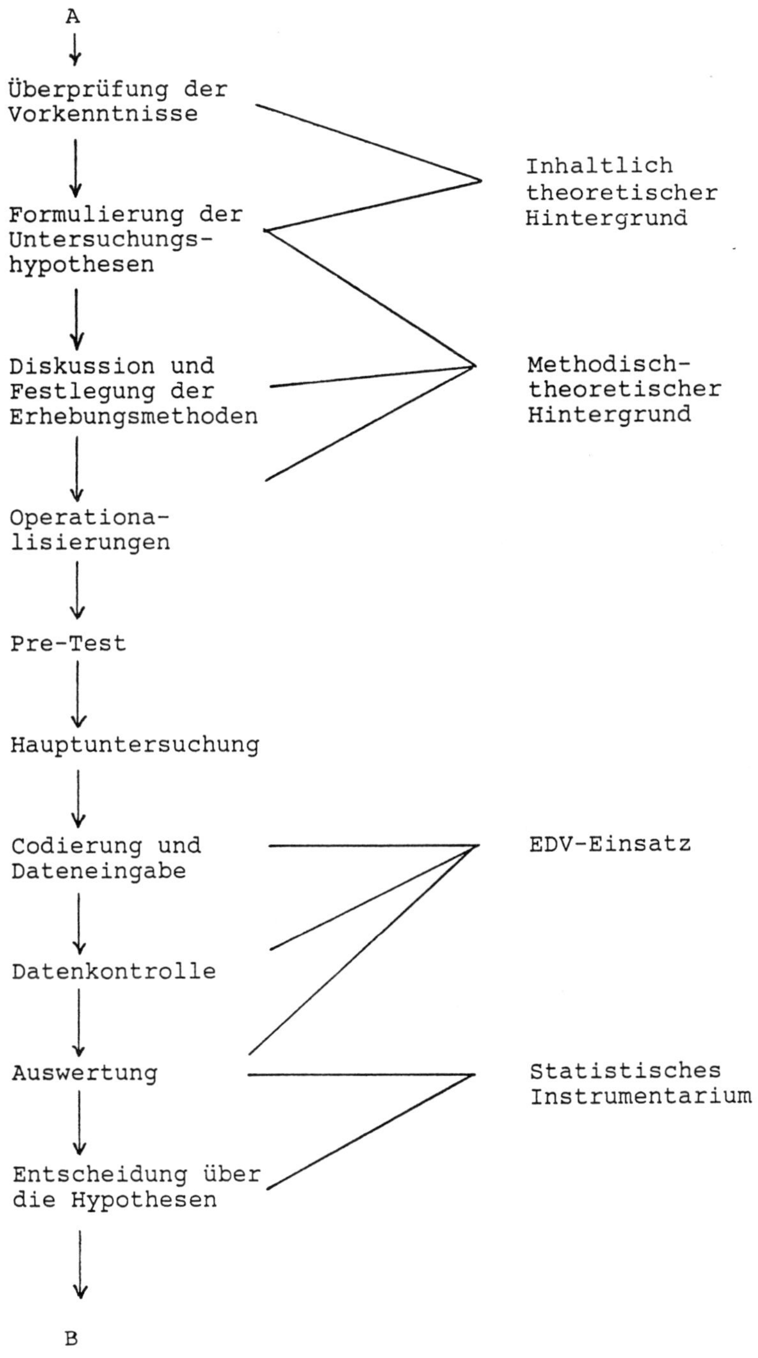
A
Überprüfung der Vorkenntnisse
Formulierung der Untersuchungs-hypothesen
Diskussion und Festlegung der Erhebungsmethoden
Operationa-lisierungen
Pre-Test
Hauptuntersuchung
Codierung und Dateneingabe
Datenkontrolle
Auswertung
Entscheidung über die Hypothesen
B
Inhaltlich theoretischer Hintergrund
Methodisch-theoretischer Hintergrund
EDV-Einsatz
Statistisches Instrumentarium

B

↓

Interpretation
der Ergebnisse

↓

Herleitung
neuer Frage-
stellungen

Es leuchtet unmittelbar ein, daß in vielen der oben genannten Arbeitsschritte der Rechnereinsatz sinnvoll und nützlich sein könnte (in dem Ablaufplan wurde dies durch entsprechende Pfeilbeziehungen angedeutet). Diese Arbeitsschritte werden in den folgenden Kapiteln näher beleuchtet. Insoweit können die vorangegangenen Ausführungen als vorläufiger Überblick über die in den folgenden Kapiteln anzusprechenden Themenbereiche angesehen werden.

LITERATURHINWEISE

ALBERT, H. : Theorie und Realität, Tübingen 1972

ESSER, H./KLENOVITS, K./ZEHNPFENNING, H. : Wissenschaftstheorie, Band 1 u. 2, Stuttgart 1977

KROMREY, H. : Empirische Sozialforschung, 3.Auflage, Opladen 1986, Kap.1

SCHNELL, R./HILL, P./ESSER, E. : Methoden der empirischen Sozialforschung, München-Wien 1988

SCHRADER, A. : Einführung in die empirische Sozialforschung, 2.Auflage, Stuttgart u.a. 1973, § 2

TIEDE, M./VOSS, W. : Induktive Statistik, Band 1, 2. Auflage, Bochum 1982

TOPITSCH, E. (Hg.) : Logik der Sozialwissenschaften, Köln 1972

KAPITEL 2 :

COMPUTER UND SOZIALWISSENSCHAFTEN

2.1 INSTRUMENTELLER ASPEKT

2.2 INHALTLICHER ASPEKT

LITERATURHINWEISE

2.1 INSTRUMENTELLER ASPEKT

Aus einigen Stichworten des vorangegangenen Kapitels ist deutlich geworden, daß im Bereich der empirisch orientierten Sozialwissenschaften der Rechnereinsatz in vielfältiger Weise von Nutzen sein kann. In nichtempirischen Bereichen der Sozialwissenschaften - und dies gilt für andere Wissenschaftsbereiche auch - braucht über den Rechnereinsatz kaum gesprochen zu werden. Erstaunlicherweise ist allerdings festzustellen, daß gerade in diesen Bereichen über den Nutzen und die Risiken des Rechnereinsatzes heftig diskutiert wird. Wir konzentrieren uns im folgenden also auf denjenigen Leser, der zu der rasch wachsenden Zahl der empirischen Sozialforscher gehört.

Bei empirischen Arbeiten - im Bereich der Sozialwissenschaften sind dies zum Beispiel Marktuntersuchungen, Befragungen, Aktivitäten der Meinungsforschung, Verhaltensstudien, Einstellungsmessungen, Untersuchungen zu sozio-ökonomischen Strukturen oder Entwicklungen u. dergl. - wird in zunehmendem Maße der Rechner eingesetzt, wofür insbesondere die folgenden Gründe verantwortlich sind:

1. Der Rechner kann ohne besondere Schwierigkeiten mit umfangreichen Datenbeständen und Informationsmengen umgehen, was in einer Zeit der rasch anwachsenden Informationsfülle und der "überschwappenden" Datenflut unumgänglich ist - zumindest, wenn man von der Vorstellung ausgeht, daß es bei anstehenden Entscheidungen besser ist, möglichst alle relevanten Informationen zu nutzen, als darauf zu verzichten.

2. Die rechnergestützen Datenverarbeitungsprozesse (was darunter im einzelnen zu verstehen ist, wird noch zu klären sein) laufen mit hoher Geschwindigkeit ab, d.h. die erwarteten Ergebnisse von Datenauswertungen stehen sehr viel rascher zur Verfügung als dies möglich wäre, wenn - aus welchen Gründen auch immer - auf den Rechnereinsatz verzichtet würde.

3. Die Prozesse der Datenauswertung und -analyse laufen, wenn sie durch Rechner übernommen werden, in aller Regel fehlerfrei ab, was von Auswertungsprozeduren, die "per Hand" erledigt werden, nicht gesagt werden kann (zumindest dann nicht, wenn mit komplexeren Methoden oder mit sehr umfangreichen Datenbeständen gearbeitet werden muß).

4. Rechnergestütztes empirisches Arbeiten bedeutet auch, daß ohne größeren Aufwand mit komplizierteren Auswertungs- und Analysemethoden gearbeitet werden kann. Beispielsweise gibt es im Bereich der multivariaten statistischen Analysen Verfahren, Methoden und Modelle, die "per Hand" in angemessener Zeit nicht bewältigt werden können (man denke zum Beispiel an faktorenanalytische Verfahren oder an die Methoden der Clusteranalyse, die bei größeren Datenbeständen in akzeptabler Zeit per Hand nicht einsetzbar sind; siehe dazu z.B.: O.SCHLOSSER).

5. Wegen des extremen Preisverfalls der letzten Jahre, der sowohl den Hardware-Bereich als auch die fertigen Programme, also die Software, betrifft, ist der Rechnereinsatz kaum mehr als finanzielles Problem anzusehen. Außerordentlich leistungsfähige Geräte und Programme sind heute zu Preisen zu erwerben, die den Rechnereinsatz nicht auf die großen Forschungsinstitute, auf Universitäten, Ministerien und Großunternehmen beschränken, sondern auch in Kleinbetrieben, in nachgeordeneten Verwaltungen, bei Studenten und Schülern und in vielen privaten Haushaltungen kann diese Technik genutzt werden.

6. Schließlich ist anzumerken, daß wegen der raschen Verbreitung der Rechner auch die zur Verfügung stehende Software immer preiswerter und zugleich immer leistungsfähiger geworden ist. Zur Bearbeitung der Aufgaben des empirischen Sozialforschers stehen heute Programme zur Verfügung, die allen standardmäßigen Forschungsfragen gerecht werden können. Zudem hat der Bedienungskomfort dieser Software ständig zugenommen, so daß ihr Einsatz recht unproblematisch ist. In vielen Fällen kommen auch "EDV-Laien" nach kurzer Übungszeit sehr gut mit derartigen Programmen zurecht.

Aus diesen Stichworten ergibt sich, daß der Rechner als Hilfsinstrument des empirischen Sozialforschers sehr gute Dienste leisten kann (wenn hier und im folgenden von "Rechnern" gesprochen wird, sind immer die Hardware, also die eigentlichen Geräte, und die Software gemeinsam gemeint und angesprochen). Er ist gewissermaßen ein "Werkzeug" der empirischen Sozialforschung - und natürlich auch in anderen Bereichen, sofern dort mit Daten irgendwelcher Art umzugehen ist - wir bezeichnen dies als den "instrumentellen Charakter" der Computer-Technik.

Zusammen mit der Einführung und Nutzung der ersten Rechner in den Bereichen der empirischen Sozialwissenschaften ist auch die Diskussion darüber entbrannt, ob dieses Werkzeug überhaupt von Nutzen sein kann. Diese allgemeine Fragestellung läßt sich in eine Reihe von Teilfragen zerlegen, von denen die wichtigsten hier kurz skizziert werden sollen.

Ich verzichte dabei mit Absicht darauf, diese Fragen zu beantworten, sondern erwarte vom Leser, daß er die vorgetragenen Argumente selbst bewertet und gewichtet, und daß er sich auch Gedanken darüber macht, ob es weitere Pro- und Contra-Argumente gibt, die hier berücksichtigt werden sollten.

1. Das Begründungsargument

Für den instrumentellen Einsatz der Rechner in den Sozialwissenschaften spricht ja insbesondere die außerordentlich rasch wachsende Datenflut, die in hochindustrialisierten Gesellschaften wie der der Bundesrepublik Deutschland, die Manager von Unternehmen, die politischen Entscheidungsträger, die empirischen Forscher und ähnliche Personengruppen vor große Probleme stellen.

Angesichts der zunehmenden Komplexität gesellschaftlicher Strukturen, angesichts der vielfältigen Verflechtungen zwischen Wirtschaft, Gesellschaft und Politik (und auch innerhalb dieser einzelnen Bereiche), angesichts der Erkenntnisfortschritte in vielen wissenschaftlichen und wissenschaftsnahen Bereichen, erfordern sachgerechte Entscheidungen die Berücksichtigung immer größerer Mengen von Detailinformationen. Hinzu tritt die Notwendigkeit der Beschleunigung von Entscheidungsprozessen, weil angesichts des zunehmenden Gewichts vieler Probleme (etwa im sozio-ökonomischen Bereich, aber auch in anderen Bereichen, wie zum Beispiel in der Medizin) die Verzögerung von Entscheidungen unter Umständen mit gravierenden negativen Konsequenzen behaftet sein kann.

Kurz: Schwierigere Entscheidungen müssen rascher, bei gleichzeitiger Zunahme der Menge an Daten, die zu berücksichtigen sind, getroffen werden.

Meine Ausgangsprämisse geht davon aus, daß derjenige, der viele Informationen in Entscheidungsprozesse einbringen kann, die ihrerseits rasch zustandekommen, bessere Entscheidungen trifft, als derjenige, der das nicht kann.

Was dabei als "bessere Entscheidung" zu qualifizieren ist, orientiert sich an den Konsequenzen der Entscheidungen für die von diesen Entscheidungen betroffenen Menschen. Darüber kann in allgemeiner Form nicht diskutiert werden, sondern hängt in jedem Einzelfall von der jeweiligen Problemkonstellation ab.

Diese Ausgangsprämisse unterstellt einen zeitlichen Ablauf, der sich in der Feststellung zusammenfassen läßt, daß die zunehmende Daten- und Informationsflut, gepaart mit der

Notwendigkeit immer rascher (und besser) in komplexen Problemsituationen zu Entscheidungen zu gelangen, den zunehmenden Computereinsatz geradezu "erzwingt". Oder anders formuliert: Der Computer ist gerade zur rechten Zeit erfunden worden - auch wenn dies natürlich kein Zufall war.

Diese Überlegung korrespondiert übrigens mit einer berühmt gewordenen Definitionen der Statistik:

"Statistik ist eine Zusammenfassung von Methoden, welche uns erlauben, vernünftige Entscheidungen im Falle von Ungewißheit zu fällen" (W.A. WALLIS und H.V. ROBERTS).

Dieser Definition liegt die kaum zu bestreitende Vorstellung zugrunde, daß alle Entscheidungen, die getroffen werden müssen, letztlich "Entscheidungen unter Ungewißheit" sind. Dies gilt für die Entscheidung des Managers darüber, ob eine neue Werbekampagne erfolgversprechend sein wird, wie für die Entscheidung des Mediziners darüber, ob ein anderes Medikament bessere Heilungschancen bei einer bestimmten Krankheit verspricht als das bisher verwendete, oder auch für die Entscheidung des Wirtschaftspolitikers, ob eine bestimmte Art von staatlicher Arbeitsbeschaffungspolitik die Zahl der Arbeitslosen verringern kann; schließlich gilt dies auch für alltägliche Entscheidungen, also zum Beispiel für die, ob man morgens beim Verlassen des Hauses einen Regenschirm mitnehmen sollte, oder ob dies nur überflüssiger Ballast sein wird.

Die "Ungewißheit" derartiger Entscheidungen schlägt sich in der Tatsache nieder, daß derjenige, der die Entscheidung zu treffen hat, nie im vollständigen Besitz aller relevanten Informationen ist, bzw. sich dessen nie völlig sicher sein kann. Dies wiederum führt zu dem Ergebnis, daß "Entscheidungen unter Ungewißheit" um so besser ausfallen werden, je mehr relevante Informationen in den Entscheidungsprozeß einfließen können.

Die zentrale Kritik an dem Argument, daß Computer benötigt werden, um mit der rasch wachsenden Informationsmenge überhaupt fertig werden zu können, geht davon aus, daß die zeitliche Abfolge umgekehrt war: Gerade weil der Computer erfunden wurde, und in der Folge immer mehr Computer in allen möglichen Anwendungsbereichen eingesetzt wurden, gerade deshalb schwillt die Datenflut ständig an (siehe dazu etwa J. WEIZENBAUM) - oder anders formuliert: Der Computer schafft sich selbst seine "Daseinsberechtigung"; wäre er nicht erfunden worden, gäbe es auch nicht diese ungeheure Datenmengen, die die zu treffenden Entscheidungen heute so schwierig machen.

2. Abhängigkeit von Programmen

Wenn man sich diejenigen Argumente aus dem vorangegangenen Punkt zu eigen macht, die für den Rechnereinsatz sprechen, kann man zu der Schlußfolgerung gelangen, daß es gerade bei komplizierteren Entscheidungen sinnvoll sein könnte, diese durch Rechner bzw. durch die entsprechenden Programme treffen zu lassen: Auf diese Weise werden Entscheidungen sehr viel rascher getroffen, als ein Mensch dies könnte; das Risiko von Entscheidungsfehlern (auf der Grundlage von Rechenfehlern) wird geringer und es können sehr viel mehr relevante Informationen in den computergestützten Entscheidungsprozeß einbezogen werden, als dies möglich wäre, wenn die betreffende Entscheidung ohne Rechnereinsatz getroffen werden müßte.

Zugespitzt bedeutet dies, daß man den "Risikofaktor Mensch" sinnvollerweise aus komplizierten Entscheidungsprozessen herausnimmt - er neigt dazu, Fehler zu begehen, sich von Emotionen, statt von rationalen Argumenten leiten zu lassen und er kann nur eine geringe Informationsmenge in seinen Entscheidungsprozeß einfließen lassen. Dort, wo es "ernst" wird, entscheiden Automaten schneller, besser und sachgerechter als der Mensch.

Das prinzipielle Problem, welches mit derartigen Entwicklungen verbunden ist - und dies bildet deshalb die Grundlage für kritische Einwände in diesem Zusammenhang - besteht in der zunehmenden Abhängigkeit der betroffenen oder in anderer Weise involvierten Menschen von Computern und Programmen. Was wird aus der Arbeitswelt, wenn der arbeitende Mensch (am Fließband oder am Schreibtisch) keine Entscheidungen mehr treffen darf, weil diese alle durch den Computer übernommen werden? Was passiert dem Autofahrer, wenn sein automatisches Bremssystem, aus welchen Gründen auch immer, einmal versagt? Was wird aus dem passionierten Schachspieler, wenn Schachprogramme immer überlegener werden?

Häufig taucht angesichts solcher und ähnlicher Fragen das beruhigend klingende Argument auf, daß ja die Schachprogramme, oder die Programme, die irgendwelche Marschflugkörper außerordentlich treffsicher in feindliche Ziele lenken, ebenfalls von Menschen entwickelt wurde, so daß es doch letzten Endes wieder der Mensch ist, der entscheidet - wenn auch auf indirektem Wege und unter Nutzung moderner Computer und Programme zur Erleichterung und Verbesserung seiner Entscheidungstätigkeit.

Daraus wiederum wird geschlußfolgert, daß es im Belieben des entscheidenden Menschen ist, diese Programme entsprechend seinen Bedürfnissen abzuändern, wenn dies erforderlich oder gewünscht sein sollte.

Hier ergeben sich aber beträchtliche Probleme: Sie haben damit zu tun, daß Programme und Programmsysteme in der Regel nicht mehr einen einzigen Autor haben - und selbst wenn, dann ist dies in der Regel nicht diejenige Person, die dann auch das Programm zu Entscheidungszwecken verwendet. Komplizierte Programme haben häufig eine sehr lange Entstehungsgeschichte und viele Väter, so daß der Nutzer nicht mehr überschauen kann, was das Programm eigentlich tut, welche Varianten es "durchspielt", wie seine (Programm-)Entscheidungen zustandekommen (dies gilt in der Regel auch für denjenigen, der als letzter an der Weiterentwicklung des betreffenden Programms arbeitet oder gearbeitet hat) - insoweit ist er auch nicht in der Lage, das Programm sachgerecht zu verändern, er ist ihm "auf Gedeih und Verderb" ausgeliefert, um den Titel des Berichts an den Club of Rome von 1982 über Chancen und Risiken der Mikroelektronik hier ins Spiel zu bringen (G. FRIEDRICHS/A. SCHAFF).

Der schon weiter oben erwähnte J. WEIZENBAUM betont, daß niemand mehr genau wissen kann, was ein kompliziertes Programmsystem eigentlich tut, und betrachtet dies als einen der zentralen Problembereiche beim zunehmenden Computereinsatz, bzw. an der um sich greifenden Übernahme von Entscheidungen durch Computer und Computerprogramme.

3. Bewußtseinsänderungen

Mit dem gerade angesprochenen Problemkreis eng verbunden ist die Frage, ob der zunehmende Computereinsatz nicht mit gravierenden Veränderungen im Bewußtsein (und damit auch in den Einstellungen und im Verhalten) derjenigen einhergeht, die mit dieser Technologie umgehen.

Wenn man davon ausgeht, daß der Rechner und seine Programme nur Instrumente sind, die der Arbeitserleichterung zum Beispiel des empirischen Sozialforschers dienen, könnte man diesen Aspekt vielleicht völlig übersehen oder ihn für nicht sonderlich wichtig halten. Trotzdem muß diesem Aspekt Aufmerksamkeit gewidmet werden, weil selbst die rein instrumentelle Nutzung neuer Techniken mit beträchtlichen Auswirkungen verbunden sein kann.

Dies zeigt allein schon ein Blick in die Geschichte, der uns lehrt, daß die instrumentelle Nutzung neuer Informations- und Kommunikationstechnologien tatsächlich gravierende individuelle Auswirkungen haben kann (häufig wird übrigens im Rahmen dieser Debatte der Begriff der Technik durch den der Technologie ersetzt, was unter terminologischen Gesichtspunkten sicherlich nicht ganz korrekt ist; da sich aber Begriffe wie Informationstechnologie, Computertechnologie, Kommunikationstechnologie u.ä. auch für die Bereiche stark durchgesetzt haben, in denen eigentlich die "Technik" selbst gemeint ist, wollen wir es bei dieser Anmerkung zur Wortwahl belassen).

Man denke beispielsweise an die Erfindung des Buchdrucks, der in praktisch allen Bevölkerungskreisen der sich später industrialisierenden Gesellschaften zu weitreichenden Veränderungen des kommunikativen Verhaltens und der Art und Weise der Informationsübertragung, -vermittlung und -ausbreitung geführt hat. Daß dies selbstverständlich auch Auswirkungen auf die Bewußtseinslage der betroffenen Menschen hatte, auf ihre Einstellungen und auf ihre Verhaltensweisen, kann kaum bestritten werden.

In entsprechender Weise verändern die "neuen" Informations- und Kommunikationstechnologien, die im Zuge der sog. Mikroprozessor-Revolution um sich greifen (und die Computertechnologie ist davon nur ein Teilbereich, nämlich derjenige, der uns hier bevorzugt interessiert), die betroffenen Menschen. Man kann davon ausgehen, daß es die rein instrumentelle Nutzung dieser Technologie nicht gibt - sie verändert zugleich den, der sie nutzt.

Sehr anschaulich wird dieser Gedanke, wenn man sich verdeutlicht, daß durch die Nutzung neuer Technologien bestimmte Fähigkeiten und Fertigkeiten sehr rasch verloren gehen können und durch andere ersetzt werden: Nach der Erfindung des Buchdrucks, also mit dem Eintritt ins Zeitalter der "Print-Medien" ist die Kunst des Erzählens (und die des Zuhörens) mehr und mehr verloren gegangen; die heute modernen Informations- und Kommunikationstechnologien werden möglicherweise in zunehmendem Maße die Kunst des Lesens und des Schreibens verdrängen: Epische Abhandlungen werden durch Comics ersetzt, Balladen durch Fernsehserien, Hinweisschilder durch Piktogramme, vorlesende Großeltern durch Tonbandkassetten usw. Daß derartiges den Menschen des 20. und des 21. Jahrhunderts nicht gravierend ändern sollte, kann kaum erwartet werden.

Dies betrifft zunächst einmal die Art und Weise, wie der Mensch mit Informationen, mit Daten und mit Wissen umgeht. Entscheidend ist jetzt nicht mehr der Vorrat an Kenntnissen und Informationen, über den der Einzelne verfügt, sondern seine Möglichkeiten, auf extern gespeicherte Wissensvorräte zuzugreifen. Entscheidend ist auch nicht mehr die Beherrschung problemlösender Methoden, sondern die Möglichkeiten des Zugriffs auf problemlösende Programme und Kenntnisse darüber, wie solche Programme verwendet werden.

Im Zusammenhang mit dem Begriff der problemlösenden Methoden kann der hier angesprochene Aspekt der eventuellen Bewußtseinsveränderungen noch einmal auf andere Weise verdeutlicht werden: Beim Einsatz der Rechner zur Lösung bestimmter Probleme ist es nämlich erforderlich, ganz spezifische Wege der Problemlösung einzuschlagen - solche nämlich, die dieser Technologie angepaßt sind, bzw. die sich dadurch auszeichnen, daß diese Technologie in optimaler Weise ihre Möglichkeiten ausnutzen kann.

Damit ist die Frage angesprochen, ob es nicht an sich schon problematisch ist, daß sich menschliche Gedankengänge an die Bedürfnisse des "Instruments" Computer anzupassen haben, wo doch dem Begriff des Instruments sicherlich die Idee zugrundeliegt, daß dieses seinerseits sich an die Bedürfnisse des Menschen anpassen müßte, welcher Instrumente irgendwelcher Art benutzt.

Im Grunde wird mit dieser Überlegung auch die ganz zentrale Frage gestellt, ob es in erster Linie nicht nur solche Probleme sind, die in Angriff genommen werden, deren Lösungswege "computerisierbar" sind, während solche, die sich nach wie vor dem Computereinsatz mehr oder weniger entziehen, in zunehmendem Maße vernachlässigt werden. Auch insoweit also ist es durchaus diskutierbar, ob der Mensch sich nicht in vielleicht unzulässiger Weise dem Computer und seinen "Bedürfnissen" anpaßt, anstatt diese Technologie ausschließlich zur Befriedigung der menschlichen Bedürfnisse zu nutzen - soweit sie dazu überhaupt in der Lage ist.

Die Anpassungserfordernisse, über die hier diskutiert wird, und die den "Computergegnern" vielfältige Ansatzpunkte zur Kritik liefern, kommen auch in der Feststellung zum Ausdruck, daß der zunehmende Computereinsatz von immer mehr Menschen erfordert, daß sie sich mit dieser Technologie befassen. Möglicherweise gehört es in absehbarer Zeit tatsächlich zu den Kulturtechniken, daß der gebildete Bürger auch mit dem Computer umgehen kann. Die in zunehmendem Maße besuchten Kurse in Programmieren, Computer- und Softwarenutzung und der wachsende Anteil an Informatik-Unterrichtseinheiten und -Studiengängen an Schulen und Hochschulen belegen dies in überzeugender Weise.

Damit ist ein Problembereich angesprochen, der im Abschnitt 2.2 unter den Stichworten "sozialstrukturelle Wirkungen" und "ökonomische Wirkungen" erneut auftauchen wird. Es werden in zunehmendem Maße neue Qualifikationen - insbesondere mit Blick auf die beruflichen Möglichkeiten - gefordert, während traditionelle Kenntnisse und Fertigkeiten eher in der Hintergrund rücken.

4. Überwachungen und Kontrollen

Die Computertechnologie, ihrerseits Teilbereich der neuen Informations- und Kommunikationstechnologien, begünstigt in weitem Ausmaße Entwicklungen, die sich durch immer leichteren Austausch immer größerer Informationsmengen auszeichnen. Dadurch wird es unter anderem auch möglich, über immer mehr Menschen immer mehr zu wissen - wenn man das will, bzw. wenn entsprechende Maßnahmen der Gegensteuerung auf der rechtlichen oder auf der politischen Ebene nicht hinreichend greifen oder wenn sie umgangen werden (können).

Daraus resultiert die Gefahr, daß es zunehmend schwieriger werden könnte, den Bereich individueller Informationen vor unberechtigtem Zugriff wirksam zu schützen. Die neuen Informations- und Kommunikationstechnologien lassen das Gespenst des "gläsernen Menschen" am Horizont erscheinen.

5. Ökonomische Wirkungen

Selbst wenn man den Rechnereinsatz nur unter instrumentellen Gesichtspunkten betrachtet, kann nicht übersehen werden, daß er auf gesamtgesellschaftlicher Ebene mit gravierenden Konsequenzen (insbesondere unter ökonomischen Gesichtspunkten) verbunden ist: Neue Technologien ersetzen Arbeitsplätze - viele entfallen ersatzlos, andere verändern sich beträchtlich mit Blick auf die qualitativen Anforderungen und die bildungs- und ausbildungsmäßigen Voraussetzungen.

Hier gilt es, Vor- und Nachteile der Strukturveränderungen gegeneinander abzuwägen, was nahtlos zum nächsten Abschnitt überleitet, der mit der Frage zu tun hat, inwieweit unter inhaltlichen Gesichtspunkten der Rechnereinsatz in den Sozialwissenschaften zum Gegenstand der Erörterungen gemacht werden muß (dies gilt übrigens auch schon für einige andere der vorangegangenen Punkte, wie sich gleich herausstellen wird).

2.2 INHALTLICHER ASPEKT

Der Computer ist nicht nur Instrument des empirisch arbeitenden Sozialwissenschaftlers, sondern er ist auch Gegenstand sozialwissenschaftlicher Forschungen. Dabei gilt, daß eine strikte Trennung zwischen instrumentellem Aspekt einerseits und inhaltlichen Fragestellungen andererseits kaum möglich ist.

Gleichwohl will ich versuchen, in diesem Abschnitt einige der zentralen inhaltlichen Fragestellungen aufzugreifen, wobei, wie auch schon im Abschnitt zuvor, auf schlußfolgernde Bewertungen verzichtet wird und auch nicht der Anspruch erhoben werden soll, alle inhaltlichen Aspekte zu benennen. So wie bei der Betrachtung der instrumentellen Gesichtspunkte einige der wesentlichen Stichworte genügen mußten, so soll es auch in diesem Abschnitt in erster Linie darum gehen, den Leser in die Thematik einzuführen und ihn zum weiteren Nachdenken anzuregen.

Ihrer generellen Themenstellung entsprechend befaßt sich die Sozialwissenschaft mit der gesellschaftlichen Bedeutung und den gesellschaftlichen Konsequenzen dieser Technologie. Natürlich würde es viel zu weit führen, alle Konsequenzen, die infrage kommen, im Detail zu diskutieren. Die Debatte um die Auswirkungen neuer Technologien, speziell neuer Informations- und Kommunikationstechnologien und damit auch der Computertechnologie füllt ja inzwischen schon Bände. Einige der wichtigsten Stichworte sollen aber kurz aufgegriffen werden in der Hoffnung, sie mögen die weitere Befassung des Lesers mit dieser Thematik anregend beeinflussen.

Die gesellschaftliche Bedeutung der Technologie, die hier zur Debatte steht, läßt sich unter verschiedenen Gesichtspunkten diskutieren. Eine erste, noch sehr grobe Klassifikation von inhaltlichen Fragestellungen kann an folgender Einteilung anknüpfen:

1. Sozialstrukturelle Wirkungen
2. Ökonomische Wirkungen
3. Politische Wirkungen

Diese Kategorien schließen sich nicht völlig gegenseitig aus, sondern sie überschneiden sich in Teilbereichen; zudem schöpfen sie den gesamten inhaltlichen Bereich nicht völlig aus, erfassen aber die wichtigsten der interessierenden Teilbereiche.

1. Sozialstrukturelle Wirkungen

Weiter oben im Abschnitt 2.1 wurde schon darüber gesprochen, daß selbst eine Betrachtung, die sich auf rein instrumentelle Gesichtspunkte bezieht, nicht übersehen kann, daß der Rechnereinsatz zu Veränderungen bei denjenigen führt, die die Computer nutzen oder von ihrer Nutzung betroffen sind. Unter inhaltlichen Gesichtspunkten interessiert deshalb die Frage, welches nun eigentlich diese Auswirkungen sind. Um diese Frage zu beantworten, könnten empirische Untersuchungen durchgeführt werden, bei denen wiederum der Rechnereinsatz instrumentell von großer Bedeutung sein kann - so schließt sich wieder der Kreis zwischen inhaltlicher und instrumenteller Betrachtung.

Die neuen Technologien, insbesondere die Computertechnologie, haben weitgehende Auswirkungen auf das Bildungssystem, bzw. provozieren weitreichende Änderungen im Bildungs- und Ausbildungssystem. Um die heranwachsende Generation auf die Anforderungen angemessen vorzubereiten, die im beruflichen, aber auch im privaten Bereich mit dem Einzug der modernen Informations- und Kommunikationstechnologie verbunden sind, muß den entsprechenden Themenbereichen in der schulischen und der beruflichen Bildung wachsende Aufmerksamkeit gewidmet werden (siehe dazu auch HAEFNER).

Stadtbibliothek Trier

Die Sozialwissenschaften müssen sich also mit der Frage befassen, welches die neuen Bildungs- und Ausbildungsinhalte sein können, wie sie curricular aufbereitet werden, welche der traditionellen Inhalte erhalten bleiben (müssen oder sollen), wie die Zusammenhänge zwischen neuen und traditionellen Inhalten hergestellt werden usw.

Darüber hinaus ist es eine wichtige sozialwissenschaftliche Aufgabe, sich mit Anpassungs- und Adaptionsproblemen zu befassen, und problemlösende Handlungsalternativen für den politischen Bereich (sowohl auf der Mikroebene der betrieblichen Personalpolitik, wie auch auf der Makroebene, wo wieder das Bildungs- und Ausbildungssystem betroffen ist) herzuleiten. Der Einsatz der Computertechnologie bewirkt ja nicht nur Änderungen in der Qualifikationsstruktur der Beschäftigten, sondern wirft auch die Frage auf, in welcher Weise die erforderlichen Umstellungs- und Anpassungsprozesse bewältigt werden können.

Die inhaltliche Betrachtung muß aber weit über die Bereiche des Bildungs- und Ausbildungswesen hinausreichen. Es ist ja sehr deutlich zu erkennen, daß die rasche Durchsetzung der Computertechnologie mit beträchtlichen Veränderungen auf dem Arbeitsmarkt verbunden ist. Zum einen bestimmen neue Berufsbilder und Änderungen der Qualifikationsstrukturen in bestehenden Berufen diese Entwicklung; zum anderen entfallen in zunehmendem Maße traditionelle Berufe - zum Teil ersatzlos.

Damit kommt es zu sozialstrukturellen Veränderungen, die sich insbesondere dadurch auszeichnen, daß in bestimmten Bereichen und Regionen zunehmende Arbeitslosigkeit zu verzeichnen ist, in anderen entstehen neue Berufe, die mit speziellen Anforderungsprofilen verbunden sind.

Die Sozialwissenschaften, insbesondere die empirische Sozialforschung sollte diese Änderungen nachzeichnen, sollte die entsprechenden beobachtbaren Entwicklungen analysieren, sollte die Faktoren bestimmen, die die gesellschaftlichen Veränderungen und ihr Ausmaß determinieren, sollte zu prognostischen Ansätzen gelangen, um zukünftige Entwicklungen abschätzen zu können, und sie sollte auch Konfliktpotentiale, Bereiche gesellschaftlicher Spannungen und Auseinandersetzungen benennen können, um die vielleicht entscheidenden Hilfestellungen zur Minderung oder Beseitigung unerwünschter sozio-struktureller Auswirkungen bieten zu können.

Von großer Bedeutung ist in diesem Zusammenhang auch die Frage, inwieweit durch moderne Informations- und Kommunikationstechnologien, und deshalb auch durch die Computertechnologie, Daten und Informationen zugänglich werden, die vor der Durchsetzung dieser Technologien auf der individuellen Ebene relativ leicht geschützt werden konnten. Es entstehen möglicherweise kommunikative Strukturen, die in weitem Ausmaße den Austausch von allen möglichen Informationen erlauben. Vor allem durch die zunehmende Vernetzung von Informationssystemen, durch die Nutzung von Datenbanken u. dergl. wird dieser Prozeß gefördert. Dadurch zeichnen sich Möglichkeiten der beliebigen "Durchleuchtung" sozialer Strukturen bis hinab auf die individuelle Ebene ab, deren Risiken und Gefahren noch nicht hinreichend diskutiert sind.

Die Sozialwissenschaften haben, neben anderen Wissenschaftsbereichen auch, die Aufgabe, die entsprechenden Entwicklungen kritisch zu analysieren, um rechtzeitig auf Fehlentwicklungen aufmerksam machen zu können, und um möglicherweise wieder Hilfestellung bei der Vermeidung solcher Fehlentwicklungen bieten zu können.

2. Ökonomische Wirkungen

Die wirtschaftlichen Auswirkungen der Computertechnologie werden seit einiger Zeit ausführlich erörtert (das Stichwort "Auswirkungen auf Quantität und Qualität der Arbeitsplätze" tauchte ja auch schon weiter oben auf); sie stehen derzeit sogar im Mittelpunkt des Interesses. Deshalb auch zu diesem Bereich einige weitere Stichworte:

Von den Befürwortern der Computer-Technologie wird die rasche Ausbreitung von Computern und das sich ständig verbreiternde Spektrum an Einsatzmöglichkeiten als unentbehrlich mit Blick auf die zukünftige Entwicklung der Industriegesellschaft angesehen. Investitionen in diesen Bereichen sind Zukunftsinvestitionen. Diese Investitionen, so wird weiter argumentiert, sind erforderlich, um die Zukunft der hochindustrialisierten Gesellschaft, wie sie auch die Bundesrepublik Deutschland darstellt, zu sichern. Diese Investitionen führen zu Produktivitätsfortschritten, die es erlauben, auch zukünftig einen wachsenden Lebensstandard zu sichern.

Die empirische Sozialwissenschaft steht in diesem Zusammenhang vor der Aufgabe, diese Thesen zu überprüfen. Daten zum branchenspezifischen Investitionsvolumen, Daten zur Produktivitätsentwicklung und Lebensstandardmessungen können dazu beitragen, die Diskussion um diese Sachverhalte, die zum Teil mit beträchtlichem emotionalem Aufwand geführt wird, zu versachlichen, und zu einer zielführenden Bewertung der unterschiedlichen Auswirkungen des zunehmenden Rechnereinsatzes zu gelangen.

In diesem Zusammenhang wird auch häufig das Argument verwendet, daß die Computerisierung in vielen Wirtschaftsbereichen - angefangen bei den güterproduzierenden Branchen bis hin in weite Teile der Dienstleistungsbereiche - erforderlich sei, um die internationale Wettbewerbsfähigkeit der deutschen Wirtschaft zu sichern. Von der Stärkung dieser Wettbewerbsfähigkeit hängt es in erster Linie ab, ob ein so exportorientiertes Land wie die Bundesrepublik Deutschland auch zukünftig ihren Platz im Rahmen der Weltwirtschaft behält und darüber hinaus ausreichende binnenwirtschaftliche Wachstumsimpulse produziert.

Auch hier ist es die Aufgabe der empirischen Sozialwissenschaften, zusammen mit den Wirtschaftswissenschaften zu einer Abschätzung der realen Entwicklungsverläufe zu gelangen, um die hier auftauchenden Argumente bewerten zu können.

Im Zusammenhang mit diesen gesamtwirtschaftlichen Fragestellungen wird sich natürlich der Blick des interessierten Sozialwissenschaftlers insbesondere auf die <u>Arbeitsplatzwirkungen</u> der Computertechnologie richten, die unter eher individuellen Gesichtspunkten schon weiter oben angesprochen wurden:

Die Befürworter des zunehmenden Rechnereinsatzes gehen davon aus, daß die Produktivitätsfortschritte, die mit der Computerisierung einhergehen, dazu geeignet sind, Arbeitsplätze zu sichern.

Mit dieser These wird der weit verbreiteten Überzeugung widersprochen, daß der Computer ein "Jobkiller" sei. In mikroökonomischer Betrachtungsweise, d.h. auf der Ebene des einzelnen Betriebes und der einzelnen betroffenen Arbeitsplätze mag dies zwar richtig sein (es gibt genügend Beispiele für "wegrationalisierte" Arbeitsplätze), nicht aber auf der gesamtwirtschaftlichen Ebene:

Es kann empirisch belegt werden, daß in denjenigen Branchen, die aufgrund der zunehmenden Computerisierung überdurchschnittliche Produktivitätsfortschritte aufweisen, die Sicherung und das Neu-Entstehen von Arbeitsplätzen leichter vonstatten geht, als in Branchen mit unterdurchschnittlichen Produktivitätsentwicklungen (siehe dazu etwa den Bericht des BMFT (Bundesministerium für Forschung und Technologie), der im Literaturverzeichnis zu diesem Kapitel wegen seiner Relevanz für diese Diskussion genannt ist).

In einer längerfristigen Betrachtungsweise könnte sich herausstellen, daß diejenige Volkswirtschaft, die auf den raschen Einsatz moderner Technologien mit dem Ziel verzichtet, dadurch Rationalisierungsverluste von Arbeitsplätzen zu vermeiden, auf die Dauer durch den Verlust der internationalen Wettbewerbsfähigkeit mehr Arbeitsplätze verlieren wird, als sie zu bewahren hoffte.

Auch hier sind also empirische Studien erforderlich, um die unterschiedlichen Arbeitsplatzwirkungen zu quantifizieren und gegeneinander aufzurechnen. Es darf dabei nicht übersehen werden, daß wirtschaftliche Fortschritte durch Investitionen im Bereich der Computertechnologie möglichwerweise mit zunehmenden Arbeitsplatzverlusten in anderen Ländern einhergehen - gemeint sind hier insbesondere die Entwicklungsländer. Damit kommt eine Dimension der Betrachtung ins Spiel, die bisher vernachlässigt wurde, und die ebenfalls zum Inhalt empirischer Studien gemacht werden muß: Die Konzentration neuer Technologien insbesondere in den industrialisierten Volkswirtschaften ergänzt die ökonomische Kluft zwischen Industrie- und Entwicklungsländern um eine "Technologie-Kluft", deren negative sozio-ökonomischen und politischen Wirkungen noch gravierender sein können, als die des ökonomischen Nord-Süd-Gefälles ohnehin schon sind.

3. Politische Wirkungen

Auch auf der politischen Ebene sind Wirkungen der Computertechnologie unübersehbar, die auf die generelle Bedeutung dieser Technologie direkt verweisen, und die es erforderlich machen, daß sich die Sozialwissenschaften unter inhaltlichen Gesichtspunkten mit diesen Wirkungen und den Konsequenzen befassen. Diese Wirkungen hängen eng mit denen zusammen, über die oben gesprochen wurde. Trotzdem sollen die wichtigsten dieser Wirkungen, speziell unter politischen Aspekten, hier noch einmal genannt werden:

Auch im politischen Bereich zeigt die Computertechnologie ihren janusköpfigen Charakter: Zum einen erfordert sie politische Entscheidungen neuer Qualität (man denke beispielsweise an die Anforderungen, die an die Bildungspolitik oder an die Arbeitsmarktpolitik gestellt werden; darüber wurde ja weiter oben schon gesprochen); zum anderen erleichtert sie diese Entscheidungen - womit wieder der instrumentelle Aspekt des Rechnereinsatzes angesprochen ist.

Die empirische Sozialwissenschaft, insbesondere die Politikwissenschaft steht hier vor der Aufgabe, gesellschaftliche Bedürfnisse aufzudecken, Spannungsfelder zu lokalisieren, Konfliktpotentiale abzuschätzen, Handlungsalternativen für die politischen Entscheidungsträger aufzuzeigen und die Folgen der politischen Entscheidungen - soweit dies möglich ist - zu prognostizieren und gegebenenfalls diese Prognosergebnisse mit in die jeweiligen Entscheidungsprozeduren aufzunehmen. Hier ist also wieder, wie in den meisten der vorher genannten Beispielen auch, die nur stellvertretend für viele andere nicht genannte Anwendungsbereiche stehen, der zweiseitige Charakter der Computertechnologie deutlich zu erkennen: Zum einen bildet sie und ihre Wirkungen den Untersuchungsgegenstand des empirisch arbeitenden Politikwissenschaftlers, zum anderen benutzt er sie instrumentell im Rahmen seiner empirischen Forschungen.

Auf ein spezielles Problem von großer politischer Relevanz soll in diesem Zusammenhang gesondert aufmerksam gemacht werden: Es ist nicht zu übersehen, daß durch die zunehmende Nutzung moderner Informations- und Kommunikationstechnologien die Zugriffsmöglichkeiten auf gespeichertes Wissen und die Nutzung solchen Wissens in zunehmendem Maße erleichtert wird. Gleichzeitig entstehen aber in immer mehr Bereichen neue "Wissenseliten" - was zunächst als Widerspruch zu der zuerst formulierten Aussage aufgefaßt werden könnte. Dieser Widerspruch klärt sich auf, wenn man bedenkt, daß zwar die potentiellen Nutzungsmöglichkeiten dieser neuen Technologien fast für alle offen stehen, daß aber gleichwohl spezifische Kenntnisse und Fähigkeiten, und darüber hinaus ein individuelles Interesse an der Nutzung dieser Technologie bestehen muß, wenn die Nutzungspotentiale wirklich ausgeschöpft werden sollen.

Für den politischen Bereich impliziert dies die Möglichkeit oder die Gefahr, daß in zunehmendem Maße nicht mehr die verantwortlichen Politiker die anstehenden Entscheidungen treffen, sondern letztlich diejenigen, die den direkten Zugang zu den neuen Technologien haben, damit umgehen können, die gespeicherten Wissensvorräte für ihre Entscheidungen verwenden können, und die möglicherweise ihren Wissens- und Fähigkeitenvorsprung zu bewahren trachten. Auf diese Weise können Abhängigkeitsbeziehungen entstehen, die mit der Zielvorstellung einer demokratischen Gesellschaft nicht ohne weiteres vereinbar sind.

Die empirische Politikwissenschaft steht hier vor der Aufgabe, die sich aufgrund des Einsatzes neuer Technologien ändernden politischen Entscheidungsstrukturen und Organisationsmuster zu untersuchen, wiederum zukünftige diesbezügliche Entwicklungen zu prognostizieren und auf der Grundlage von Folgeabschätzungen und Wirkungsuntersuchungen Hinweise dafür zu geben, wie mit diesen neuen Technologien angesichts vorzugebender politischer und gesellschaftlicher Zielvorstellungen umzugehen ist.

Die wichtigste Herausforderung für den politischen Bereich, die durch die Computertechnologie erzeugt wird, besteht also darin, die Chancen und die Risiken der Computertechnologie (so wie bei anderen modernen Technologien auch) abzuschätzen und unter Wahrung der individuellen Rechte diejenigen politischen Entscheidungen zu treffen, die den Einsatz dieser Technologie zum Nutzen der Gesellschaft erlauben.

Noch einmal sei betont, daß diese Stichworte in durchaus unvollständiger Weise eine aktuelle Diskussion schlaglichtartig beleuchten. Sie können nicht den Anspruch erheben, alle diesbezüglichen Argumente anzusprechen und sie wollen auch nicht dazu beitragen, diese Diskussion über den bisher erreichten Stand hinaus fortzuführen. Hier ist mit Blick auf die generelle Themenstellung dieses Buches nicht der Platz, diese außerordentlich wichtige Diskussion im Detail vorzustellen. Der interessierte Leser sei auf die folgenden Literaturhinweise verwiesen.

LITERATURHINWEISE

BMFT (Bundesministerium für Forschung und Technologie) : Neue Technologien und Beschäftigung, Eine Einführung in die Diskussion, Band 1, Bonn 1981

FRIEDRICHS, G./SCHAFF, A. (Hg.) : Auf Gedeih und Verderb, Mikroelektronik und Gesellschaft, Bericht an den Club of Rome, Wien u.a. 1982

HAEFNER, K. : Die neue Bildungskrise, Lernen im Computerzeitalter, Reinbek 1985

HORX, M. : Chip Generation, rororo computer, Bd. 8118, Reinbek 1984

MATZNER, E./SCHETTKAT, R./WAGNER, M. : Beschäftigungsrisiko Innovation ? Arbeitsmarktwirkungen moderner Technologien, Befunde aus der Meta-Studie, Berlin 1988

MÜLLER, N. (Hg.) : Schöne elektronische Welt; Computer - Technik der totalen Kontrolle, rororo aktuell, Bd. 4937, Reinbek 1982

SCHEPANSKI, N. : Mikroelektronik und Facharbeiterqualifikation, Grundlagen für eine Personalentwicklung bei Einführung neuer Technologien, in: Staudt, E. (Hg.) Angewandte Innovationsforschung, Band 8, Berlin 1986

SCHLOSSER, O. : Einführung in die sozialwissenschaftliche Zusammenhangsanalyse, Reinbek 1976

SIEMENS AG (Hg.) : Chancen mit Chips, Zwischenbilanz einer Basistechnologie, Berlin-München 1984

WALLIS, W.A./ROBERTS, H.V. : Methoden der Statistik - Ein neuer Weg zu ihrem Verständnis, Freiburg 1960

WEIZENBAUM, J. : Die Macht der Computer und die Ohnmacht der Vernunft, Frankfurt 1978

WEIZENBAUM, J. : Kurs auf den Eisberg, Zürich 1984

KAPITEL 3 :
GRUNDBEGRIFFE

3.1 VORBEMERKUNG

Vor allen weiteren Ausführungen zu den Aufgaben und den Möglichkeiten der Datenverarbeitung in den Sozialwissenschaften ist es sinnvoll, einige zentrale Grundbegriffe zu diskutieren, damit wir im folgenden von einer gemeinsamen Begriffsebene ausgehen können. Dabei können in diesem Zusammenhang auch einige derjenigen Sachverhalte besprochen werden, über die man eine grobe Vorstellung gewinnen sollte, wenn man konkret mit einem Rechner arbeiten möchte. Diese Sachverhalte betreffen insbesondere die Funktionsweise eines Rechners und die Kommunikation mit einem solchen Gerät. Am Anfang derartiger Erörterungen aber müssen die Begriffe "Computer", "Daten" und "Datenverarbeitung" stehen.

3.2 DER COMPUTER

Sucht man nach dem entsprechenden deutschen Begriff für das englische Wort "Computer", so müßten wir von "Rechnern" sprechen. Damit wird allerdings der Eindruck erweckt, als seien diese Geräte nur zum Rechnen geeignet. Genau das aber ist nicht der Fall.

Zwar eignen sich die Computer hervorragend dazu, umfangreiche Datenbestände zu "verrechnen" (zu verarbeiten) oder komplizierte Rechenoperationen durchzuführen. Gleichwohl können moderne Computer viel mehr. Dies wird klar, wenn man sich daran erinnert, wo überall heute Mikroprozessoren, die auch die Grundbausteine moderner Computer sind, eingesetzt werden: in elektrischen Nähmaschinen, in Autos, in Fotoapparaten, in modernen Musikinstrumenten usw.

Diese Beispiele verdeutlichen, daß Computer grundsätzlich für zwei Gruppen von Aufgaben eingesetzt werden können:

Computer übernehmen

- Datenverarbeitungsaufgaben
- Steuerungsaufgaben

Die erste Aufgabengruppe umfaßt alle Computertätigkeiten, die damit zu tun haben, Daten zu erfassen, zu speichern und zu verarbeiten.

Die Steuerungsaufgaben hingegen haben gerade in den letzten Jahren ganz erheblich an Gewicht gewonnen. Die automatische Überwachung und Lenkung von Produktionsprozessen, die Steuerung von Drehbänken oder von Motoren - diese und andere Anwendungsbereiche zeigen, daß Computer eine Reihe verantwortungsvoller Tätigkeiten übernehmen können, zuverlässiger und rascher in der Aufgabenerledigung als dies durch Menschen möglich wäre.

Was aber ist nun eigentlich ein Computer ?

Um diesen Begriff zu klären, wollen wir uns nur mit der ersten Aufgabengruppe befassen, der ja ganz offensichtlich im Rahmen sozialwissenschaftlicher Anwendungen die größere Bedeutung zukommt.

Ein Computer ist eine Maschine, die uns von der Last bestimmter geistiger Tätigkeiten befreit (oder wenigstens uns dabei wirksam unterstützt), insbesondere solcher, die sich aus einfachen, sich wiederholenden Arbeitsschritten denkerischer Art aufbauen. Solche Tätigkeiten treten zum Beispiel dann auf, wenn Rechenaufgaben erledigt werden sollen.

Durch die Erfindung des Mikroprozessors ist es möglich geworden, leistungsfähige Computer zu extrem günstigen Preisen herzustellen, die zudem immer weniger Platz beanspruchen. Man sprach deshalb zunächst von Mini-Computern und seit die Mikroprozessoren das "Herz" der Computer sind, gibt es auch den Begriff des Mikrocomputers.

"Die nationale US-Volkszählung im Jahre 1950 wurde durch die ENIAC I ermöglicht, die als der erste kommerzielle Computer der Welt angesehen wird. ENIAC I kostete mehr als eine halbe Million Dollar (und zwar 1950er Dollar). Heute kann man dieselbe Rechenleistung für zehn Dollar kaufen" (A. OSBORNE: Mikrocomputer-Grundwissen, München 1978, S. IX).

Man unterscheidet - je nach Größe und Leistungsfähigkeit - verschiedene Klassen von Computern: Großcomputer (sog. mainframes), Kleincomputer, Minicomputer und Mikrocomputer. Es leuchtet unmittelbar ein, daß die verschiedenen Computerklassen nicht sauber voneinander trennbar sind. Trotz der Überschneidungen ist aber diese Grobeinteilung für einen ersten Überblick ganz hilfreich.

Ganz unabhängig davon, mit welcher Klasse von Geräten man es zu tun hat (heute spielen ja insbesondere die PC-Rechner - "personal computer" - eine entscheidende Rolle), gilt, daß jede Rechenanlage sich prinzipiell so aufbaut, wie es die folgende Skizze zeigt:

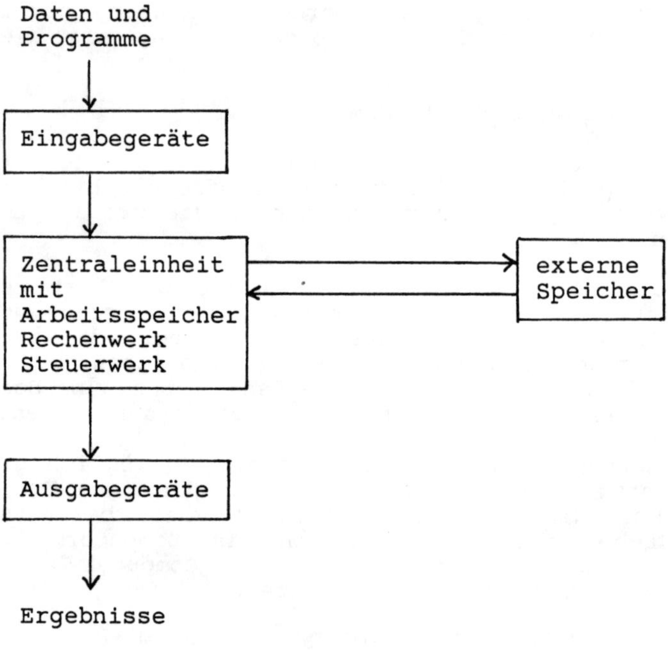

Bei modernen Rechenanlagen ist das übliche Eingabegerät die Tastatur, Ausgabegeräte sind Bildschirm oder Drucker, externe Speicher sind Magnetbandkassetten, Disketten oder Festplatten. Man nennt diese Speicher "extern" (oder auch "peripher"), um sie vom "internen" Arbeitsspeicher des Rechners selbst zu unterscheiden.

Zu diesen externen Speichern ist eine wichtige Anmerkung erforderlich: Immer dann, wenn der Rechner ausgeschaltet wird, gehen die Informationen, die sich im Arbeitsspeicher befinden (also zum Beispiel Programme oder Datenbestände) verloren - sie werden gelöscht (dies ist übrigens auch dann der Fall, wenn das "Ausschalten" unbeabsichtigt ist, also wenn beispielsweise der Strom ausfällt).

Solche Informationsverluste können vermieden werden, wenn wichtige Informationen - besonders gut gelungene oder teure Programme, Datenbestände, die zum Zwecke späterer Auswertungen erneut benötigt werden - auf externen Speichern untergebracht werden. Die Informationen, die der Rechnernutzer auf eine Diskette oder auf eine Festplatte auslagert, gehen beim Abschalten der Anlage nicht verloren, sondern sie stehen nach dem erneuten Einschalten wieder zur Verfügung.

Die externen Speicher sind Datenträger, die mit einer magnetisierbaren Oberfläche versehen sind. Magnetbandkassetten verlieren derzeit im Bereich der PC-Rechner an Bedeutung, weil die Datenzugriff sehr zeitaufwendig ist (zur Auslagerung sehr umfangreicher Informationsbestände, die nur relativ selten benötigt werden, sind sie jedoch hervorragend geeignet, ebenso wie die großen Magnetbandspulen, die bei Großrechenanlagen verwendet werden). Sehr viel rascher erfolgt der Datenaustausch zwischen Rechner und externem Speicher bei Disketten, die derzeit bis zu 1,2 Mb (1 Mb = 1 Megabyte, d.h. ungefähr eine Million Byte; dies entspricht einer Million Zeichen, also Buchstaben, Sonderzeichen oder Ziffern) speichern können.

Noch leistungsfähiger (aber auch teurer) sind Festplatten, die derzeit bis zu ca. 160 Mb Speicherkapazität aufweisen, und bei denen der Datenzugriff noch sehr viel rascher erfolgt als bei Disketten.

Auch zur Zentraleinheit des Rechners (CPU = central processing unit) sind einige Anmerkungen sinnvoll:

Die Zentraleinheit ist das "Herz" eines Computers. Hier werden die eingegebenen Informationen (zumindest für die Dauer des Verarbeitungsprozesses) gespeichert, sei es, daß Daten oder daß Verarbeitungsanweisungen, d.h. Programme eingegeben werden; hier werden die eingegebenen Daten verarbeitet; hier wird die Ausgabe der Ergebnisse vorbereitet und hier werden alle diese Teilprozesse auch organisatorisch bewältigt. Diesen Teilaufgaben entsprechend unterscheidet man drei Hauptbestandteile der Zentraleinheit:

a) den Arbeitsspeicher,
b) das Rechenwerk,
c) das Steuerwerk.

Alle Informationen, die der Rechner erhält oder im Zuge eines Verarbeitungsprozesses gewinnt, werden im Arbeitsspeicher erfaßt. Die Informationsaufnahme in den Arbeitsspeicher nennt man "Schreiben", die Informationsausgabe nennt man "Lesen" (dabei bleibt allerdings die "gelesene" Information im Arbeitsspeicher erhalten).

Alle Informationen liegen in binärer Form vor, werden also im Arbeitsspeicher als Folgen von Nullen und/oder Einsen erfaßt (siehe dazu auch das folgende Kapitel). Diese Art der Informationsspeicherung kann man sich am besten klarmachen, wenn man sie sich bei den sog. Kernspeichern anschaut, die früher den Arbeitsspeicher der Zentraleinheit bildeten. Die entsprechende Technologie sieht heute anders aus; das Grundprinzip ist jedoch das gleiche geblieben.

Die Kernspeicher bestanden aus auf Drähten aufgefädelten millimeterkleinen Metallringen aus Ferrit, die in Matrixform, also zeilen- und spaltenweise angeordnet waren. Die Informationsspeicherung geschah in der Weise, daß die Ferritringe rechts- oder linksherum magnetisiert wurden (0 bzw. 1 repräsentierend). Diese Magnetisierungen wurden durch Stromstöße bestimmter Stärke durch diejenigen Drähte erreicht, auf die die jeweiligen Kerne aufgefädelt sind. Um durch den jeweiligen Stromstoß nicht alle Kerne einer Zeile bzw. alle Kerne einer Spalte gleichzeitig zu magnetisieren, fließt durch einen Spalten- und einen Zeilendraht je ein Stromimpuls nur halber Stärke; nur am Schnittpunkt beider Drähte wird die gesamte Stromstärke erreicht, und nur sie reicht aus, die gewünschte Magnetisierung zu erreichen.

Jeweils acht Kerne speichern acht Nullen und/oder Einsen. Jeder einzelne repräsentiert ein bit (binary information digit = binäre Informationseinheit). Acht bits werden zu einem byte zusammengefaßt, wobei wir uns merken, daß für jedes der von uns benutzten Symbole (Buchstabe, Sonderzeichen, Ziffer) je ein Byte verwendet wird. Man nennt diesen Bereich eine Speicherstelle. Alle Speicherstellen des Kernspeichers sind durchnumeriert, so daß sie ansprechbar sind. Diese Numerierung nennt man die Adresse einer Speicherstelle.

Das Steuerwerk organisiert die Datenverarbeitungsprozeduren innerhalb der Zentraleinheit. Seine wichtigsten Aufgaben sind:

- Programmanweisungen aus dem Arbeitsspeicher abrufen,
- Entschlüsselung der Programmanweisungen,
- Erzeugung entsprechender Steuerimpulse,
- Steuerung der übrigen Rechnerbereiche durch diese Steuerimpulse,

- Überwachung des Informationsflusses in der Zentraleinheit und zwischen der Zentraleinheit und der Peripherie; insbesondere betrifft dies den Datenfluß zwischen Arbeitsspeicher und Rechenwerk ("Organisation des Rechnens", d.h. der Datenverarbeitung im engeren Wortsinn).

Im Rechenwerk laufen die eigentlichen Datenverarbeitungsprozesse ab: Hier wird "gerechnet" (algebraische und logische Operationen). Geeignete Schaltungen erlauben die Durchführung der jeweils gewünschten Rechenoperationen, deren Organisation vom Steuerwerk übernommen wird. Solche Schaltungen oder Schaltelemente sind die Verteiler-, die Decoder-, die Addierer- und die Flipflopschaltung. Sie sollen hier nicht im Detail besprochen werden.

Mikrocomputer besitzen als Zentraleinheit einen Mikroprozessor. Dabei handelt es sich um einen Baustein, der alle notwendigen Steuerfunktionen, die für die einzelnen Teilschritte im Rahmen eines Datenverarbeitungsprozesses erforderlich sind, durch geeignete Schaltungen übernehmen kann.

Dies wird deutlicher, wenn man bedenkt, daß es sich bei den einzelnen Schritten eines Datenverarbeitungsprozesses sehr häufig um das Verlagern von Informationen innerhalb der Zentraleinheit handelt: Daten müssen bewegt werden (von Adresse zu Adresse), um zum Beispiel Additionen durchzuführen oder um Vergleiche zu ermöglichen. Dieser interne Datenverkehr - vielleicht vergleichbar mit dem Verkehr auf den Gleisen eines Rangier-Bahnhofes - muß realisiert und gesteuert werden. Genau dies leistet der Prozessor, der als "Vielfach-Schalter" verstanden werden kann (so wie ein "Einfach-Schalter" mit einer Weiche auf dem Rangierbahnhof verglichen werden könnte, so ist der Prozessor Abbild des gesamten Gleissystems, samt dem Stellwerk, von dem aus die erforderlichen Bewegungen gesteuert werden).

Im Zusammenhang mit dem Begriff des Arbeitsspeichers tauchen häufig zwei weitere wichtige Begriffe in der Diskussion auf, der ROM-Speicher und der RAM-Speicher.

ROM-Speicher werden auch Festwert-Speicher genannt. Dies soll klarstellen, daß die Informationen, die in ROM-Speichern gespeichert sind, nicht verlorengehen können, auch wenn der Rechner abgeschaltet wird. Die Inhalte von ROM-Speichern können auch nicht verändert werden, denn diese Speicher können nicht beschrieben, sonder von ihnen kann nur gelesen werden (ROM = Read Only Memory = Speicher nur zum Lesen).

Solche ROM-Speicher werden dazu benötigt, unveränderliche Programme aufzunehmen. Dazu zählen zum Beispiel diejenigen

Programme, die der Rechner benötigt, um nach dem Start (nach dem Einschalten) überhaupt betriebsbereit zu werden und eine Kommunikation mit dem Benutzer zu ermöglichen (siehe dazu Kapitel 4).

RAM-Speicher werden Schreib-Lese-Speicher genannt. Damit wird verdeutlicht, daß ihre Inhalte gelesen, daß sie aber auch neu beschrieben werden können. Es handelt sich also um diejenigen Bereiche des Arbeitsspeichers, die durch den Benutzer verwendet werden können. Die RAM-Speicher nehmen die Informationen der Benutzer (Daten und Programme) auf und stellen nach den jeweiligen Datenverarbeitungsprozessen die Ergebnisse zur Ausgabe bereit. (RAM = Random Access Memory = Speicher mit freier (=zufälliger) Zugriffsmöglichkeit).

Wie schon erwähnt wurde, gehen Informationen verloren, wenn der Rechner abgeschaltet wird - und zwar diejenigen Informationen, die sich im RAM-Speicher befinden.

Die Verbindungen zwischen dem Mikroprozessor der Zentraleinheit und den anderen Bausteinen werden durch Datensammelleitungen hergestellt (in der Fachsprache BUS genannt). Es handelt sich dabei um Parallelleitungen, so daß der Informationsaustausch nicht seriell bitweise, sondern in größeren Informationseinheiten, z.B. byteweise (und damit schneller) erfolgen kann.

Viele dieser eher technisch orientierten Ausführungen lassen sich leichter verstehen, wenn man einen Blick auf die historische Entwicklung der Computer wirft. Für den an den konkreten Anwendungen des Rechners Interessierten mögen derartige Rückblicke eher entbehrlich erscheinen - sie vermitteln gleichwohl eine anschaulichere Vorstellung von dem, was ein moderner Computer heute ist. Deshalb wollen wir im folgenden Abschnitt in einem "Schnelldurchgang" einige der wichtigsten Aspekte der Computerentwicklung darstellen.

3.3 ZUR GESCHICHTE DER COMPUTERENTWICKLUNG

Schon im Altertum beschäftigte man sich mit der Frage, ob man sich nicht von der Last geistiger Tätigkeiten befreien könnte, so wie man sich ja auch von der Last körperlicher Tätigkeiten durch Erfindung geeigneter Werkzeuge zu befreien wußte. Sehr rasch wurde dabei allerdings deutlich, daß dafür vor allem solche geistigen Tätigkeiten in Frage kommen würden, die sich auf einfache (meist häufig wiederholbare) Arbeitsschritte zurückführen lassen.

Typische Tätigkeiten dieser Art finden sich vor allem im Bereich der mathematischen Rechenprozesse. So läßt sich z.B. ein simpler Additionsprozeß in eine Folge einfacher Zählschritte zerlegen. Üblicherweise addiert man nicht mehr auf diese Weise (etwa unter Zuhilfenahme der Finger), aber prinzipiell können Additionen so durchgeführt werden. Und da beispielsweise Multiplikationen nichts anderes als mehrfache Additionen sind, können auch diese (und die meisten anderen Rechenprozeduren auch) auf einfache Zählprozesse zurückgeführt werden.

Wenn es also gelingen sollte, die sog. Zählimpulsübertragung (d.h. die Addition des Wertes 1 zu einer schon erreichten Summe) zu automatisieren, also durch eine Maschine erledigen zu lassen, dann wäre eine Rechenmaschine vorstellbar.

Erste Geräte, die diese Idee verwirklichten, waren solche, bei denen Steinchen, Perlen oder Kügelchen hin- und hergeschoben wurden. Ein solches Gerät, wie es der Leser vielleicht noch aus der Volks- oder Grundschule her kennt, war der Abakus (zehn Reihen mit je zehn verschiebbaren Kugeln, meist in weiß und rot, in einem Holzrahmen).

Ein sehr wesentlicher Fortschritt wurde erzielt, als man die Übertragung des einzelnen Zählimpulses nicht durch das Verschieben von Kügelchen, sondern durch das Weiterdrehen von Zahnrädern darstellte. Dieser Grundgedanke wurde zum ersten Mal durch SCHICKARD im Jahre 1623 in einem "Zahnrad-Rechner" verwirklicht.

Mit der Maschine von Schickard gelang es übrigens auch, unter Nutzung des uns heute geläufigen Dezimalsystems, Zehnerübertragungen vorzunehmen, indem nach einer vollen Zahnradumdrehung (mit 10 Zähnen) ein daneben angeordnetes Zahnrad um eine Einheit weitergedreht wurde. Auf diese Weise konnte diese Maschine die vier Grundrechenarten ausführen. Ähnliche Maschinen wurden 1642 von dem berühmten Blaise PASCAL und 1672 von Gottfried Wilhelm VON LEIBNIZ gebaut.

Die Automatisierung gedanklicher Prozesse sollte sich aber nicht nur auf Rechenvorgänge beziehen, sondern sollte auch andere Arten geistiger Tätigkeiten nachbilden können, so zum Beispiel das logische Schlußfolgern oder das Vergleichen. Im frühen Mittelalter tauchte beispielsweise die Idee auf, daß es möglich sein müßte, eine Maschine zu bauen, die auf der Grundlage automatisierter Schlußfolgerungen unter Nutzung der anerkannten Gesetze der Logik die Existenz Gottes beweisen könnte (über die Idee ist man allerdings nie hinausgekommen - diese Maschine wurde, wenn ich nichts übersehe, bis zum heutigen Tage nicht gebaut).

Die mechanischen Rechner funktionierten allerdings wegen der noch unvollkommenen Möglichkeiten der damaligen Feinmechanik nicht perfekt. Leibniz dachte deshalb daran, einen Rechner zu bauen, der auf der Grundlage des sehr einfachen Binärsystems funktionieren sollte. Dieser Rechner sollte also von einem Zahlensystem ausgehen, das über nur zwei Ziffern (0 und 1) verfügt. Damit wurde eine Idee vorweggenommen, die im 19.Jahrhundert zu einem der wichtigsten Grundprinzipien moderner Rechner wurde. Dieser Idee werden wir im folgenden Kapitel wieder begegnen und sie dort etwas ausführlicher erörtern.

Mechanische Rechner, wie sie also seit mehr als 300 Jahren konstruiert wurden, waren bis in die fünfziger Jahre unseres Jahrhunderts hinein in Gebrauch. In manchen kleineren Büros findet man sie vielleicht sogar heute noch.

Einen wesentlichen Fortschritt erfuhr die Rechnerentwicklung im 19. Jahrhundert durch zwei Sachverhalte:

- Einsatz der Elektrotechnik
- Umsetzung der Idee der integrierten Programmsteuerung

Der erste Aspekt, die Entwicklung der Elektrotechnik, eröffnete die Möglichkeit, Maschinen zu bauen, mit deren Hilfe die Verarbeitung größerer Datenmengen, die immer häufiger anfielen, automatisiert werden konnte.

So wurden beispielsweise die Daten der amerikanischen Volkszählung von 1890 auf Lochkarten übertragen, die dann durch geeignete Abtastgeräte "gelesen" wurden: Immer dann, wenn ein Loch gefunden wurde, erfolgte die Übertragung eines elektrischen Zählimpulses. Durch entsprechendes mechanisches Einstellen der Abtasteinrichtungen konnten Zählimpulse lokalisiert werden, d.h. durch unterschiedliche Lochpositionen und -kombinationen auf den Lochkarten konnten sehr rasch unterschiedliche Sachverhalte oder Tatbestände ausgezählt werden.

Dies war die Erfindung des H.HOLLERITH, eines Sohnes pfälzischer Eltern, der sich so die Möglichkeiten der Elektrotechnik und des Binärprinzips für die Datenverarbeitung zunutze machte.

"keine Lochung - Lochung" = "0 und 1".

Hollerith verwendete die Lochkarte als Speichermedium für die auszuwertenden Informationen (Daten der Volkszählung).

Die Lochkarte als Informationsspeicher gab es aber schon früher - wenn auch nicht zum Zwecke der Datenspeicherung - so doch zur Steuerung von Maschinen, die sich wiederholende Aufgaben zu erledigen hatten (automatische Webstühle, Musikautomaten u.dergl.). In diesen Verwendungsrichtungen war die Lochkarte, wenn man so will, Speichermedium für ein Programm ("Programm" im weitesten Wortsinn: Wenn auf der Grundlage eines durch eine Drehorgel gezogenen, ziehharmonikaartig gefalteten Pappbandes der Radetzky-Marsch ertönt, dann befindet sich auf diesem Pappband, durch geeignete Lochkombinationen verschlüsselt, in der Tat ein Programm zur musikalischen Präsentation eines Musikstückes).

Erst Hollerith setzte dann die Lochkarte zur Datenverarbeitung ein, indem er sie mit Hilfe der später "Hollerith-Maschinen" genannten Geräte auswertete. Derartige Hollerith-Maschinen waren auch bis in die Mitte unseres Jahrhunderts hinein im Gebrauch. 1939 zum Beispiel stellte die Deutsche Hollerith-Gesellschaft eine Maschine vor, die die Ausführung kleinerer Rechenaufgaben über Verdrahtungen auf einer Stecktafel erlaubte.

Der zweite Aspekt, der oben mit dem Stichwort "integrierte Programmsteuerung" angesprochen wurde, ist eigentlich mit dem eben erwähnten Drehorgel-Beispiel auch schon erläutert: Es geht darum, einer Maschine nicht nur die auszuwertenden Daten über Lochkarten mitzuteilen, sondern auch die Anweisungen, die sie erkennen läßt, was mit den Daten geschehen soll.

Genau genommen ist die Zweiteilung in auszuwertende Daten einerseits und Programmanweisungen andererseits nicht so streng zu sehen, wie das bisher klang: Programmanweisungen sind für den Computer natürlich auch Daten (wenn auch in einem etwas weiteren Wortsinn), die ausgewertet und dabei in Aktivitäten umgesetzt werden müssen - dies aber nur als Anmerkung am Rande.

Diese Idee der integrierten Programmsteuerung wurde von J. NEUMANN entwickelt und im Jahre 1932 von dem damals 22 Jahre alten Konrad ZUSE mit der Entwicklung eines programmgesteuerten Rechners in die Tat umgesetzt. Dieser Rechner Z1 war noch ein mechanischer Rechner, der aber zwei wesentliche, noch heute gültige Funktionsprinzipien in sich vereinigte:

1. Informationsübertragung mit Hilfe des Binärsystems

2. Beschickung nicht nur mit Daten, sondern auch mit einem Programm

In der Maschine Z2 verwendete Zuse als Zählimpulsübertragungsbausteine Relais-Schaltungen und verkürzte damit die Datenverarbeitungszeiten ganz erheblich. Im Jahre 1941 baute er Z3, den ersten vollfunktionierenden programmgesteuerten Rechner der Welt mit 2600 Relais.

Das Relais als halbmechanischer Baustein wurde seit 1946 durch die Elektronenröhre ersetzt, wodurch die Impulsübertragung völlig frei von mechanischen Bewegungen wurde - entsprechend wurden die Rechenzeiten außerordentlich stark beschleunigt - etwa um den Faktor 2000. Der erste einsatzfähige Großrechner (sein Name war ENIAC) war ein solcher Röhrenrechner.

Die Elektronenröhre (sie hat übrigens der EDV = "Elektronische Datenverarbeitung" ihren Namen gegeben) war aber teuer und sehr störanfällig. Deshalb wurde sie seit etwa 1955 durch den billigeren, kleineren und weniger störanfälligen Transistor ersetzt. Der Transistor als Schaltelement führte zu einer weiteren Beschleunigung der Rechenprozesse, weil durch die geringere Baugröße und die Möglichkeit, Transistoren enger zusammenzupacken als wärmeentwickelnde Röhren, die Impulsübertragungswege wesentlich verkürzt werden konnten.

In den sechziger Jahren wurden die Transistoren miniaturisiert und auf Modulen zu Baugruppen zusammengefaßt. Damit wurde die Rechengeschwindigkeit weiter erhöht und die Computerproduktion und -wartung wesentlich verbilligt.

Weitere Fortschritte erzielte man, als die Module so stark verkleinert waren, daß sie kompliziertere Aufgaben übernehmen konnten. Man nannte die auf diese Weise entstehenden Baugruppen "Integrierte Schaltkreise" (IC). Sie übernahmen ab 1970 die Aufgaben der Module.

Durch ständige Verkleinerung dieser integrierten Schaltkreise wurden die Datenübertragungswege weiter verkürzt was einer fortwährenden Beschleunigung der Rechenzeiten un einer stetigen Steigerung der Speicherkapazitäten ent sprach.

In den siebziger Jahren wurde durch eine neue Produktionstechnik die Herstellung kleinster Bauteile möglich, di auf einer Fläche von wenigen Quadratmillimetern tausend von Schaltungsmöglichkeiten vereinigten. Diese Bauteil wurden Mikroprozessoren oder auch Mikrochips (kurz Chips genannt.

Diese Mikroprozessoren, in der Serienfertigung außeror dentlich billig herstellbar, haben den Siegeszug der Klei rechner in Gang gebracht. Darüber hinaus spielen sie bekanntermaßen nicht nur in modernen Computern die entscheidende Rolle, sondern auch in anderen Technikbereichen - bis hin zur prothetischen Versorgung behinderter Menschen.

Die Entwicklung der Mikroprozessoren machte den Bau kleiner und kleinster Computer möglich, die zudem immer schneller und immer billiger wurden. Beispielsweise ist ein heutiger Homecomputer, der vielleicht noch DM 300.- kostet, leistungsfähiger als der Großrechner, der für die Auswertung der Volkszählung in der Bundesrepublik Deutschland im Jahre 1970 eingesetzt wurde - und der kostete einige Millionen.

Heute ist man in der Lage, zu Preisen, die in der Größenordnung einer Schachtel Zigaretten liegen, Chips anzubieten, die so komplexe Schaltstrukturen aufweisen, daß sie ihrerseits als fertige Computer dienen können. Sie bewältigen nicht nur die Ein- und Ausgabe von Informationen, sondern sie können auch arithmetische und logische Operationen vollziehen. Mit steigender Leistungsfähigkeit und sinkenden Preisen breitet sich diese Technologie immer rascher aus.

Nicht vergessen werden darf in diesem Zusammenhang, daß nicht nur die Computer selbst immer leistungsfähiger und immer billiger wurden, sondern auch die übrigen Geräte, die zum Betrieb einer kompletten Rechenanlage erforderlich sind, also zum Beispiel die Bildschirme, die Drucker, die externen Speicher usw. Mehr noch: Auch die Software, also die fertigen Programme, die der Computernutzer für die unterschiedlichsten Zwecke einsetzen kann, sind immer umfassender, immer leistungsfähiger, immer komfortabler und immer billiger geworden, so daß es nicht zu verwundern braucht, daß in den unterschiedlichsten Bereichen jetzt mit Computern gearbeitet wird.

Anzumerken bleibt, daß dieser historische Überblick wirklich nur sehr skizzenhaft war. Wichtige Namen, wie etwa der des "Viel-Rechners" BABBAGE, oder der des "Computer-Theoretikers" TURING wurden nicht genannt. Sie und viele andere haben die Computerentwicklung in vielfacher Weise beeinflußt. Es ist hier aber nicht der Platz, sie alle ausführlich zu würdigen.

3.4 ZUR FUNKTIONSWEISE EINER RECHENANLAGE

Jeder Datenverarbeitungsprozeß ist zerlegbar in eine unter Umständen sehr große Zahl sehr einfacher Einzelarbeitsschritte. Man denke an eine einfache Multiplikationsaufgabe

(3*4), die sich in eine Folge von Additionsaufgaben zerlegen läßt:

4 + 4 + 4

Jede Additionsaufgabe wiederum ist zerlegbar in eine Folge von Zählschritten:

4 + 4 = 4 + 1 + 1 + 1 + 1

Letztlich geht es also um die Übertragung von einzelnen Zählimpulsen.

Jeder Datenverarbeitungsprozeß ist zusammensetzbar aus standardisierten Einzelschritten (einer davon ist die gerade erwähnte Zählimpulsübertragung), aus sog. Grundbefehlen. Diejenigen Befehle, die ein Mikroprozessor in seiner Eigenschaft als Zentraleinheit eines Mikrocomputers ausführen kann, nennt man Befehlsvorrat des Mikroprozessors. Von diesen Befehlen werden die erforderlichen ausgeführt, wobei ein Mikroprozessor immer nur einen Befehl zur gleichen Zeit ausführen kann.

Je schneller die Ausführungen der Grundbefehle aufeinanderfolgen, desto schneller läuft der gesamte Datenverarbeitungsprozeß ab. Die Geschwindigkeit, mit der die Befehle aufeinanderfolgen können, hängt davon ab, wie schnell die für die Befehlsausführungen notwendigen Stromimpulse an die betroffenen Speicherstellen gelangen können oder genauer: wie lange es dauert, bis ein Befehl "verstanden" (und ausgeführt) worden ist, damit der folgende dann erteilt werden kann.

Die Geschwindigkeit der Verarbeitung des Einzelbefehls heißt Taktgeschwindigkeit des Mikroprozessors. Diese Taktgeschwindigkeit wird vom sog. Taktgeber gesteuert. Ein Mikroprozessor, der z.B. in jeder Sekunde eine Million Taktimpulse vom Taktgeber erhält, kann pro Sekunde eine Million verschiedener Schaltungen aufbauen, d.h. es können eine Million Einzelschritte vollzogen werden.

Jeden einzelnen dieser Schritte nennt man Taktzyklus. Die Folge der sehr rasch aufeinanderfolgenden Taktschritte kann man sich vorstellen als ständig neu aufgebaute Bit-Kombinationen (also Folgen von Kombinationen von Nullen und Einsen), die von Speicherstelle zu Speicherstelle übertragen werden. Dabei sind generell zwei Typen von Speicherinhalten voneinander zu unterscheiden: Teile der zu verarbeitenden Informationen einerseits und Angaben von Speicherstellenadressen andererseits.

Im Prozessor selbst werden bei den einzelnen Befehlsschritten sehr schnelle Speicher angesprochen (genauer: Speicher, die einen sehr raschen Zugriff erlauben), die man Register nennt. Dabei wird ein Hauptregister (Akkumulator) von Hilfsregistern unterschieden. Hinzu kommt ein Befehlsspeicher und häufig auch ein Programmzähler.

Weiter kommt als zentraler Prozessor-Teil die Arithmetik-Logik-Einheit (ALU) hinzu, die der Ort der eigentlichen Datenverarbeitung ist. Die (Teil-)Ergebnisse der einzelnen Datenverarbeitungsschritte stehen dann im sog. FLAG-Register (Programm-Status-Register) abrufbar zur Verfügung.

Diese Mikroprozessor-Teilbereiche werden in einem Befehlszyklus nach folgender schematischer Übersicht angesprochen:

1. Der Prozessor liefert die Adresse des nächsten auszuführenden Befehls.

2. Ist der Taktgeber soweit, daß der Befehl aufgenommen werden kann, so wird der Inhalt der angesprochenen Adresse über den Daten-BUS in den Prozessor geladen.

3. Der Prozessor entschlüsselt den eingegangenen Befehl.

4. Die für die Befehlsausführung notwendigen Daten werden in den Prozessor geladen.

5. Sind alle Daten in der Zentraleinheit angekommen, wird der interpretierte Befehl ausgeführt.

6. Sofern dies für die jeweilige Befehlsausführung notwendig ist, müssen weitere Daten eingelesen werden.

7. Wenn nach der Befehlsausführung Daten abzuspeichern sind, so werden die Speicheradressen für diese Daten und der Schreibbefehl ausgegeben.

8. Ein entsprechendes Schlußsignal gibt an, daß der Prozessor für einen neuen Befehlszyklus bereit ist.

3.5 DATEN

Die Beschreibungen des vorangegangenen Abschnitts, aber natürlich auch die generelle Themenstellung dieses Buches verdeutlichen, daß dem Begriff der Daten zentrale Bedeutung zukommt. Allen weiteren Erörterungen wollen wir deshalb die folgende generelle Begriffsklärung voranstellen:

Daten sind Symbole für Informationen.

In den Anwendungsbereichen, in denen Computer die größte Rolle spielen (es wurde ja schon erwähnt, daß Steuerungs- und Kontrollaufgaben hier nicht besprochen werden), handelt es sich in aller Regel um Zahlen (Preise, Mengen, Meßwerte, Codeziffern, Numerierungen etc.), häufig auch um statistische Zahlen, z.B. die Ergebnisse einer Umfrage, Daten der Betriebsstatistik und -abrechnung usw. Häufig geht es aber auch darum, Buchstaben, Worte und Texte zu verarbeiten (Stichwort "Textverarbeitung"). In zunehmendem Maße spielen deshalb auch Texte die Rolle von Daten.

Sollen derartige Daten - gleichgültig ob es sich z.B. um Zahlen oder um Texte handelt - durch einen Computer verarbeitet werden, so müssen sie zunächst in geeigneter Weise aufbereitet werden. Die dafür notwendigen Arbeitsschritte werden in späteren Kapiteln besprochen und anhand geeigneter Beispiele illustriert.

Schon an dieser Stelle aber ist der Hinweis darauf wichtig, daß bei konkreten Datenverarbeitungsaufgaben generell zwei Typen von Daten voneinander zu unterscheiden sind (es sind noch weitere Unterteilungen denkbar, die aber zunächst nicht sonderlich wichtig sind):

1. Numerische Daten
2. Nichtnumerische Daten (String-Informationen)

Die erste Gruppe kann zusätzlich zweigeteilt werden in

1.1 ganzzahlige Daten
1.2 reelle Daten

<u>Ganzzahlige Daten</u> sind Werte, die nur als ganze Zahlen vorliegen (also z.B. 0, 1, 2, ...). Ein typisches Beispiel sind etwa die Antworten auf die Frage nach der Zahl von Kindern in befragten Familien.

<u>Reelle Daten</u> sind hingegen solche, die Dezimalstellen aufweisen können (also z.B. 1.0, 7.02, -15.2,...). Reelle Zahlen sind also solche mit <u>Dezimalpunkt</u> (man sollte sich im EDV-Bereich von Anfang an daran gewöhnen, Dezimalstellen mit einem Punkt abzutrennen und nicht mit einem Komma).

Damit ist also klar, was unter "Daten" im Rahmen der Datenverarbeitung verstanden werden kann.

Was aber bedeutet nun "Datenverarbeitung" selbst?

3.6 DATENVERARBEITUNG

Wenn man über "Datenverarbeitung" spricht, dann geht es um die Frage, zu welchem Zweck überhaupt Computer bei der Verarbeitung von Daten eingesetzt werden. Einige Stichworte dazu wurden schon vorgetragen:

Zum einen geht es darum, die große Menge an Einzelinformationen, mit denen wir es Tag für Tag zu tun haben ("Datenflut") zu bewältigen, und zwar in angemessener Zeit, d.h. möglichst rasch, sonst nützen uns die Informationen nichts mehr; zum anderen geht es darum, auch bei komplizierteren Verarbeitungsprozeduren zu fehlerfreien Ergebnissen zu gelangen. Bei beiden Aufgaben können Computer hervorragende Dienste leisten.

Überall da, wo es darum geht, umfangreiche Datenbestände aufzubereiten, sie zu sichten und informativ darzustellen, sie zu speichern, zu verwalten, sie auszuwerten oder zu analysieren, überall da spielen Datenverarbeitungsanlagen, d.h. Computer, eine immer bedeutsamer werdende Rolle. Es muß dabei nochmals daran erinnert werden, daß wir unter Daten nicht nur Zahlen verstehen, sondern beispielsweise auch Worte und Texte.

Unter "Datenverarbeitung" faßt man also all diejenigen Verfahren zusammen, die dazu dienen, einen gegebenen Datenbestand im Hinblick auf präzis formulierte Fragestellungen auszuwerten.

Die für die jeweils gewünschten Verarbeitungsprozesse notwendigen Arbeitsschritte müssen - zusätzlich zu den zu verarbeitenden Daten - dem Computer in Form von Anweisungen in einer ihm verständlichen Sprache (Programmiersprache) mitgeteilt werden.

Im Vorgriff auf spätere Ausführungen kann also hier wieder festgestellt werden, daß dem Rechner zwei Gruppen von Informationen übergeben werden müssen, wenn ein Datenverarbeitungsprozeß ablaufen soll:

1. Anweisungen für die Auswertungsprozeduren in einer Programmiersprache, das Programm.

2. Zu verarbeitende Daten.

Im Zusammenwirken der Informationen der Gruppe 1 mit denen der Gruppe 2 kommen dann die gewünschten Datenverarbeitungsprozesse zustande, bei denen es sich also - so kann zusammenfassend gesagt werden - mit Blick auf die sozialwissenschaftlichen Anwendungsbereiche um die Präsentation, die Auswertung und die Analyse empirisch-statistischer Informationen handelt.

LITERATURHINWEISE

OSBORNE, A. : Mikrocomputer-Grundwissen, eine allgemeinverständliche Einführung in die Mikrocomputer-Technik, 2. Auflage, München 1978

SIEMENS AG (Hg.) : Chancen mit Chips, Zwischenbilanz einer Basistechnologie, Berlin-München 1984

VOSS, W. : Rechnergestützte Methoden in den Sozialwissenschaften, München-Wien 1988

WOLTERS, M.F. (Hg.) : Der Schlüssel zur Computer-Praxis, Düsseldorf-Wien 1981

ZIMMERMANN, W.L. : Datenverarbeitung - Überblick, Grundlagen, Eingabe/Ausgabe, 2. Auflage, Band 1, Wiesbaden 1984

KAPITEL 4 :
ZAHLENSYSTEME UND CODES

4.1 DAS BINÄRSYSTEM

Ausgangspunkt der Rechnerentwicklung war die Vorstellung, daß man die durch die Maschine auszuführenden Aufgaben in einzelne Arbeitsschritte zerlegen mußte, in eine Folge von Anweisungen also. Dieses Prinzip der Aufteilung von Aufgaben wurde im 19. Jahrhundert mit dem Prinzip der Lochkartensteuerung verbunden (siehe dazu Kap. 3).

Die Lochkarte war zunächst entwickelt worden, um mechanische Abläufe zu automatisieren (zu steuern), nämlich die Erstellung von Stoffmustern auf automatischen Webstühlen. Programmgesteuerte Maschinen übernahmen die Arbeiten, die vorher durch Menschenhand erledigt werden mußten. Genauso wie sich ein Webprogramm durch Lochkarten festlegen läßt, muß auch der Ablauf einer Rechenaufgabe durch Lochkarten festlegbar sein.

Sowohl auszuwertende Daten als auch die Anweisungen zu ihrer Auswertung stellen sich als Folgen unterschiedlicher Lochkombinationen auf Lochkarten dar. Mit der Idee, Informationen durch Kombinationen von Lochungen und Nichtlochungen darzustellen, bewegt man sich also auf einer Kommunikationsebene, die nur zwei Symbole zur Informationsübertragung verwendet - üblicherweise werden diese beiden Symbole mit 0 und 1 bezeichnet.

Soweit numerische Informationen betroffen sind, erfolgt hier also ein "Rückzug" auf ein Zahlensystem, welches nur zwei Ziffern kennt. Daß auch der Austausch nichtnumerischer Informationen mit diesem durchaus bescheidenen Symbolvorrat möglich ist, besprechen wir in einem späteren Abschnitt. Diesist übrigens nichts Neues: Der Leser hat sicherlich schon vom Morse-Alphabet gehört, bei dem ja auch nichtnumerische Informationen durch die Nutzung von nur zwei Symbolen - Punkt oder Strich - ausgedrückt werden.

Ein Zahlensystem, das - wie das Binärsystem - nur zwei Ziffern hat, entspricht natürlich hervorragend den Möglichkeiten der Elektrotechnik, die diese beiden Binärziffern einfach durch Offenlassen oder Schließen von Stromkreisen darstellen kann:

Binärsystem	0	1
Logik	nein	ja
Stromkreis	offen	geschlossen
Glühbirne	leuchtet nicht	leuchtet
Lochkarte	keine Lochung	Lochung

Exkurs: Die Lochkarte

Jahrzehntelang war die Lochkarte im Bereich der Datenverarbeitung der wichtigste Informationsträger, nicht nur für Daten, sondern auch für Programmanweisungen und für Kommandos an das Betriebssystem der Rechner. Erst in den siebziger Jahren ist sie durch andere Medien verdrängt worden. Insbesondere bei Klein- und Mikrocomputern spielt sie keine Rolle mehr.

Wichtige Grundbegriffe sind aber leichter verständlich, wenn man sich die Lochkarte etwas näher anschaut, weil sie im Zusammenhang mit diesem Informationsträger entstanden sind. Deshalb soll auch in diesem Buch der Lochkarte ein kleiner Abschnitt gewidmet werden.

Die folgende Abbildung zeigt eine beschriftete (gelochte) Lochkarte:

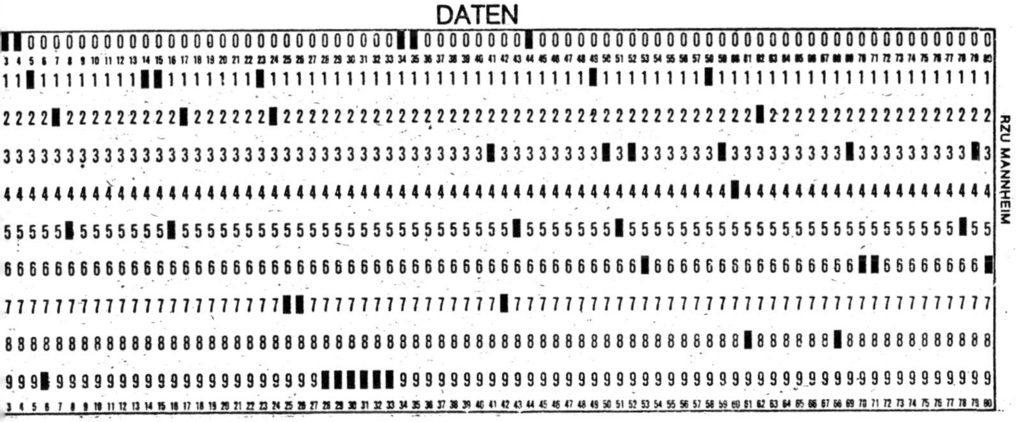

Man erkennt, daß die Lochkarte zehn mit den Ziffern 0 bis 9 numerierte Zeilen aufweist. Darüber stehen für Lochungen noch zwei weitere Zeilen zur Verfügung (man spricht häufig von der X- und der Y-Zeile), so daß insgesamt 12 Zeilen vorhanden sind. Am oberen Rand produzieren die meisten Locher einen für uns lesbaren Ausdruck des jeweils gelochten Symbols.

Weiterhin weist die Lochkarte 80 Spalten auf. Wichtig ist, daß für jedes Symbol, das wir ablochen, sei dies nun eine Ziffer, ein Buchstabe oder ein Sonderzeichen, eine Spalte der Lochkarte "verbraucht" wird.

Jedes Symbol, welches wir auf Lochkarten abtragen, besteht aus einer Lochkombination in derjenigen Spalte, in der das jeweilige Symbol gelocht wurde. Beim Ablochen von Zahlen oder Worten werden dementsprechend mehrere Spalten einer Lochkarte belegt.

Kehren wir nun nach diesem kurzen Exkurs zur Betrachtung des Binärsystems zurück, das man auch Dualsystem nennt. Eine Grund-Vorstellung von der Funktionsweise eines Rechners ist ohne Kenntnis des Binärsystems nicht denkbar.

Jedes Zahlensystem, das Binärsystem genauso wie das Dezimalsystem, dient zur Darstellung numerischer Information durch Symbole. Hat man beispielsweise vierhundertsiebenundzwanzig Personen gezählt, so drückt man dies in unserem Dezimalsystem durch die Symbolfolge

427

aus und jeder, der dies liest, weiß was gemeint ist.

Das hier angesprochene Dezimalsystem, das seinen Namen aus der Tatsache herleitet, daß es mit 10 Ziffern arbeitet (0, 1, 2, 3, 4, 5, 6, 7, 8, 9), ist aber nur ein Zahlensystem unter vielen denkbaren. Im folgenden geht es um das sehr wichtige Binärsystem mit nur zwei Ziffern (0, 1); denkbar wäre auch ein Dreiersystem mit den Ziffern 0, 1, 2 oder ein Vierersystem usw.

Besondere Bedeutung hat im EDV-Bereich auch das Hexadezimalsystem gewonnen, auf das wir noch zu sprechen kommen. Es hat 16 Ziffern, die üblicherweise mit 0, 1, 2, 3, 4, 5, 6, 7, 8, 9, A, B, C, D, E, F bezeichnet werden.

Das Binärsystem wird leicht verständlich und einsichtig,

wenn man sich zunächst einmal mit dem uns gewohnten Dezimalsystem näher beschäftigt.

Die Dezimalzahl 427 läßt sich folgendermaßen zerlegen - und so müßten wir sie einem Fremden, der das Dezimalsystem nicht kennt - auch erklären:

```
427 = 4 Hunderter      + 2 Zehner        + 7 Einer

    = 4 * 100          + 2 * 10          + 7 * 1

    = 4 * 10 hoch 2  + 2 * 10 hoch 1 + 7 * 10 hoch 0
```

Mathematische Anmerkung: Jede Zahl hoch null ist definiert als 1, also: 10 hoch 0 = 1

Wir erkennen folgende Regelmäßigkeiten:

1. Jede Dezimalzahl läßt sich zerlegen in eine Summe, die so viele Summanden hat, wie die Zahl Ziffern hat.

2. Jeder Summand ist ein Produkt aus 2 Faktoren.

3. Der jeweils 1. Faktor ist die Ziffer der zu zerlegenden Zahl (von links nach rechts).

4. Der jeweils 2. Faktor ist immer eine Potenz zur Basis 10.

5. Die Hochzahlen (Exponenten) dieser Potenzen sind bei ganzen Zahlen die Ziffern 0, 1, 2, ... usw. (von rechts nach links!)

Wenn man diese "Zerlegungsregel" verstanden hat, ist es leicht, eine Binärzahl zu interpretieren. Sie gehorcht der gleichen Regel mit dem einzigen Unterschied, daß in Punkt 4 stehen muß:

4. Der jeweils 2.Faktor ist immer eine Potenz zur Basis 2.

Natürlich kann eine Binärzahl nur aus Nullen und/oder Einsen aufgebaut sein, also z.B.:

11010

Um zu verdeutlichen, daß dies nicht elftausendundzehn bedeutet, schreibt man häufig

$11010_{(2)}$

Dies besagt also, daß hier eine Zahl des Binärsystems vorliegt. Man liest sie: Eins - eins - null - eins - null.

Wenn man die obige Zerlegungsregel anwendet, so gilt:

1. Zerlegung in eine Summe aus 5 Summanden (die zu zerlegende Zahl hat 5 Ziffern):

Sum. 1 + Sum. 2 + Sum. 3 + Sum. 4 + Sum. 5

2. Jeder Summand ist ein Produkt aus 2 Faktoren (F1 und F2):

```
F1*F2 + F1*F2 + F1*F2 + F1*F2 + F1*F2
Sum.1   Sum.2   Sum.3   Sum.4   Sum.5
```

3. Der jeweils 1. Faktor ist die Ziffer der zu zerlegenden Zahl (von links nach rechts), also:

```
1*F2  + 1*F2  +  0*F2  +  1*F2  +  0*F2
Sum.1   Sum.2    Sum.3    Sum.4    Sum.5
```

4. Der jeweils 2. Faktor ist eine Potenz zur Basis 2, also:

1*2 hoch 4 + 1*2 hoch 3 + 0*2 hoch 2 + 1*2 hoch 1 + 0*2 hoch 0

5. Die Hochzahlen sind 0, 1, 2, ... (von rechts nach links), also ergibt sich:

```
1*2*2*2*2 + 1*2*2*2 + 0*2*2 + 1*2 + 0+1

= 1*16    +  1*8    +  0*4  + 1*2 + 0*1

=   16    +   8     +   0   +  2  + 0
```

$= 26_{(10)}$

Die Zahl 11010 des Binärsystems entspricht also "unserer" 26 des Dezimalsystems.

Umgekehrt kann man aber auch Dezimalzahlen in Binärzahlen verwandeln. Auch dies fällt leichter, wenn man sich noch einmal daran erinnert, wie man Dezimalzahlen erklärt:

Gehen wir beispielsweise von der Zahl 5823 aus. Wir "füllen" jede Dezimalzahl mit Zehnerpotenzen, mit der größtmöglichen beginnend (Zehnerpotenzen sind die Zahlen 1, 10, 100, 1000, 10000 usw.; dies sind die Stufenzahlen des Dezimalsystems).

Die größtmögliche Zehnerpotenz, die in 5823 hineinpaßt, ist die Zahl 1000 (= 10 hoch 3), und zwar paßt diese 5 mal. Also beginnt diese Zerlegung mit:

5823 = 5*1000 + ...

Damit bleibt in der zu zerlegenden Zahl noch ein Rest von 823. Die größmögliche Zehnerpotenz, die hier noch hineinpaßt, ist die Zahl 100 (=10 hoch 2), und zwar 8 mal, also:

5823 = 5*1000 + 8*100 + ...

In den verbleibenden Rest von 23 paßt noch zweimal die 10,in den dann verbleibenden Rest noch dreimal die 1, also:

5823 = 5*1000 + 8*100 + 2*10 + 3*1

Entsprechend gehen wir bei der Verwandlung von Dezimal- in Binärzahlen vor, nur müssen wir jetzt mit den jeweils größtmöglichen Zweierpotenzen füllen. Diese Zweierpotenzen, d.h. die Stufenzahlen des Binärsystems, sind die folgenden:

... 1024 512 256 128 64 32 16 8 4 2 1

Nun können wir z.B. die Dezimalzahl 25 zerlegen, indem wir mit Zweierpotenzen füllen. Die größtmögliche ist die 16, also:

25 = 1*16 + ...

In den Rest von 9 paßt als größtmögliche Zweierpotenz die nächste, nämlich die 8, also:

25 = 1*16 + 1*8 + ...

Die nächstgrößte Zweierpotenz, die Zahl 4 paßt nicht mehr, also:

25 = 1*16 + 1*8 + 0*4 + ...

Auch die 2 paßt nicht mehr, also nur 0 mal in den Rest:

25 = 1*16 + 1*8 + 0*4 + 0*2 + ...

Aber die nächste mögliche Zweierpotenz, die 1 (=2 hoch 0) paßt noch einmal in den Rest, also:

25 = 1*16 + 1*8 + 0*4 + 0*2 + 1*1

Die jeweils ersten Faktoren ergeben die Ziffernfolge der Binärzahl, also:

$$25_{(10)} = 11001_{(2)}$$

4.2 DAS HEXADEZIMALSYSTEM

Nach der recht ausführlichen Darstellung des Binärsystems und der Umwandlungen zwischen Binär- und Dezimalsystem können wir das Hexadezimalsystem sehr knapp behandeln. Es unterliegt natürlich auch den gleichen Grundprinzipien wie sie oben besprochen wurden. Dies sieht man sehr deutlich, wenn man eine Hexadezimalzahl in eine Dezimalzahl umwandelt.

Der Ziffernvorrat bei Hexadezimalzahlen umfaßt 16 Ziffern:

0, 1, 2, 3, 4, 5, 6, 7, 8, 9, A, B, C, D, E, F

Somit ist C3A eine Hexadezimalzahl, die sich gemäß der schon besprochenen Regel wie folgt zerlegen läßt:

C3A = C*16 hoch 2 + 3*16 hoch 1 + A*16 hoch 0

Da C die Hexadezimalziffer für die dezimale 12 und A die Ziffer für die dezimale 10 ist, ergibt sich also:

C3A = 12*16 hoch 2 + 3*16 hoch 1 + 10*16 hoch 0

= 3072 + 48 + 10 =

$= 3130_{(10)}$

Wir sehen, daß eine Hexadezimalzahl unter Umständen weniger Ziffern aufweist als die entsprechende Dezimalzahl, d.h. die Umwandlung von Dezimal- in Hexadezimalzahlen hilft bei der Einsparung von Speicherplatz.

Die Verwandlung einer Dezimalzahl in eine Hexadezimalzahl erfolgt durch "Auffüllen" mit 16er-Potenzen. Diese 16er-Potenzen (Stufenzahlen des Hexadezimalsystems) sind die folgenden:

... 1 048 576 65 536 4096 256 16 1

Somit ergibt sich z.B. für die Dezimalzahl 6800:

$$6800 = 1*4096 + 10*256 + 9*16 + 0*1$$

$$= 1A90_{(16)}$$

4.3 CODES

Ein Code gibt an, in welcher Weise Informationen für bestimmte Zwecke zu transformieren sind (der Leser erinnere sich an das schon erwähnte Morse-Alphabet). Hier soll dieser Begriff nun etwas präziser gefaßt werden, indem wir feststellen, daß ein Code dazu dient, Informationen zu übertragen, oder genauer, Informationen so zuzubereiten, daß der Empfänger sie tatsächlich empfangen und dann auch verstehen kann.

Noch einmal zum Morse-Alphabets: Nur wenn sich Informations-Absender und -Empfänger darüber geeinigt haben, in welcher Weise die auszutauschenden Informationen (Symbole) mit Strichen und/oder Punkten zu codieren sind (zu verschlüsseln sind), nur dann ist Informationsaustausch überhaupt möglich. Dies gilt auch dann, wenn der Informationsempfänger kein Mensch, sondern z.B. eine Maschine, etwa ein Computer, ist, oder wenn eine andere der folgenden Kombinationen von "Sendern" und "Empfängern" vorliegt:

Sender	Empfänger
Mensch	Mensch
Mensch	Maschine
Maschine	Mensch
Maschine	Maschine

Für das Arbeiten mit Computern sind nun die folgenden Überlegungen von besonderer Bedeutung:

Letzten Endes versteht ein Computer nur Informationen, die binär aufbereitet sind, d.h. solche, die nur aus Nullen und/oder Einsen bestehen (dies erklärt ja die besondere Bedeutung des Binärsystems, über das wir deshalb so ausführlich gesprochen haben). Die Benutzer von Rechenanlagen, wir also, benötigen aber einen größeren Symbolvorrat, nämlich 10 Ziffern, 26 Großbuchstaben, 26 Kleinbuchstaben, Umlaute, Sonderzeichen usw. Daraus folgt, daß ein Code entwickelt werden muß, eine Transformationsvorschrift, um den von uns benutzten Symbolvorrat in eine für den Rechner verständliche Form zu bringen.

Zwei derartige (genormte) Codes sollen in diesem Abschnitt kurz betrachtet werden:

1. Der EBCDI-Code
2. Der ASCII-Code

Zuvor jedoch sollen zwei sehr wichtige Fachausdrücke besprochen werden:

Jeder Rechner erfaßt Informationen in Form von Nullen und Einsen, d.h. die kleinste Informationseinheit in einem Rechner kann entweder eine Null oder eine Eins beinhalten. Diese kleinste Informationseinheit heißt bit: bit = binary digit (Binärziffer) Ein bit ist die kleine Informationseinheit.

Für jedes Symbol, das darzustellen ist,

- für die 10 Ziffern: 0, 1, 2, ..., 9

- für die Buchstaben: A, B, C, ..., Z, a, b, c, ..., z

- für die Sonderzeichen: z.B. + , . (% usw.

werden zunächst 8 bits reserviert. Somit ist man in der Lage, 2 hoch 8 = 256 verschiedene Symbole in einer Folge von 8 Nullen und/oder Einsen (also in einer Folge von 8 zusammengehörigen bits) zu speichern. Eine solche Folge von 8 bits heißt Byte. Ein Byte ist eine Folge von 8 zusammengehörigen bits.

Ein Byte ist also diejenige Speichereinheit, die je eines der uns geläufigen Symbole aufnehmen kann. Es ist damit die kleinste, vom Benutzer direkt ansprechbare Speichereinheit.

Die Speicherkapazität eines Rechners bemißt sich nach Anzahl der Symbole, die gleichzeitig gespeichert werden können, d.h. nach der Anzahl von Bytes, die ansprechbar sind (darüber wurde schon gesprochen). Da die Speicherkapazitäten moderner Rechner stark angewachsen sind, hat man als

Kapazitäts-Maßeinheit das sog. Kilobyte eingeführt (abgekürzt Kb oder K). Es gilt:

1 Kb = 2 hoch 10 Byte = 1024 Byte.

1 Mb = 2 hoch 10 Kb = 1024*1024 = 1048576 Byte

4.4 DER EBCDI-CODE

Der erste wichtige Code, der insbesondere bei Großrechnern eingesetzt wurde, ist der EBCDI-Code (EBCDI = Extended Binary Coded Decimal Interchange). Er gibt an, in welcher Weise die einzelnen Speicherstellen, also die Bytes, zu füllen sind (mit Nullen und/oder Einsen), um die Symbole, die wir dem Rechner mitteilen wollen, darzustellen.

Unten findet sich ein Überblick über den EBCDI-Code.

In der Kopfzeile dieser Tabelle finden sich die ersten vier Bitpositionen für jedes Byte, in der Vorspalte die Bitpositionen 5 bis 8 (erstes und zweites Halbbyte, auch Tetraden genannt), in der Tabelle stehen die zu verschlüsselnden Symbole.

Dieser Tabelle für den EBCDI-Code kann entnommen werden, daß beispielsweise

A sich darstellt als 1100 0001

Z sich darstellt als 1110 1001

5 sich darstellt als 1111 0101

+ sich darstellt als 0100 1110

usw.

Diese Codierungen braucht man sich nicht zu merken, da sie vom Rechner automatisch vorgenommen werden.

EBCDI-Code

b_4	b_3	b_2	b_1																	
				b_8	0	0	0	0	0	0	0	0	L	L	L	L	L	L	L	L
				b_7	0	0	0	0	L	L	L	L	0	0	0	0	L	L	L	L
				b_6	0	0	L	L	0	0	L	L	0	0	L	L	0	0	L	L
				b_5	0	L	0	L	0	L	0	L	0	L	0	L	0	L	0	L
b_4	b_3	b_2	b_1	Dezimal-äquivalent	0	1	2	3	4	5	6	7	8	9	10	11	12	13	14	15
0	0	0	0	0	NUL				SPA	&	–									0
0	0	0	L	1							/		a	j			A	J		1
0	0	L	0	2									b	k	s		B	K	S	2
0	0	L	L	3									c	l	t		C	L	T	3
0	L	0	0	4	PF	RES	BYP	PN					d	m	u		D	M	U	4
0	L	0	L	5	HT	NL	LF	RS					e	n	v		E	N	V	5
0	L	L	0	6	LC	BS	EOB	UC					f	o	w		F	O	W	6
0	L	L	L	7	DEL	IL	PRE	EOT					g	p	x		G	P	X	7
L	0	0	0	8									h	q	y		H	Q	Y	8
L	0	0	L	9									i	r	z		I	R	Z	9
L	0	L	0	10			SM		¢	!	·	:								
L	0	L	L	11					.	$	,	#								
L	L	0	0	12					<	*	%	@								
L	L	0	L	13					(	)	—	'								
L	L	L	0	14					+	;	>	=								
L	L	L	L	15					|	—	?	"								¤

(Spalten 0–3: Steuerzeichen)

Bedeutung der Steuerzeichen

NUL	Nil (Füllzeichen)
PF	Stanzer aus
HT	Horizontal-Tabulator
LC	Kleinbuchstaben
DEL	Löschen
RES	Sonderfolgenende
NL	Zeilenvorschub mit Wagenrücklauf
BS	Rückwärtsschritt
IL	Leerlauf
BYP	Sonderfolgenanfang
LF	Zeilenvorschub
EOB	Blockende
PRE	Bedeutungsänderung der beiden Folgezeichen
PN	Stanzer ein
RS	Leser Stop
UC	Großbuchstaben
EOT	Ende der Übertragung
SM	Betriebsartenänderung
SPA	Zwischenraum

Beispielsweise wird aus dem Anweisungswort READ:

1101 1001   1100 0101   1100 0001   1100 0100

R   E   A   D

Aus der Zahl 25 wird:

1111 0010   1111 0101

2   5

Einige Anmerkungen sind noch zur Zahlendarstellung notwendig:

Für jede Ziffer einer Zahl werden nur maximal 4 bits beansprucht (von 0000 für 0 bis 1001 für 9). Da aber pro Symbol und damit auch pro Ziffer 8 bits zur Verfügung stehen, werden die jeweils 4 ersten bits (das erste Halbbyte, die erste Tetrade) mit Einsen gefüllt (s.o.). Man nennt das erste

Halbbyte den Zonenteil, das zweite Halbbyte den Ziffernteil. So wird aus der Zahl 253:

1111 0010 1111 0101 1111 0011

Solche Zahlen werden im Rechner als positive Zahlen interpretiert. Wir sehen übrigens, daß in der zweiten Tetrade jeweils die binäre Verschlüsselung der jeweiligen Ziffer steht.

Soll eine positive Zahl besonders gekennzeichnet werden, so wie es sinnvoll sein kann, +253 zu schreiben, so erhält der Zonenteil der niedrigstwertigen Ziffer die Form 1100. +253 wird also zu:

1111 0010 1111 0101 1100 0011

Bei einer negativen Zahl hingegen wird dieser Zonenteil zu 1101:

-253 wird deshalb zu:

1111 0010 1111 0101 1101 0011

Bei großen Zahlen empfiehlt es sich, auf die immer gleichen Zonenteile zu verzichten (sie nehmen zuviel Speicherplatz überflüssigerweise in Anspruch). Durch entsprechende Anweisungen an den Rechner kann somit bei größeren Datenbeständen viel Speicherplatz eingespart werden. Es werden nur noch die Ziffernteile gespeichert und im letzten Halbbyte das Vorzeichen der Zahl.

-253 wird dann zu:

0010 0101 0011 1101

Diese Art der Zahlendarstellung nennt man gepackte Zahlenspeicherung. Diese "Packung" kann immer nur so vonstatten gehen, daß eine ganze Zahl von Bytes belegt wird (im obigen Beispiel 2 Bytes - im Gegensatz zu 3 Bytes bei der "entpackten" Darstellung). Eine vierstellige Zahl kann deshalb nicht in 2 Bytes gepackt werden, sondern es müssen 5 Halbbyte reserviert werden (4 Ziffern plus Vorzeichen), die dann durch 0000 auf 3 Bytes ergänzt werden.

Wir halten also fest: Durch die gepackte Zahlenspeicherung läßt sich Speicherplatz einsparen.

Man erkennt an diesen Ausführungen, daß es ganz sinnvoll war, daß recht ausführlich das Binärsystem besprochen wurde. Auch die Bedeutung des Hexadezimalsystems kann nun ins rechte Licht gerückt werden: Betrachten wir dazu noch einmal die Ziffernteile der Bytes in den vorangegangenen Beispielen. In diesen Tetraden können nur die binären Verschlüsselungen unserer 10 Ziffern stehen, wie sie die folgende Übersicht noch einmal zeigt:

Binäre Verschlüsselung der 10 Dezimalziffern

Dezimalziffer	Binäre Zahl	Tetradenbelegung
0	0	0000
1	1	0001
2	10	0010
3	11	0011
4	100	0100
5	101	0101
6	110	0110
7	111	0111
8	1000	1000
9	1001	1001

Diese Übersicht zeigt sehr deutlich, daß in einer Tetrade mit ihren 4 bits noch mehr 0,1-Kombinationen "untergebracht" werden könnten, als wir tatsächlich benötigen, solange wir nur die 10 Ziffern des Dezimalsystems zu verschlüsseln haben. Folgende Tetradenbelegungen wurden nämlich bislang nicht benötigt:

1010, 1011, 1100, 1101, 1110, 1111

Das heißt, daß sechs Möglichkeiten der Tetradenbelegung durch unser Dezimalsystem gar nicht genutzt werden. Hätten wir hingegen ein Zahlensystem mit 16 Ziffern, könnten wir die Möglichkeiten pro Tetrade voll ausnutzen. Die obige Tabelle könnte dann folgendermaßen fortgesetzt werden:

Dezimalzahl	Hexa-Ziffer	Binäre Zahl	Tetradenbelegung
10	A	1010	1010
11	B	1011	1011
12	C	1100	1100
13	D	1101	1101
14	E	1110	1110
15	F	1111	1111

(die Hexadezimalziffern A bis F sind nicht mit den Großbuchstaben A bis F zu verwechseln).

Die volle Ausnutzung der Tetradenmöglichkeiten spart Speicherplatz, wie das Beispiel der Speicherung der Zahl 1197 zeigt:

1. Bei der "normalen" ziffernweisen (dezimalen) Speicherung ergibt sich:

1111 0001	1111 0001	1111 1001	1111 0111
1	1	9	7

Hier werden also vier Bytes belegt.

2. Bei der gepackten (dezimalen) Speicherung ergibt sich:

0000	0001	0001	1001	0111	1100
	1	1	9	7	+

Der Speicherbedarf reduziert sich also auf drei Bytes.

3. Verschlüsseln wir die Zahl 1197 zunächst hexadezimal, so erhalten wir:

$$1197_{(10)} = 4AD_{(16)}$$

Würde man diese Hexadezimalzahl ziffernweise speichern, so erhielte man:

1111 0100	1111 1010	1111 1101
4	A	D

Auch hier hat sich also der Speicherbedarf gegenüber 1. durch Ausnutzung der zusätzlichen Tetradenbelegungsmöglichkeiten von vier auf drei Bytes verringert.

4. Auch diese Hexadezimalzahl kann gepackt gespeichert werden. Dies ergibt:

0100	1010	1101	1100
4	A	D	+

5. Man könnte übrigens auch die Zahl 1197 direkt (und nicht ziffernweise) binär verschlüsseln. Dann erhält man:

$$1197_{(10)} = 10010101101_{(2)}$$

Diese Zahl entspricht in ihrer Ziffernfolge der Ziffernfolge in der hexadezimal gepackten Darstellung in Punkt 4.

Als Ergebnis dieser alternativen Speicherungsmöglichkeiten halten wir fest:

Durch hexadezimale Verschlüsselung und Packung (oder durch direkte binäre Verschlüsselung) lassen sich Zahlen platzsparend speichern.

Glücklicherweise brauchen wir uns um Byte-Belegungen, Packungen, Codierungen und Verschlüsselungen nicht allzu viele Gedanken machen - die modernen Rechner erledigen in der Regel derartige Transformationen von ganz allein. Um ihre Arbeitsweise zu verstehen, sollte man aber von diesen Dingen einmal gehört haben. Diesem Ziel dienten die vorangegangenen Ausführungen.

4.5 DER ASCII-CODE

Der eben besprochene EBCDI-Code, an dem sehr anschaulich die alternativen Möglichkeiten der Zahlenspeicherung gezeigt werden konnten, ist in der heutigen modernen Computertechnik, insbesondere bei Kleincomputern, durch den ASCII-Code ersetzt worden. (ASCII = American Standard Code for Information Interchange).

Der ASCII-Code geht davon aus, daß jedes Byte, also jede Folge von 8 bits (von 0000 0000 bis 1111 1111) durch zwei Hexadezimalziffern darstellbar ist (von 00 bis FF; vergl. auch die folgende Tabelle).

ASCII-Code-Tabelle

				b_8	0	0	0	0	0	0	0	0	L	L	L	L	L	L	L	L
				b_7	0	0	0	0	L	L	L	L	0	0	0	0	L	L	L	L
				b_6	0	0	L	L	0	0	L	L	0	0	L	L	0	0	L	L
				b_5	0	L	0	L	0	L	0	L	0	L	0	L	0	L	0	L
b_4	b_3	b_2	b_1	Dezimaläquivalent	0	1	2	3	4	5	6	7	8	9	10	11	12	13	14	15
0	0	0	0	0	NUL	DLE			SP	0					@	P			`	p
0	0	0	L	1	SOH	DC1			!	1					A	Q			a	q
0	0	L	0	2	STX	DC2			"	2					B	R			b	r
0	0	L	L	3	ETX	DC3			#	3					C	S			c	s
0	L	0	0	4	EOT	DC4			$	4					D	T			d	t
0	L	0	L	5	ENQ	NAK			%	5					E	U			e	u
0	L	L	0	6	ACK	SYN			&	6					F	V			f	v
0	L	L	L	7	BEL	ETB			'	7					G	W			g	w
L	0	0	0	8	BS	CAN			(	8					H	X			h	x
L	0	0	L	9	HT	EM			)	9					I	Y			i	y
L	0	L	0	10	LF	SUB			*	:					J	Z			j	z
L	0	L	L	11	VT	ESC			+	;					K	[			k	{
L	L	0	0	12	FF	FS			,	<					L	/			l	/
L	L	0	L	13	CR	GS			-	=					M	]			m	}
L	L	L	0	14	SO	RS			.	>					N	^			n	~
L	L	L	L	15	SI	US			/	?					O	–			o	DEL

Steuerzeichen (Spalten 0 und 1); Steuerzeichen (DEL)

Bedeutung der Steuerzeichen:

NUL	Nil (Füllzeichen)
SOH	Anfang des Kopfes (CC)
STX	Anfang des Textes (CC)
ETX	Ende des Textes (CC)
EOT	Ende der Übertragung
ENQ	Stationsaufforderung (CC)
ACK	Positive Rückmeldung (CC)
BEL	Klingel
BS	Rückwärtsschritt (FE)
HT	Horizontal-Tabulator (FE)
LF	Zeilenvorschub (FE)
VT	Vertikal-Tabulator (FE)
FF	Formularvorschub (FE)
CR	Wagenrücklauf (FE)
SO	Dauerumschaltung
SI	Rückschaltung
DLE	Datenübertragungsumschaltu
DC1	Gerätesteuerung 1
DC2	Gerätesteuerung 2
DC3	Gerätesteuerung 3
DC4	Gerätesteuerung 4
NAK	Negative Rückmeldung (CC)
SYN	Synchronisierung (CC)
ETB	Ende des Datenübertragungsblocks (CC)
CAN	ungültig
EM	Ende der Aufzeichnung
SUB	Substitution
ESC	Umschaltung
FS	Hauptgruppentrennung (IS)
GS	Gruppentrennung (IS)
RS	Untergruppentrennung (IS)
US	Teilgruppentrennung (IS)
DEL	Löschen
SP	Zwischenraum

(CC)	Übertragungssteuerzeichen
(FE)	Formatsteuerzeichen
(IS)	Informationszeichen

Diese Übersicht zeigt die Möglichkeiten des ASCII-Codes.

An dieser Stelle sind einige Ergänzungen zur Frage der Zahlenspeicherung erforderlich:

Für jede Zahl werden im Rechner eine bestimmte Anzahl von Stellen reserviert. Reichen diese nicht aus (bei sehr großen oder bei sehr kleinen Zahlen), wechselt der Rechner zur Gleitkommadarstellung, während sonst üblicherweise die Festkommadarstellung die Regel ist. Bei der Festkommadarstellung werden die Zahlen in der Weise verarbeitet, wie wir sie eingeben. In der Gleitkommadarstellung hingegen werden sie in die Exponentialschreibweise übergeführt, d.h. sie werden als Zehnerpotenz behandelt.

So wird beispielsweise aus

1 000 000 000

die Zahl

1.0*10 hoch 9,

was im Rechner in der Form 1.0E+09 gespeichert wird (das E bedeutet: "... mal 10 hoch ...").

LITERATURHINWEISE

WOLTERS, M.F. (Hg.) : Der Schlüssel zur Computer-Praxis, Düsseldorf-Wien 1981

SCHULZE, H. H. : Das RoRoRo Computer Lexikon, Schwierige Begriffe einfach erklärt, 2. Auflage, Reinbek 1988

KAPITEL 5 :
DIE KOMMUNIKATION MIT DEM RECHNER

5.1 GRUNDBEGRIFFE

Wer mit einem Computer ein konkretes Datenverarbeitungsproblem lösen möchte, muß seinen Rechner mit den erforderlichen Informationen versorgen, also zunächst mit den Daten, um die es geht.

Darüber hinaus aber muß dem Rechner auch mitgeteilt werden, was mit den eingegebenen Daten geschehen soll. Diese Mitteilung stellt sich in der Regel als eine Folge von Anweisungen dar, die Schritt für Schritt einen bestimmten Datenverarbeitungsprozeß "abschreiten". Ein bestimmter Problemlösungsweg wird also in eine Folge von Schritten zerlegt, die der Rechner dann abarbeiten soll. Diese Folge von Schritten, die sich in einer Folge von Anweisungen niederschlagen, nennt man ein <u>Programm</u>.

Beide Gruppen von Informationen, die Daten und die Anweisungen (es tritt später noch eine dritte Gruppe hinzu, nämlich die erforderlichen Mitteilungen an das Betriebssystem des Rechners), müssen der Rechenanlage so eingegeben werden, daß diese die eingegebenen Informationen auch "verstehen" kann.

Die Art und Weise, wie hier der Begriff des "Verstehens" verwendet wird, hat nur sehr wenig mit dem umgangsprachlichen Inhalt dieses Begriffs zu tun: Hier geht es nicht um das Verstehen, in dem Sinne, wie das menschliche Gehirn eine über die sinnliche Wahrnehmung aufgenommene Information interpretieren (und somit verstehen) kann, sondern es geht hier um die Fähigkeit einer von Menschen geschaffenen Maschine, Daten aufzunehmen und korrekt zu verrechnen, wenn dies gewünscht wird, bzw. Anweisungen zu entschlüsseln, also zu erkennen, welche Aktivitäten der Benutzer nach Eingabe bestimmter Anweisungen ausgeführt haben möchte.

Die fundamentalen Unterschiede zwischen den Verstehensprozessen, wie sie im menschlichen Gehirn ablaufen, einerseits, und der so beschriebenen Weise des Computer-Verstehens andererseits, sollen hier nicht diskutiert werden (siehe dazu RITCHIE, SIMONS, KENT und GOLDSTEIN/GOLDSTEIN im Literaturverzeichnis zu diesem Kapitel).

Allerdings soll darauf hingewiesen werden, daß es auch Gemeinsamkeiten gibt: Sowohl dem menschlichen Prozeß des Verstehens als auch der Art und Weise, wie ein Computer zum Beispiel eine Anweisung zur Datenverarbeitung entschlüsselt, sind einige Aspekte gemeinsam. Die wichtigsten dieser Aspekte dürften die folgenden Voraussetzungen sein, die erfüllt sein müssen, wenn überhaupt ein Prozeß des Verstehens ermöglicht werden soll:

1. Es müssen Informationen von einem "Sender" (zum Beispiel vom Computerbenutzer) zum "Empfänger" (z.B. zum Computer) übertragen werden (bzw. gegebenenfalls umgekehrt).

2. Es muß ein Informations-Übertragungs-Kanal existieren.

3. Die Bedeutungsgehalte der verschiedenen Symbole und Symbolfolgen (Worte) der übertragenen Informationen müssen bei Sender und Empfänger die gleichen sein. Diese Identität kann beispielsweise durch Konvention zustandegekommen sein, also gewissermaßen durch die Benutzung eines für Sender und Empfänger gemeinsam geltenden "Wörterbuchs".

4. Sender und Empfänger müssen die Bedeutungsgehalte durch entsprechende Vergleiche feststellen können.

5. Sender und Empfänger müssen in der Lage sein, auf die einzelnen Informationsübertragungen in Abhängigkeit von den Informationsinhalten in angemessener Weise (also zielgerichtet, d.h. mit Blick auf die Lösung des anstehenden Datenverarbeitungsproblems) zu reagieren.

Aus diesen Erläuterungen wird erkennbar, daß die Kommunikation zwischen dem Computerbenutzer und seinem Computer (bzw. mit den Programmen, mit denen er umgeht) nur gelingt, wenn von einer gemeinsam benutzbaren Sprachebene (Kommunikationsebene) ausgegangen wird.

Wie wir schon im dritten Kapitel in einem kurzen historischen Streifzug gesehen haben, war bei den ersten Rechnern die Kommunikationsmöglichkeiten auf eine "Sprache" reduziert, die sich - der grundlegenden Technik dieser Geräte entsprechend - aus Nullen und Einsen aufbaute (Stromkreis offen oder Stromkreis geschlossen). Da die Elektrotechnik bis zum heutigen Tag das wesentliche (technische) Standbein der Computertechnologie ist, hat diese Feststellung nichts an ihrer grundsätzlichen Bedeutung verloren - und deshalb spielt das Binärsystem als das der Computertechnologie zugrundeliegende Zahlensystem nach wie vor eine entscheidende Rolle.

Auf diesem Zahlensystem aufbauend, wurden Codes entwickelt, um die Kommunikation zwischen Menschen und Rechnern zu erleichtern, wie in Kapitel 4 besprochen wurde.

5.2 MASCHINENORIENTIERTE SPRACHEN

Es wurde weiter oben schon darauf hingewiesen, daß die Informationen, die ein Rechner benötigt, um einen konkreten Datenverarbeitungsprozeß zu erledigen, ihm in einer Sprache mitgeteilt werden müssen, die er verstehen kann.

Der ursprüngliche Vorrat an Zeichen, die der Rechner direkt erkennen kann, ist auf zwei Symbole beschränkt, nämlich auf 0 und 1. Sprachen, die auf diesem sehr bescheidenen Symbolvorrat aufbauen, werden Maschinensprachen genannt, und es versteht sich, daß das Programmieren in einer dieser Sprachen (das Erstellen von Programmen nennt man "Programmieren") eine sehr mühsame Geschichte ist.

Deshalb hat man frühzeitig nach Wegen gesucht, zu ermöglichen, sich beim Programmieren (und natürlich auch bei der Dateneingabe) derjenigen Symbole zu bedienen, die wir gewohnt sind, also der großen und der kleinen Buchstaben des Alphabets, der Ziffern 0 bis 9 und der Sonderzeichen, die man in bestimmten Fällen braucht.

Diese Möglichkeiten wurden dadurch geboten, daß man Codes entwickelte, also Übersetzungsregeln, die es dem Rechner erlauben, die von uns benutzten Symbole automatisch in eine Form zu übersetzen, die für ihn verständlich ist. Darüber wurde im vorangegangenen Kapitel gesprochen und wir haben festgehalten, daß der bei PC-Rechnern verwendete Code der ASCII-Code ist. Er übersetzt die Symbole, die wir gewohnt sind, in Folgen von je 8 Nullen und/oder Einsen. So bedeutet in diesem Code z.B.:

0 1 0 0 0 0 0 1

die Code-Darstellung für den Buchstaben A. Man braucht sich das im einzelnen nicht zu merken, weil es natürlich genügt, wenn der Rechner das weiß.

Über diesen Code verfügt jeder betriebsfähige PC. Darüber hinaus stehen eine Menge an Hilfs-, Dienst- und Organisationsprogrammen (das sog. Betriebssystem) zur Verfügung, worüber im letzten Abschnitt dieses Kapitels gesprochen wird.

Dank des zur Verfügung stehenden Codes kann also der Rechner zum Beispiel das Pluszeichen erkennen oder er kann das Schlüsselwort MOVE in eine Folge von vier Bytes übersetzen, weiß allerdings damit noch nicht, was dieses Wort MOVE bedeutet; er weiß also noch nicht, daß er, wenn dieses Wort auftaucht, Informationen bewegen soll. Übesetzen gemäß eines Codes und Aufdecken der Bedeutung eines Zeichens oder eines Schlüsselwortes (eines Befehlswortes) sind zweierlei Dinge.

Deshalb hat man zunächst Übersetzungsprogramme geschaffen, die dem Rechner erlauben, auch die Bedeutung bestimmter Symbole oder Befehle zu erkennen, was also über eine schlichte Codierung gemäß eines vorgegebenen Codes hinausgeht. Gleichwohl war es nach der Entwicklung dieser Hilfsprogramme immer noch erforderlich, dem Rechner im einzelnen mitzuteilen, wie er die verschiedenen eingegebenen Werte, die er verrechnen sollte, zu verwalten hat.

Dies bedeutet, daß man ihm beispielsweise bei der Rechnung

3 + 4

mitteilen mußte, wo er im Arbeitsspeicher die Zahl 3, wo die Zahl 4, wo das Rechenergebnis unterbringen sollte.

Der Benutzer mußte also die sog. Adressierung der Speicherstellen leisten, d.h. er mußte immer den kompletten Überblick über den Speicher und die einzelnen Speicherstellen (die durch Vergabe von Adressen identifiziert wurden) haben.

Die auf dieser Grundlage zustandekommenden Sprachen (die Bereitstellung von Übersetzungsprogrammen bedeutet ja nichts anderes als die Kreierung von Sprachen) nannte man ASSEMBLER-Sprachen. Ihre Benutzung war wegen der Notwendigkeit der Adressierung recht umständlich.

5.3 BENUTZERORIENTIERTE SPRACHEN

Wegen der mit der ASSEMBLER-Programmierung verbundenen Mühen hat man im Lauf der Zeit komfortablere Sprachen entwikkelt, deren Hauptvorteil gegenüber der ASSEMBLER-Spracheben darin bestand, daß der Benutzer von der Notwendigkeit der Adressierung befreit wurde. Auch für diese (und ähnliche) internen Organisationsaufgaben wurden Hilfsprogramme entwickelt, was wegen der steigenden kapazitären Möglichkeiten der Rechner (diese Hilfsprogramme nehmen ja Speicherplatz in Anspruch und ihre Ausführung kostet Rechenzeit) auch möglich war.

Die Nutzung dieser Hilfsprogramme erlaubte wesentliche Verkürzungen der für Datenverarbeitungszwecke erforderlichen Einzelprozeduren, indem Prozesse, die auf der ASSEMBLER-Ebene noch mehrere Schritte umfaßten, zu Einzelanweisungen zusammengefaßt wurden. Diese Anweisungen bedienten sich definierter Schlüsselworte, wodurch neue Sprachen kreiert wurden.

So wurde es beispielsweise durch entsprechende Übersetzungsprogramme möglich, daß der PC durch ein Übersetzungsprogramm erkennt, daß das Wort PRINT (= drucken) eine Druckanweisung, daß das Symbol + eine Additionsvorschrift bedeutet usw.

Derartige Übersetzungsprogramme erzeugen also Sprachen und je nachdem, welche "Übersetzungsregeln" vorgegeben sind, kann man verschiedene Sprachen voneinander unterscheiden. Man nennt derartige Sprachen Benutzersprachen (weil sie auf die Bedürfnisse der Benutzer eingehen) oder auch Problemsprachen (weil sie dazu benutzt werden, Datenverarbeitungsaufgaben aus bestimmten Problembereichen zu lösen).

Die wichtigsten dieser Sprachen, die zum Teil schon in den fünfziger Jahren entstanden sind, sind die folgenden:

FORTRAN	(FORmula TRANslator) ("Formel-Übersetzer")
COBOL	(COmmon Business Oriented Language) (Allgemeine betriebsorientierte Sprache)
PL/1	(Programming Language Nr. 1) (Programmiersprache Nr. 1)
ALGOL	(ALGOrithmic Language) (Algorithmensprache)

u.a.

Mit dem Aufkommen der Homecomputer und der PC-Rechner sind spezielle, auf die zunächst sehr beschränkten kapazitären Möglichkeiten dieser Geräte zugeschnittene Sprachen entstanden, wie zum Beispiel:

BASIC	(Beginner's All-purpose Symbolic Instruction Code) (Symbolischer Allzweck-Anweisungscode für Anfänger)
Pascal	(dies ist keine Abkürzung, sondern soll an den großen Mathematiker erinnern)

u.a.

Die Übersetzungsprogramme, mit denen der Rechner automatisch von der Benutzersprachebene auf die Maschinensprachebene "zurückübersetzt", werden Compiler genannt (bei Kleinrechnern wird häufig auch ein sog. Interpreter benutzt, der im Prinzip die gleiche Aufgabe wie ein Compiler erfüllt). Dies sind also nichts anderes als Hilfsprogramme, die entweder nach Einschalten des Rechners schon zur Verfügung stehen, oder erst von einer Diskette geladen werden müssen.

Generell ist in diesem Zusammenhang anzumerken, daß die Sprachen zwar auf unterschiedliche Einsatzbereiche spezialisiert sind (so sind etwa FORTRAN und ALGOL speziell für den mathematisch-wissenschaftlichen, COBOL speziell für den kaufmännisch-betrieblichen Bereich geeignet), daß sie aber alle gleichwohl zur Lösung aller Probleme eingesetzt werden können - wenn auch mit unterschiedlichen Vor- und Nachteilen.

5.4 PROGRAMMSYSTEME

Mit der Entwicklung der benutzerorientierten Programmiersprachen ist aber noch nicht der derzeit aktuelle Stand der Kommunikationsmöglichkeiten zwischen Rechner und Benutzer beschrieben. Man hat in den letzten Jahren darüber hinausgehend sog. Programmsysteme entwickelt, die ganze Anweisungsfolgen zusammenfassen und nach Nennung eines bestimmten Schlüsselwortes (nun aus der Programmsystemsprache) bereitstellen.

Man kann sich dies an einem einfachen Beispiel verdeutlichen:

Nehmen wir einmal an, wir wollten mit einem Programm, das in einer der üblichen Benutzersprachen geschrieben wurde, ein arithmetisches Mittel berechnen. Wie man weiß, ist ein solcher Durchschnitt definiert als die Summe aller Werte geteilt durch deren Anzahl.

Ein Programm, welches diese Aufgabe erledigt, besteht vielleicht aus fünf oder sechs Anweisungen (Dateneingabe, Addition, Kontrolle, ob alle Werte berücksichtigt sind, Division, Ausgabe des Ergebnisses).

Ein Statistiker muß nun sehr oft solche Mittelwerte berechnen und müßte entsprechend oft derartige Programme schreiben. Viel einfacher wäre aber seine Arbeit dann, wenn eine Sprache definiert wäre, die nach Nennen eines bestimmten Schlüsselwortes (z.B.: AM für "berechne ein arithmetisches Mittel") genau die aus fünf oder sechs Schritten bestehende Programmfolge, die erforderlich ist, automatisch in Gang setzt.

Genau solche Programmsystemsprachen gibt es inzwischen für die unterschiedlichsten Einsatzbereiche (also nicht nur für die Statistiker), was natürlich weitere Rückübersetzungsprogramme erforderlich macht. Dies ist deshalb nur wegen der gestiegenen Speicherkapazitäten und wegen der angewachsenen Verarbeitungsgeschwindigkeiten der Rechner möglich geworden.

Der Leser darf nun allerdings nicht annehmen, daß die Nutzung eines derartigen Programmsystems ihn der Mühe enthebt, eine Programmiersprache zu erlernen. Im Prinzip ist das zwar richtig, stattdessen muß man aber die Programmsystemsprache des jeweiligen "Programmpakets" beherrschen - und das ist oft auch nicht viel einfacher!

Wir gelangen also zu der folgenden Hierarchie von Kommunikationsebenen (Sprachebenen), die alle durch geeignete "Übersetzer" miteinander verbunden sind:

Maschinensprache

ASSEMBLER-Ebene

Benutzersprachen

Programmsystemsprachen

Nicht in diese Hierarchie eingepaßt werden kann eine bestimmte Sprache, über die im nächsten Kapitel ausführlich gesprochen wird, nämlich die Betriebssystemsprache.

Es wurde schon darauf hingewiesen, daß das Betriebssystem ein Bündel von Dienst-, Hilfs- und Organisationsprogrammen ist, welches insbesondere dafür zuständig ist, Informationen zu verwalten und vor allem den Informationsaustausch innerhalb des Rechners und zwischen Rechner und peripheren Geräten zu organisieren. Insoweit dient diese Betriebssystemsprache also nicht zur Formulierung problemlösender Anweisungen, sondern hat mit Verwaltungsaufgaben für die Rechenanlage zu tun. Einzelheiten dazu finden sich im Anhang.

LITERATURHINWEISE

GOLDSTEIN, M./GOLDSTEIN, I.F. : How We Know, New York-London 1978

KENT, E.W. : The Brains of Men and Machines, Peterborough 1981

RITCHIE, D. : Gehirn und Computer, Stuttgart 1984

SIMONS, G. : Sind Computer lebendig, München 1984

KAPITEL 6 :
DATENBEREITSTELLUNG

6.1 ERHEBUNGSMETHODEN

An zentraler Position jeder empirischen sozialwissenschaftlichen Arbeit - und dies gilt für andere empirisch orientierte Disziplinen auch - steht die Datenbereitstellung, weil Daten erforderlich sind, um über Untersuchungshypothesen entscheiden zu können.

Auch derjenige, der sich seine empirischen Forschungsarbeiten durch den Rechner- und Software-Einsatz erleichtert, ist also immer wieder mit der Frage befaßt, auf welche Weise die für seine Untersuchungen erforderlichen Daten bereitgestellt werden können - und genau deshalb müssen wir uns auch hier mit dieser Frage befassen.

Genau genommen ist diese Frage im Rahmen dieser Veröffentlichung nicht wegen ihrer generellen Bedeutung innerhalb der empirischen Sozialwissenschaften so wichtig, sondern deshalb, weil - mit dem gezielten Blick auf den späteren Rechnereinsatz - an die einzelnen Schritte der Datenbereitstellung und -aufbereitung bestimmte Anforderungen gestellt werden müssen, über die hier gesprochen werden soll. Würde man auf die Berücksichtigung dieser Anforderungen verzichten, würde sich der Rechnereinsatz unnötig verkomplizieren und die Möglichkeiten, die diese neuen Techniken bieten, könnten nur suboptimal und wenig effizient genutzt werden.

Insoweit betrachten wir das Thema "Datenbereitstellung" gewissermaßen als Vorbereitung für die moderne Datenverarbeitung, indem wir danach fragen, welche Überlegungen bei der Datenerhebung zu beachten sind, um den Rechnereinsatz zu optimieren.

Es geht - wie sich gleich herausstellen wird - dabei in erster Linie um eher technische Fragen und Probleme. Hier interessieren also nicht Fragen, wie etwa die nach der Herleitung geeigneter Untersuchungshypothesen im Rahmen eines präzisierten Forschungsprojektes, oder die Frage, wie vorzugehen ist, um die interessierenden Untersuchungsvariablen zu benennen oder zu operationalsieren, hier geht es auch nicht um Fragestellungen der Meßtheorie usw., sondern gezielt um die Frage, welche Arbeitsschritte bei einer computergestützten empirischen Untersuchung den Rechnereinsatz vorbereiten.

Um diese Frage zu beantworten, schauen wir uns zunächst an, welche Datenbereitstellungsmethoden zur Verfügung stehen.

Zu Beginn eines Datenerhebungsprozesses, nachdem die Untersuchungsvariablen benannt worden sind, die erhoben werden sollen, steht der empirische Sozialforscher vor der Entscheidung, ob er eine Totalerhebung oder ob er eine Teilerhebung durchführen soll.

Von einer Totalerhebung spricht man dann, wenn die Grundgesamtheit aller Erhebungseinheiten mit in die empirische Untersuchung aufgenommen werden soll. Mit dem Begriff "Grundgesamtheit" ist die Menge aller Merkmalsträger angesprochen, die bei einer bestimmten Fragestellung berücksichtigt werden müssen. Es kann sich dabei zum Beispiel um alle Einwohner eines Landes oder einer Stadt handeln (bei demographischen oder soziologischen Untersuchungen), um alle wahlberechtigten Bundesbürger (bei Untersuchungen des Wählerverhaltens), um die Gesamtheit der täglich in einem Betrieb produzierten Glühbirnen (bei Untersuchungen zu Qualitätskontrolle), um Rebstöcke (in der Landwirtschaftsstatistik) oder was auch immer.

Diese Beispiele verdeutlichen, daß eine Grundgesamtheit dadurch zustandekommt, daß in zeitlicher, räumlicher und sachlicher Hinsicht Abgrenzungen vorgenommen werden, die zwei Gruppen von Elementen erzeugen: Die Gruppe der Elemente, die die Grundgesamtheit konstituieren, und die Gruppe derjenigen, die nicht dazugehören. Damit wird auch deutlich, daß eine bestimmte Grundgesamtheit sich häufig aus sehr vielen Elementen zusammensetzen dürfte. Deshalb sind Totalerhebungen mit dem wesentlichen Nachteil verbunden, daß sie in der Regel sehr zeitaufwendig und sehr teuer sind. Allerdings stellen sie alle Informationen bereit, die zu einem bestimmten Untersuchungsbereich gehören.

In der Praxis der empirischen Sozialforschung werden - allein schon aus dem zuletzt genannten Grund des hohen Aufwandes, der bei Totalerhebungen betrieben werden muß - sehr oft Teilerhebungen, die man auch Stichproben nennt, bevorzugt. Die Gründe dafür liegen auf der Hand:

1. Stichproben sind billiger und weniger aufwendig. Häufig kommt man zu brauchbaren Untersuchungsergebnissen, wenn nur Bruchteile der Grundgesamtheit (zum Beispiel 1 Prozent oder 1 Promille) untersucht werden.

2. Stichproben stellen ihre Ergebnisse sehr viel rascher zur Verfügung als Totalerhebungen; dies ergibt sich unmittelbar aus Punkt 1.

3. Der Genauigkeitsgrad von Stichprobenergebnissen kann an den der Ergebnisse von Totalerhebungen angenähert werden. Näheres dazu erfährt man aus der Wahrscheinlichkeitsstatistik; siehe dazu: TIEDE/VOSS im Literaturverzeichnis zu diesem Kapitel);

4. In manchen Fällen sind Totalerhebungen praktisch undurchführbar (etwa, wenn in der Qualitätskontrolle Produkte zerstört werden müssen, um ihre Qualität zu überprüfen), so daß nur Stichprobenerhebungen bleiben.

Es gibt unterschiedliche Wege, wie man zu Stichproben gelangen kann. Über die verschiedenen Auswahlmodi gibt die zuständige statistische Fachliteratur Auskunft (siehe TIEDE/VOSS). Fast immer steht dabei die Zielsetzung im Mittelpunkt, die Teilerhebung so anzulegen, daß ihre Auswertungsergebnisse auch aussagekräftig für die Grundgesamtheit sind, aus der die jeweilige Stichprobe entnommen wurde. Man spricht in diesem Zusammenhang davon, daß die Stichprobe repräsentativ sein soll.

Diese Repräsentativität erreicht man am einfachsten, indem man reine Zufallsstichproben zieht. Eine solche Stichprobe kommt so zustande, daß jedes Element der definierten Grundgesamtheit (siehe oben) die gleiche Chance haben muß, in die Stichprobe aufgenommen zu werden. Man denke beispielsweise an ein Losverfahren bei der Zusammensetzung der Stichprobe.

Eine solche reine Zufallsstichprobe bietet bei zunehmendem Stichprobenumfang eine wachsende Wahrscheinlichkeit dafür, daß sie repräsentativ für die Grundgesamtheit ist, aus der sie stammt. Schon bei Stichprobenumfängen von 100 aufwärts sind reine Zufallsstichproben mit einer Wahrscheinlichkeit, die den meisten Anforderungen der praktischen Arbeit der empirischen Sozialforschung genügen dürfte, repräsentativ.

Anstatt also die Gesamtheit aller Wahlberechtigten in der Bundesrepublik Deutschland zu befragen, wenn man eine Prognose darüber erstellen will, mit welchen Wahlergebnissen zu rechnen wäre, wenn am nächsten Sonntag Bundestagswahlen wären, begnügt man sich mit einer Zufallsstichprobe. Wenn diese nicht zu klein ist, gelangt man mit hoher Wahrscheinlichkeit zu durchaus repräsentativen Ergebnissen, so daß die Stichprobenbefunde zuverlässig auf die Grundgesamtheit, der diese Stichprobe entnommen worden war, "hochgerechnet" werden können.

Wie man bei der Datenerhebung selbst unter organisatorischen Gesichtspunkten vorgeht, ob man also beispielsweise Interviews durchführt oder Fragebogen verteilt oder noch andere Methoden der Datenerhebung wählt, soll an dieser Stelle noch nicht interessieren (darüber mehr im folgenden Kapitel). An dieser Stelle hingegen ist der Hinweis auf eine prinzipielle Zweiteilung bei der Datenerhebung sinnvoll, weil zwei ganz unterschiedliche Gruppen von Verfahren einander gegenübergestellt werden können:

1. Primärstatistische Datenerhebung
2. Sekundärstatistische Datenerhebung

Bei der primärstatistischen Datenerhebung geht es darum, daß der empirisch arbeitende Sozialwissenschaftler die Daten, die er benötigt, selbst erhebt. Bei der Sekundärstatistik hingegen greift er auf schon vorhandenes statistisches Material zurück.

Die primärstatistische Datenerhebung, mit der wir uns ausführlicher in den folgenden Kapiteln befassen werden, ist mit wesentlichen Vorzügen verbunden:

a) Man gelangt offenkundig zu aktuellerem Datenmaterial, wenn man Daten selbst erhebt, anstatt auf schon vorhandenes und deshalb vielleicht veraltetes Material zurückzugreifen;

b) bei der primärstatistischen Datenerhebung kann man ziemlich genau kontrollieren, weil man ja selbst für die einzelnen Arbeitsschritte verantwortlich ist, ob im Datengewinnungsprozeß tatsächlich diejenigen Informationen bereitgestellt werden, für die man sich - von einer gegebenen Forschungsfrage ausgehend - wirklich interessiert. Beim Rückgriff auf schon vorhandene Daten kann man diesbezüglich durchaus auch unsicher sein.

Der wesentliche Nachteil der primärstatistischen Datenerhebung darf aber nicht übersehen werden: Sie ist teurer und zeitaufwendiger als die sekundärstatistische Datenerhebung.

Im Rahmen eines konkreten empirischen Forschungsprozesses wird man deshalb sinnvollerweise immer erst die Frage prüfen, ob nicht schon vorhandenes statistisches Datenmaterial dazu geeignet sein könnte, die interessierenden Problembereiche aufzuhellen, wobei man unter Umständen in Kauf nehmen muß, daß die sekundärstatistischen Daten nicht ganz genau den inhaltlichen oder methodischen Anforderungen entsprechen, die man sich selbst vorgegeben hat.

Wegen dieser Bedeutung der sekundärstatistischen Datenerhebung wollen wir uns in diesem Kapitel zunächst damit befassen, während die Primärstatistisk dann in den folgenden Kapiteln näher beleuchtet wird.

6.2 SEKUNDÄRSTATISTIK

Bei der sekundärstatistischen Datenbereitstellung spricht man manchmal auch etwas geringschätzig von "Daten aus zweiter Hand". Gleichwohl darf nicht übersehen werden, daß dieser Art der Datenbereitstellung in der statistischen Praxis große Bedeutung zukommt.

Wer sich beispielsweise für die Einkommensverhältnisse abhängig Beschäftigter in der Bundesrepublik Deutschland interessiert, wird, bevor er eine eigene Untersuchung durchführt, zunächst einmal prüfen, ob die notwendigen Daten nicht in schon vorhandenen Quellen zu finden sind. Dabei werden zwei Gruppen statistischer Quellen unterschieden:

1. Amtliche statistische Quellen
2. Nichtamtliche statistische Quellen

Bei den amtlichen statistischen Quellen handelt es sich in erster Linie um die Veröffentlichungen des Statistischen Bundesamtes in Wiesbaden ("Statistisches Jahrbuch für die Bundesrepublik Deutschland" und andere periodische oder auch nichtperiodische Veröffentlichungen), der statistischen Landesämter, der statistischen Ämter von Kommunen und Kreisen, der Ministerien oder anderer öffentlicher Institutionen.

Zu den nichtamtlichen statistischen Quellen zählen Veröffentlichungen von Markt- und Meinungsforschungsinstituten, von privaten Forschungsinstituten, Veröffentlichungen von Parteien, Gewerkschaften, Kirchen, Forschungsergebnisse von Universitäten oder von Verbänden u.ä. Von zunehmender Bedeutung sind in diesem Zusammenhang zentrale Datenbanken, in denen empirische Daten aus unterschiedlichsten Untersuchungen gesammelt werden und unter bestimmten Bedingungen auch für sekundärstatistische Zwecke bereitgestellt werden können.

Je nachdem, welche Ansprüche an die zu verwendenden statistischen Daten gerichtet werden, wird man sekundärstatistische Quellen, die amtlichen wie auch die nichtamtlichen, mit einem mehr oder weniger hohen Grad an Vorsicht verwenden. Da häufig nicht genau geklärt werden kann, mit welchem methodischen Aufwand die interessierenden Daten zustandegekommen sind, auf welche Forschungsfragen sie ausgerichtet waren, und welche Ziele ursprünglich mit diesen Daten verfolgt wurden, kann im Einzelfall nicht ausgeschlossen werden, daß sie einem hohen Anspruchsniveau nicht entsprechen.

Sollten diesbezügliche Zweifel übermächtig werden, bleibt nur der Schritt zur primärstatistischen Datenerhebung.

An einem konkreten Anwendungsbeispiel soll nun gezeigt werden, wie die sekundärstatistische Datenerhebung vonstatten gehen kann und welche Schritte sich dann mit Blick auf computergestützte Auswertungen und Analysen anschließen. Dieses Beispiel stammt aus dem sozio-ökonomischen Bereich und hat mit folgender Frage zu tun:

Bekanntlich gibt es in der Bundesrepublik Deutschland deutliche Unterschiede in der wirtschaftlichen Leistungskraft zwischen einzelnen Regionen - man spricht, ob zu Recht oder nicht, sei zunächst einmal dahingestellt, vom sogenannten Nord-Süd-Gefälle und will mit diesem Stichwort andeuten, daß die Regionen im Süden der Bundesrepublik derzeit besser dastehen als die nördlichen Regionen.

Diese Disparitäten wiederholen sich auch in kleineren regionalen Bereichen. Beispielsweise fallen sehr deutliche Unterschiede ins Auge, wenn man sich nur einmal die Städte des Ruhrgebiets anschaut: Keiner Ruhrgebietsstadt geht es unter wirtschaftlichen Gesichtspunkten besonders gut, trotzdem gibt es bemerkenswerte Unterschiede.

Wenn sich unsere Forschungsfrage also darauf richtet, die Unterschiede in der wirtschaftlichen Leistungskraft zwischen den Ruhrgebietsstädten statistisch zu belegen, dann sind die folgenden Arbeitsschritte zu durchlaufen:

1. Präzisierung des Begriffs "wirtschaftliche Leistungskraft";

2. Festlegung, welche Städte zum Ruhrgebiet zählen und welche nicht;

3. Benennung derjenigen Untersuchungsvariablen, mit denen der Begriff der "wirtschaftlichen Leistungskraft" operationalisiert werden kann;

4. Entscheidung darüber, ob die Datenbereitstellung primär- oder sekundärstatistisch erfolgen soll.

Mit diesen Arbeitsschritten, denen im Rahmen einer konkreten empirischen Untersuchung große Bedeutung zukommt, wollen wir uns im einzelnen nicht beschäftigen (zur Problematik der Präzisierung einer Forschungsfrage und zur Operationalisierung der Untersuchungsvariablen siehe zum Beispiel: KROMREY), sondern wir gehen ohne weitere Detaildiskussion davon aus, daß die wirtschaftlichen Unterschiede zwischen den Ruhrgebietsstädten mit folgenden Variablen belegt werden können:

1. Bevölkerungszahl
2. Bruttowertschöpfung
3. Steuereinnahmekraft
4. Schuldenstand
5. Arbeitslosenquote

Sicherlich kann man darüber streiten, ob diese Variablen geeignet sind, die Forschungsfrage, für die wir uns in diesem Beispiel interessieren, zu beantworten. Möglicherweise müßten ergänzend oder auch ersetzend andere Variablen berücksichtigt werden. Diese Diskussion soll hier aber nicht geleistet werden

Die primärstatistische Datenerhebung würde so aussehen, daß man einen Fragebogen an die Stadtkämmerer schickt, in der Hoffnung, daß dieser auch ausgefüllt zurückkommt, in dem man diese Sachverhalte erfragt. Ersatzweise könnte man auch in den einzelnen Stadtverwaltungen mit den zuständigen Sachberarbeitern Interviews durchführen, um die Daten zu erhalten, die man benötigt.

Ein Blick auf die Veröffentlichungen der statistischen Ämter der Kommunen zeigt aber, daß hier die sekundärstatistische Datenbereitstellung der sehr viel einfachere Weg ist, weil die Daten, die oben angesprochen wurden, längst schon vorliegen. Somit gelangt man zu der folgenden Übersicht, in der wir die folgenden Symbole verwendet haben:

B = Bevölkerungszahl (in 1000)
BW = Bruttowertschöpfung (Mrd. DM)
SA = Steuereinnahmekraft je Kopf (in DM)
Sch = Schuldenstand je Kopf (in DM)
AQ = Arbeitslosenquote (in Prozent)

Tab. 1 : Statistische Kennziffern in den kreisfreien Städten des Ruhrgebiets

Stadt	B (1000) 1986	BW (Mrd DM) 1984	SA DM je Einw. 1987	Sch DM je Einw. 1987	AQ (%) 1987
Bochum	381	12,3	959	2935	15,1
Bottrop	112	2,1	710	1528	15,0
Dortmund	568	16,3	958	1989	7,6
Duisburg	515	15,3	943	2995	16,0
Essen	615	21,9	1337	2070	15,1
Gelsenkirchen	284	10,9	806	1915	16,9
Hagen	206	6,6	1134	2177	13,5
Hamm	166	4,1	825	1473	13,0
Herne	171	3,8	729	1241	17,5
Mülheim a.d.Ruhr	170	4,6	1243	1909	13,4
Oberhausen	222	5,5	789	1844	15,6

Quelle: Landesamt für Datenverarbeitung und Statistik Nordrhein-Westfalen: Kreisstandardzahlen 1987, Düsseldorf 1987, versch. Seiten.

Was kann man als empirischer Sozialforscher oder als Wirtschaftsstatistiker mit derartigen Daten anfangen?

Ohne hier auf Details der statistischen Methodenlehre einzugehen (einige Hinweise zu den Methoden, die dann auch computergestützt eingesetzt werden können, finden sich im Kapitel 9), kommt man bei diesem Beispiel ohne mühsame Überlegungen auf einige Auswertungsmöglichkeiten, wie zum Beispiel die folgenden:

- Man könnte die durchschnittliche Bevölkerungszahl oder die durchschnittliche Arbeitslosenquote bestimmen;

- man könnte eine Bemessung der Streuung derartiger Variablen versuchen;

- man könnte unter Zugrundelegung der Bevölkerungszahlen und der Steuereinnahmekraft je Kopf die gesamte Steuereinnahmekraft als Maß der wirtschaftlichen Leistungskraft in den einzelnen Städten bestimmen;

- man könnte zu berechnen versuchen, ob es einen statistischen Zusammenhang zum Beispiel zwischen der Arbeitslosenquote und dem Schuldenstand gibt, und wenn ja, wie stark dieser statistische Zusammenhang ist;

usw.

Bei diesen und ähnlichen Aufgabenstellungen werden statistische Methoden eingesetzt, die zum Teil recht einfach und direkt durchschaubar, zum Teil aber auch recht anspruchsvoll und aufwendig sind. Gerade im letzteren Fall, aber auch dann, wenn - im Gegensatz zu dem obigen Beispiel - die Datenmenge sehr groß ist, lohnt sich immer der Rechnereinsatz, weil auf diese Weise durch Nutzung der zuständigen Software sehr rasch und fehlerfrei die interessierenden Ergebnisse erzielt werden können.

Um den Rechnereinsatz vorzubereiten, sind aber - ausgehend von dem jeweils vorliegenden Datenbestand - einige Arbeitsschritte erforderlich, die anhand des gerade besprochenen Beispiels sehr anschaulich erörtert werden können. Diese Erörterung, die im folgenden Abschnitt stattfindet, schließen sich aber sinngemäß auch den anderen Methoden der Datenbereitstellung an, sind also auch dann erforderlich, wenn Daten primärstatistisch erhoben werden (näheres dazu in den folgenden beiden Kapiteln). Der folgende Abschnitt hat also nicht nur mit der gerade besprochenen sekundärstatistischen Datenerhebung zu tun.

6.3 DIE DATENMATRIX

Nach der Phase der Datenbereitstellung sieht unser Beispiel-Datenbestand so aus, wie es die obige Tabelle angibt. In einer ersten, noch skizzenhaften Niederschrift der Daten könnte das Bild sogar noch etwas unübersichtlicher sein, nämlich zum Beispiel folgendermaßen (auf die Kopfzeilenbezeichnungen ist hier der Einfachheit halber verzichtet worden):

```
Bochum,381,12.3,959,2935,15.1
Bottrop,112,2.1,710,1528,15
Dortmund,568,16.3,958,1989,17.6
Duisburg,515,15.3,943,2995,16
```

usw.

Der erste Arbeitsschritt, der nun vor einer eventuellen EDV-Auswertung notwendig ist, ist die Codierung.

"Codieren" bedeutet in diesem Zusammenhang (abweichend von dem, was in Kapitel 4 besprochen wurde), daß die Ausgangsdaten so transformiert werden, daß sie einer EDV-Anlage übergeben werden können. Der Code gibt dabei an, in welcher Weise die gegebenen Daten transformiert werden sollen. "Codieren" bedeutet deshalb auch, daß Transformationsregeln vorgegeben werden müssen. Derartige Codierungsregeln werden in einer Übersicht festgelegt, die man Codebuch nennt. In unserem Beispiel könnte dieses Codebuch so aussehen:

Codebuch

Pos.	Inhalt	Werte	Name	Länge	Dez.	Typ
1.	laufende Nummer	01-11	NR	2	0	numerisch
2.	Ortsname	Texte	ORT	14	-	String
	- keine Angabe	m.v. = ZZ				
3.	Bevölkerungszahl (in 1000)	100 - 700	B	3	0	numerisch
	- keine Angabe	m.v. = 0				
4.	Bruttowertschöpfung (in Mrd.DM)	1,0 - 25,0	BW	4	1	numerisch
	- keine Angabe	m.v. = 0				
5.	Steuereinnahmekraft je Kopf (in DM)	700 - 1400	SA	4	0	numerisch
	- keine Angabe	m.v. = 0				

6.	Schulden-stand je Kopf (in DM)	1000 - 3000	SCH	4	0	nume-risch
	- keine Angabe	m.v. = 0				
7.	Arbeitslosen-quote (in %)	10,0 - 20,0	AQ	4	1	nume-risch
	- keine Angabe	m.v. = 0				

Es versteht sich, daß dann, wenn man von einem anderen Datenbestand ausgeht, zum Beispiel von den Ergebnissen einer Befragungsaktion oder von den Ergebnissen einer Verkehrszählung, dieses Codebuch ganz anders aussehen kann. Entsprechenden Beispielen werden wir in den beiden folgenden Kapiteln noch begegnen.

Die obige Übersicht bedarf einiger erklärender Erläuterungen. Sie besteht aus sieben Spalten, die folgendermaßen besetzt sind:

In Spalte 1 sind einfach nur der Übersichtlichkeit halber die einzelnen interessierenden Sachverhalte und Tatbestände durchnumeriert.

In Spalte 2 wurde notiert, was überhaupt zu erfassen ist und welches die Ausprägungen der einzelnen Sachverhalte sein können. Diese Sachverhalte selbst nennt man Merkmale oder Variablen (z.B. Bevölkerungszahl), bei denen auch die jeweilige Maßeinheit mit angegeben wurde.

In diesem Beispiel sind die einzelnen Ruhrgebietsstädte die Merkmalsträger; die einzelnen Ausprägungen der Variablen nennt man Merkmalswerte oder kurz Werte.

Vor einer Datenauswertung muß man sich Gedanken darüber machen, was dem Computer mitgeteilt werden soll, wenn für einen bestimmten Merkmalsträger ein Merkmalswert nicht vorliegt (="keine Angabe") zum Beispiel wegen statistischer Erfassungsprobleme oder wenn in einer Fragebogenaktion bei bestimmten Fragen ab und zu die Antwort verweigert wird. In unserem obigen Beispiel trat dieser Fall allerdings nicht auf.

In einem solchen Fall muß dem Computer ein Wert eingegeben werden, der erkennen läßt, daß kein "echter" Wert vorliegt, damit bei Datenauswertungen in angemessener Weise reagiert werden kann - derartige Werte dürfen beispielsweise bei Durchschnittsberechnungen natürlich nicht mitgerechnet werden.

Teilt man dem Rechner beispielsweise mit, daß bei der Variablen "Bevölkerungszahl" die "echten" Werte zwischen 100 und 700 liegen (in Einheiten von 1000 in unserem Beispiel), so kann man für "keine Angabe" z.B. den Wert 0 vergeben. Man nennt einen solchen Wert "missing value" (fehlender Wert, abgekürzt: m.v.). Der Rechner wird (wenn wir ihn dazu veranlassen) alle Merkmalsträger, die bei dieser Variablen den Wert 0 aufweisen, aus der weiteren Auswertung ausschließen - und das soll er auch.

In der dritten Spalte haben wir angegeben, in welchem Bereich "echte" Merkmalswerte zu erwarten sind. Hier würde man gegebenenfalls auch Codezahlen vorgegeben können, nämlich dann, wenn viele nichtnumerische Angaben verarbeitet werden müßten. Man stelle sich zum Beispiel vor, in einer Fragebogenaktion, die sich nicht auf Ruhrgebietsstädte als Merkmalsträger, sondern auf Personen bezieht, wäre auch die Variable "Familienstand" mit den Ausprägungen "ledig", "verheiratet" usw. erfaßt worden. Man könnte dann dem Rechner beispielsweise die folgende Codierung vorgeben:

Codierung der Variablen "Familienstand":

Ausprägung	Code
ledig	0
verheiratet	1
verwitwet	2
geschieden	3
keine Angabe	9

Es gibt in vielen Datenbeständen offensichtlich auch Variablen, bei denen eine Zuordnung von Codeziffern oder Codezahlen nicht sinnvoll ist. Dies ist etwa der Fall bei der Variablen "Ortsname" (obwohl hier beispielsweise mit den Postleitzahlen codiert werden könnte). Die Werte dieser Variablen sind Worte, d.h. Texte. Wir nennen solche Variablen "Stringvariablen". Bei ihnen müssen auch die missing values Texte sein. Wir haben einfach den Text "ZZ" gewählt.

In Spalte 4 der obigen Übersicht haben wir den Variablen Namen gegeben. Dies ist für Datenverarbeitungsprozesse, die per Computer durchgeführt werden sollen, erforderlich. Bei der Namensvergabe selbst sind gewisse Regeln einzuhalten, die von der jeweils benutzten Programmiersprache bestimmt werden.

Schließlich haben wir in Spalte 5 angegeben, wieviele Anschläge für jede Variable freigehalten werden sollen, d.h. welche Länge die Werte der betreffenden Variablen aufweisen können.

Für die laufende Nummer stehen zwei Anschläge zur Verfügung, d.h. diese Variable kann maximal zweistellige Werte annehmen. Für die Variable "Ortsname" haben wir die folgenden 14 Anschläge freigehalten, also Anschlag 3 bis Anschlag 16. Ortsnamen, die mehr als 14 Buchstaben umfassen, müssen "abgeschnitten" werden (will man dies möglichst vermeiden, müssen von vornherein mehr als 14 Anschläge reserviert werden); bei kürzeren Namen bleiben Stellen frei.

In der Spalte 6 ist angegeben, wieviele derjenigen Stellen, die in Spalte 5 angegeben worden sind, als Dezimalstellen freigehalten werden sollen. Diese Angabe ist sicherlich nur sinnvoll bei numerischen Variablen, weshalb auf eine entsprechende Angabe bei der einzigen String-Variablen unseres Beispiels verzichtet wurde.

Es versteht sich, daß niemals mehr Dezimalstellen angegeben werden können, als Anschläge für die Werte der entsprechenden numerischen Variablen überhaupt zur Verfügung stehen. Genau genommen kann die Zahl der Dezimalstellen nicht größer werden als "Länge - 2", weil mindestens eine Stelle benötigt wird für den Dezimalpunkt und eine weitere für ein eventuell führendes Vorzeichen.

In der Spalte 7 ist der jeweilige Variablentyp angegeben: Variablen, deren Werte Zeichen sind, nennt man String-Variablen (ein "string" ist - allgemein gesprochen - eine Zeichenkette oder Zeichenfolge); Variablen, deren Ausprägungen Zahlen sind, werden numerische Variablen genannt.

Das Anlegen eines derartigen Codebuches ist ein sinnvoller und wichtiger Arbeitsschritt, bevor der konkrete Datenverarbeitungsprozeß beginnen kann. Diesem Arbeitsschritt folgt ein weiterer Zwischenschritt, nämlich das Anlegen eines Datenübertragungsblattes, dessen Inhalt Datenmatrix genannt wird.

Diese Datenmatrix dient dazu, die Ausgangsdaten gemäß der Regelungen des Codebuches so zu transformieren, daß sie direkt dem Rechner eingegeben werden können.

In dem Anwendungsbeispiel, von dem wir ausgegangen sind, ergibt sich folgendes Bild:

Datenmatrix

```
 1Bochum        38112.3 959293515.1
 2Bottrop       112 2.1 710152815.0
 3Dortmund      56816.3 958198917.6
 4Duisburg      51515.3 943299516.0
 ...
11Oberhausen    222 5.5 789184415.6
```

Das sieht zwar für unsere Augen etwas ungewohnt und eher unübersichtlich aus, für einen Rechner aber ist es die angemessene Form der Datenpräsentation.

Eine solche Übersicht heißt "Datenmatrix", weil sie wie jede Matrix (dieser Begriff stammt aus der Mathematik) von zwei Seiten gelesen werden kann: von oben nach unten oder von links nach rechts bzw. zeilenweise oder spaltenweise.

In jeder Zeile der Datenmatrix finden wir die Angaben für einen Merkmalsträger (hier für eine bestimmte Ruhrgebietsstadt); in jeder Spalte der Datenmatrix finden wir alle Werte für je eine Variable.

In der EDV-Fachsprache nennt man eine Zeile der Datenmatrix Datensatz (oder kurz "Satz") oder record oder case.

Eine Spalte der Datenmatrix heißt Array oder Feld.

Die Gesamtheit aller Sätze bzw. die Gesamtheit aller Felder, den Inhalt der gesamten Datenmatrix also, nennt man Datei oder file.

Den Kreuzungsbereich zwischen einer Zeile und einer Spalte, den Bereich also, der eine Variablenausprägung aufnehmen kann, nennen wir Zelle.

Der Datenmatrix kann man entnehmen, daß die einzelnen Bereiche, die für die Variablenwerte freigehalten werden, also die Zellen mit ihren Besetzungen, nahtlos aneinandergehängt werden.

Es ist deutlich zu sehen, daß Zellen offenbar unterschiedlich lang sein können. Der gleiche Sachverhalt wird angesprochen, wenn wir sagen, daß Felder unterschiedlich breit sein können. Das erste Feld (laufende Nummer) kann nur maximal zwei Symbole aufnehmen, das zweite Feld hingegen (Ortsname) 14 Symbole usw.

Gemäß der Unterscheidung in numerische Variablen und String-Variablen ist es auch sinnvoll, numerische Felder von nichtnumerischen Feldern (String-Feldern) zu unterscheiden. Nichtnumerische Felder nennt man häufig auch alphanumerische Felder, weil sie Buchstaben und/oder Ziffern enthalten können.

Weiterhin ist der obigen Datenmatrix zu entnehmen, daß numerische Felder rechtsbündig beschrieben werden. Im ersten Feld (laufende Nummer) steht als erster Wert die Zahl 1, also

.1 (rechtsbündig)

Häufig füllt man diese Felder nach links hin mit Nullen auf, also

01

was für den Computer im Prinzip gleichgültig ist.

Alphanumerische Felder werden hingegen linksbündig gefüllt, also z.B. das Feld für die Ortsnamen:

Bochum........ (linksbündig)

Anschläge, die in solchen Feldern nicht benötigt werden, bleiben frei.

Man könnte sich aber vorstellen, daß auf das Freilassen von Anschlägen verzichtet wird. Dann würde die Datenmatrix folgendermaßen aussehen:

Veränderte Datenmatrix

```
1Bochum38112.3959293515.1
2Bottrop1122.1710152815.0
3Dortmund56816.3958198917.6
4Duisburg51515.3943299516.0
  ...
11Oberhausen2225.5789184415.6
```

Eine solche Art der Datenaufbereitung ist aber für Zwecke der automatischen Datenverarbeitung nicht günstig. Man nennt sie "freie Formatierung" (freefield format), während die besser geeignete Darstellung der Abbildung zuvor, über die wir deshalb ja auch ausführlich gesprochen haben, als "feste Formatierung" (fixed format) bezeichnet wird.

"Feste Formatierung" bedeutet also, daß für jeden Merkmalsträger das jeweils gleiche Feld immer an genau der gleichen Stelle des Datensatzes zu finden ist. Dies führt unter anderem dazu, daß die Datenmatrix übersichtlicher wird. Insbesondere aber ist dem auswertenden Programm die Struktur der gesamten Matrix bekannt, wenn ein einziger Datensatz strukturiert wurde und diese Strukturinformationen dem Programm eingegeben worden sind.

6.4 Variablentypen

Es bietet sich an, in diesem Zusammenhang noch einige zusätzliche Grundbegriffe zu klären, die bei Datenverarbeitungsvorgängen, also auch bei computergestützten statistischen Auswertungen häufig eine Rolle spielen.

Oben wurde festgestellt, daß zwei Typen von Variablen zu unterscheiden sind:

1. Numerische Variablen
2. Nichtnumerische Variablen
   (String-Variablen)

Ohne daß hier auf Details eingegangen werden muß, sei darauf hingewiesen, daß weitere Variablentypen voneinander unterschieden werden können, wie zum Beispiel komplexe Variablen, Datumsvariablen, logische Variablen usw. Da diese im Rahmen von statistischen Auswertungen im sozialwissenschaftlichen Bereich nur eine untergeordnete Rolle spielen, mögen diese Stichworte genügen.

In der Praxis der empirischen Sozialforschung bzw. in der konkreten statistischen Arbeit wird häufig eine andere Zweiteilung bevorzugt, nämlich die Unterteilung in diskrete und in stetige Variablen.

Eine diskrete Variable kann als Ausprägungen nur eine endliche Anzahl streng voneinander getrennter Werte annehmen

(Beispiele: "Kinderzahl" mit den Werten 0, 1, 2, usw.; "Anteil zerbrochener Hühnereier in Zwanzigerpackungen" mit den Werten 0.00, 0.05, 0.10, 0.15, usw.). Eine stetige Variable hingegen kann innerhalb ihres Definitionsbereichs jeden beliebigen Wert (und jeden beliebigen Zwischenwert), mithin unendlich viele Werte annehmen (Beispiele: "Körpergröße untersuchter Personen", "gelaufene Zeiten im 100-Meter-Lauf" usw.).

Wir werden dieser Unterteilung wieder begegnen, wenn wir die wichtigsten statistischen Auswertungsmethoden im Kapitel 9 besprechen, bzw. wenn darüber gesprochen wird, wie computergestützte statistische Auswertungen in der Praxis der empirischen Sozialforschung ablaufen.

Gerade aber mit Blick auf den Einsatz statistischer Auswertungsverfahren bietet sich eine weitere Art der Unterteilung statistischer Variablen an, die als Unterscheidungskriterium den Informationsgehalt der jeweiligen Variablen verwendet. Diese Unterteilung ist deshalb besonders wichtig, weil es vom jeweils vorliegenden Informationsgehalt in weitem Maße abhängig ist, welche statistischen Methoden, also welche Auswertungsverfahren überhaupt eingesetzt werden können. Unter Nutzung dieses Unterscheidungskriteriums gelangt man zu folgender Liste von Variablentypen, die man auch Skalentypen oder Skalenqualitäten nennt:

1. Nominalskalen

Nominalskalen oder nominalskalierte Daten zeichnen sich dadurch aus, daß sich ihr Informationsgehalt auf die Feststellung von Identitäten oder von Unterschieden beschränkt. Es kann also nur festgestellt werden, ob ein Merkmalsträger bezüglich der interessierenden Untersuchungsvariablen gleich oder anders ist als ein anderer Merkmalsträger.

Typische Beispiele für derartige Variablen sind die Variable "Familienstand" (mit den Werten "ledig", "verheiratet" usw.), die Variable "Geschlecht" (mit den Werten "männlich" und "weiblich"), die Variable "bevorzugte politische Partei" (mit den Werten "CDU", "SPD", "FDP" usw.) und ähnliche.

Daß die Unterteilung nach Skalenqualitäten direkte Auswirkungen auf die Auswahl statistischer Auswertungsmethoden hat, sieht man am Beispiel nominalskalierter Variablen sehr deutlich: Man stelle sich einmal vor, in einer sozialwissenschaftlichen Fragebogen-Untersuchung wäre auch die sogenannte Sonntagsfrage gestellt worden ("Welche Partei würden Sie wählen, wenn man kommenden Sonntag Wahlen zum Deutschen

Bundestag stattfinden würden?") und man hätte im Codebuch festgelegt, daß die Anworten wie folgt zu codieren seien:

CDU = 0
SPD = 1
FDP = 2
Die Grünen = 3
Sonstige = 4

Welchen Zweck hätte es jetzt beispielsweise, aus einer großen Zahl derartiger Codezahlen ein arithmetisches Mittel auszurechnen? Welche inhaltliche Bedeutung hätte ein Mittelwert von 1.253? Ein derartiges Ergebnis ist allein schon deshalb nicht interpretierfähig, weil es ganz anders ausfallen würde, wenn wir anders codiert hätten. Wer könnte uns daran hindern, im Gegensatz zu der obigen Codiervorschrift die folgende zu wählen?

CDU = 17
SPD = 1
FDP = -5.5
Die Grünen = 33
Sonstige = -9

Würde man einen Durchschnitt aus solchen Werten ausrechnen, käme sicherlich ein anderes Ergebnis heraus, woraus wir entnehmen können, daß die Durchschnittsberechnung bei derartigen Daten, deren Skalierung fast beliebig geändert werden kann, nicht sinnvoll ist. Entscheidend bei solchen Saklenänderungen, wie man die Änderung der Codiervorschrift auch nennen kann, ist ja nur, daß nach wie vor Unterschiede bzw. Identitäten feststellbar sind - und dies ist sowohl bei der ersten wie auch bei der zweiten Codiervorschrift möglich.

2. Ordinalskalen

Von ordinalskalierten Daten spricht man dann, wenn zu der Unterscheidungs- bzw. Identitätsinformation noch eine Rangordnungsinformation hinzutritt. Wenn es also möglich ist, verschiedene Merkmalsträger nicht nur aufgrund ihrer Merkmalswerte voneinander zu unterscheiden, sondern sie auch in eine Rangordnung (größer - kleiner, besser - schlechter) zu bringen, dann liegt eine Ordinalskala vor.

Typische Beispiele für ordinalskalierte Variablen sind alle solche Untersuchungsmerkmale, die mit Leistungsbemessungen zu tun haben, also beispielsweise Schulzensuren. Die Variable "Zensur" mit den Ausprägungen "sehr gut", "gut", "befriedigend", "ausreichend" und "mangelhaft" ist dafür ein sehr charakteristisches Beispiel. Diese Skala wird üblicherweise mit den Werten 1, 2, 3, 4 und 5 codiert, wobei aber auch hier Skalentransformationen möglich sind.

Denkbare Skalentransformationen bewegen sich jetzt aber bei einer ordinalskalierten Variablen in engeren Grenzen als bei einer Nominalskala. Während es dort bei Skalentransformationen nur darauf ankam, daß aus ungleichen Werten keine gleichen und aus gleichen Werten keine ungleichen Werte wurden, muß hier nun zusätzlich darauf geachtet werden, daß die Rangordnung der Werte erhalten bleibt.

Somit ist die Gesamtzahl denkbarer Transformationsmöglichkeiten bei der Ordinalskala gegenüber der Nominalskala eingeschränkt. Dem entspricht es, daß die Ordinalskala einen höheren Informationsgehalt aufweist als die Nominalskala, und daß bei ihr schon ein breiteres Spektrum statistischer Auswertungsmethoden verwendet werden kann. Allerdings führt auch bei der Ordinalskala zum Beispiel die Berechnung eines arithmetischen Mittels zu inhaltlich nicht interpretationsfähigen Ergebnissen - gleichwohl werden bekanntlich aus Schulzensuren ständig und fortwährend Mittelwerte ausgerechnet, was unter methodologischen Gesichtspunkten unsinnig ist.

3. Intervallskalen

Bei Intervallskalen tritt zusätzlich zu der Unterscheidungs- und der Rangordnungsinformation noch eine inhaltliche Information über die Abstände (Intervalle) zwischen je zwei Merkmalswerten hinzu. Dem zusätzlichen Informationsgehalt entspricht es, daß Skalentransformationen jetzt auf diejenigen Fälle eingeschränkt sind, bei denen diese Abstandsinformationen durch die eventuellen Transformationen nicht zerstört werden.

Typische Beispiele für intervallskalierte Variablen sind Temperaturangaben oder ähnliche Meßergebnisse.

Bei solchen intervallskalierten Daten sind - dem zusätzlichen Informationsgehalt und den weiter eingeschränkten Transformationsmöglichkeiten entsprechend - wiederum mehr statistische Auswertungsverfahren einsetzbar als etwa bei Ordinalskalen. Jetzt führt beispielsweise auch die arithmetische Mittelung zu inhaltlich interpretierfähigen Ergebnissen.

4. Ratioskalen

Zusätzlich zu den Informationsmöglichkeiten der zuvor genannten Skalentypen ermöglicht die Ratioskala auch inhaltliche Aussagen über den Quotienten (englisch: ratio) aus jeweils zwei Merkmalswerten. Dies wird dadurch ermöglicht, daß Ratioskalen über einen absoluten Nullpunkt verfügen. Skalentransformationen sind jetzt nur noch insoweit erlaubt, daß sie diesen Nullpunkt nicht verschieben und auch die Relationen zwischen den einzelnen Werten unverändert lassen. Somit ist die Zahl der Transformationsmöglichkeiten also außerordentlich stark eingeschränkt, was dem besonders hohen Informationsgehalt derartiger Skalen entspricht. Dementsprechend sind fast alle statistischen Auswertungsverfahren hier verwendbar.

Typische Beispiele für ratioskalierte Daten sind "Körpergröße", "Körpergewicht", "Einkommen" usw.

5. Absolutskalen

Wenn man die Transformationsmöglichkeiten einer Skala noch weiter einschränken muß, als es bei der Ratioskala ohnehin schon der Fall war, nämlich soweit, daß überhaupt keine Transformationen mehr erlaubt sind, gelangt man zur Absolutskala. Sie erlaubt die Anwendung aller Methoden, die zur Auswertung statistischer Befunde zur Verfügung stehen.

Typische Beispiele für Absolutskalen ergeben sich bei statistischen Zählprozessen, also etwa bei Verkehrszählungen, in der Bevölkerungsstatistik und in ähnlichen Bereichen.

LITERATURHINWEISE

BENNINGHAUS, H. : Deskriptive Statistik, Stuttgart 1979

KROMREY, H. : Empirische Sozialforschung, 3.Auflage, Opladen 1986

ROTH, E. : Sozialwissenschaftliche Methoden, München-Wien 1984, insbesondere Kap.4

SCHNELL, R./HILL, P./ESSER, E. : Methoden der empirischen Sozialforschung, München-Wien 1988

TIEDE, M./VOSS, W. : Induktive Statistik, Band 1, 2. Auflage, Bochum 1982

KAPITEL 7 :
BEFRAGUNGEN

7.1 KLASSIFIKATION

Im vorangegangenen Kapitel wurde darauf hingewiesen, daß generell zwischen primär- und sekundärstatistischer Datenerhebung unterschieden werden kann. Bei der primärstatistischen Datenbereitstellung wurde an erster Stelle die Befragung genannt, der wir uns in diesem Kapitel nun näher widmen wollen. Dabei stehen wieder - wie schon im Kapitel zuvor - die Aspekte des Rechnereinsatzes, soweit sie bei primärstatistischen Befragungen sinnvollerweise und vorbereitend berücksichtigt werden sollten, im Mittelpunkt des Interesses.

Befragungen können in unterschiedlicher Art und Weise durchgeführt werden und es stellt sich deshalb zunächst die Frage, anhand welcher Kriterien die unterschiedlichen Befragungsformen klassifiziert werden können. Bei der Beantwortung dieser Frage stößt man zunächst auf die klassische Zweiteilung in schriftliche Befragungen einerseits und mündliche Befragungen, die man häufig auch Interviews nennt, andererseits.

Beide Arten der Befragungen sind mit unterschiedlichen Vor- und Nachteilen verbunden, bzw. sie zielen auf unterschiedliche Einsatzbereiche, wie leicht einsichtig ist. Wenn beispielsweise kompliziertere Tatbestände aus dem persönlichen Bereich der Befragten erfaßt werden sollen, ist vermutlich das Interview das bessere Datenerhebungsinstrument als ein per Post versandter Fragebogen, weil im Gespräch mit dem Interviewer Verständnisprobleme bewältigt werden können, weil auch Einzelheiten interessierender Sachverhalte vertiefend erfaßt werden können, weil in einem Gespräch variantenreichere Antworten gegeben werden können, als dies beim Ankreuzen in einem Fragebogen möglich ist, usw.

Umgekehrt gilt aber, daß in der Gesprächssituation eines Interviews durch die kommunikativen Beziehungen zwischen Befragtem und Interviewer Beeinflussungen zustandekommen (meist wohl unbeabsichtigt und ungewollt), die zu Verzerrungen in den zu erhebenden Sachverhalten führen können. Dies ist der zentrale Nachteil von Interviews. Hinzu tritt ein zweites Problem, welches - nun wieder mit Blick auf rechnergestützte Auswertungen - besonders wichtig wird:

Die Ergebnisse von Interviews, die seit einiger Zeit bevorzugt auch telephonisch durchgeführt werden, liegen meist als Gesprächsprotokolle, als Tonbandaufzeichnungen oder als

Stichwortsammlungen vor. Diese Ergebnisse nun in eine Form zu bringen, welche eine computergestützte Auswertung ermöglicht, ist häufig mit beträchtlichen Problemen verbunden, denen wir im folgenden Kapitel noch einmal begegnen werden. Der auswertende empirische Sozialforscher steht jetzt nämlich vor dem Problem, der Vielzahl durchaus heterogener Aufzeichnungen ein Klassifikationsschema gegenüberzustellen, welches er zur Einsortierung der unterschiedlichen Antworten verwenden kann. Erst dann nämlich, wenn die empirischen Befunde, also die Antworten befragter Personen, gruppiert, geordnet und klassifiziert sind, erst dann kann codiert werden, und erst damit ist die Voraussetzung für eine folgende computergestützte Auswertung gegeben.

Die gerade angesprochenen Probleme, die wir hier nur stichwortartig nennen - Details möge der Leser der Spezialliteratur zur Datenerhebung in den Sozialwissenschaften (etwa: HOLM, ATTESLANDER, KROMREY, SCHNELL et. al.) entnehmen - treten im Prinzip auch bei schriftlichen Befragungen auf, wenn auch vielleicht mit unterschiedlicher Gewichtung. Auch die sicherlich sehr indirekte Kommunikation mit der befragten Person auf dem Umweg über einen schriftlichen per Post versandten und zurückzusendenden Fragebogen kann Verzerrungseffekte beinhalten, die vom Verfasser bzw. vom Auswerter des Fragebogens kaum kontrolliert werden können:

In der Art der Frageformulierung, in der Art, wie die Fragen im Fragebogen angeordnet sind, in der Art der Formulierung vorgegebener Antworten, in der optischen Gestaltung des Fragebogens und in einer Vielzahl anderer Faktoren liegen Beeinflussungsmöglichkeiten verborgen, die die zu erhebenden Sachverhalte möglicherweise verzerren.

Hinzu kommt, daß bei einer schriftlichen Fragebogenaktion, im Gegensatz zu einer Serie durchgeführter Interviews, nicht damit gerechnet werden kann, daß alle versandten Fragebögen auch korrekt ausgefüllt wieder zurückkommen. Nicht nur, daß beim Ausfüllen Fehler passieren oder sogar absichtlich falsche Angaben gemacht werden, viel gravierender ist die Tatsache, daß nur ein bestimmter Prozentsatz versandter Fragebögen überhaupt zurückgeschickt wird. In der Praxis der empirischen Sozialforschung rechnet man mit Rücklaufquoten, die günstigstensfalls um 50 Prozent herum liegen, während durchaus auch Fälle bekannt sind, bei denen die Rücklaufquote weniger als 5 Prozent betrug.

Man könnte von der Vorstellung ausgehen, daß dies so tragisch nicht sei - braucht man doch nur eine entsprechend höhere Zahl von Fragebögen wegzuschicken, um eine bestimmte angestrebte Zahl ausgefüllter Fragebögen zurückzubekommen. Wenn sich das Rücklaufproblem auf eine reine Portokostenfrage reduzieren ließe, wäre das Problem wirklich nicht so gravierend. Aber um die Portokosten geht es in diesem Zusammenhang nur in zweiter Linie. Viel wichtiger ist, daß Verzerrungen in den Ergebnissen auftreten, wenn es so sein sollte, daß diejenigen Befragten, welche die ausgefüllten Fragebögen zurückschicken, sich typisch von jenen unterscheiden sollten - insbesondere im Hinblick auf die zu erhebenden Sachverhalte und Tatbestände - die nicht bereit sind, zu antworten.

Da diese Frage der typischen Unterschiede auf der Grundlage der zurückgesandten ausgefüllten Fragebögen aber nur schwer oder überhaupt nicht beantwortet werden kann, geht der empirische Sozialforscher bei schriftlichen Befragungen nur sehr schwer zu kalkulierende Verzerrungsrisiken ein.

Selbstverständlich versucht man, mit Tricks und Kniffen die Rücklaufquote so hoch wie möglich zu halten (Vermeidung zu langer oder zu komplizierter Fragebögen, ansprechende optische Gestaltung, Beigabe eines freundlichen Begleitbriefs mit Zusicherung der Anonymität des Befragten, Beigabe eines freigemachten Rückumschlags, usw.), gleichwohl läßt sich die angesprochene prinzipielle Problematik nicht völlig bewältigen.

Neben der Unterteilung in schriftliche und mündliche Befragung, kann als weiteres Unterteilungskriterium die Art der Fragestellungen verwendet werden. Dabei unterscheidet man zunächst einmal zwischen standardisierten Befragungen einerseits und offenen Befragungen andererseits. Diese Unterteilung gilt sowohl für schriftliche wie auch für mündliche Befragungen.

Bei einer standardisierten schriftlichen Befragung werden in einem Fragebogen die Frageformulierungen aber auch vor allem die Antwortvorgaben (Art der Antworten, Anzahl der Antwortmöglichkeiten, Anordnung der Antworten und Formulierung der Antworten) fest vorgegeben. Dem Befragten bleibt nur die Möglichkeit, bei einer Antwortvorgabe (oder bei mehreren, falls dies von der jeweiligen Sachlage her sinnvoll ist) anzukreuzen, oder zum Beispiel eine Zahl einzusetzen. Beispiele solcher und anderer Fragetypen finden sich in Abschnitt 7.4.

In entsprechender Weise kann bei Interviews verfahren werden, indem dem jeweiligen Gesprächspartner fest formulierte Fragen vorgelesen werden und auch die Antwortvorgaben vorgelesen oder in Form von Karteikarten, Bildern, Mustern oder dergl. vorgegeben werden, aus denen er dann auszuwählen hat.

Es liegt auf der Hand, daß die Auswertung solcher standardisierter Fragen sehr einfach und problemlos vonstatten geht, weshalb diese Art der Vorgehensweise häufig auch bevorzugt wird. Gleichwohl gibt es aber auch hier Probleme - und zwar auf Seiten der Befragten:

Es kann nicht ohne weiteres davon ausgegangen werden, daß eine bestimmte Frageformulierung oder eine bestimmte Antwortvorgabe von allen Befragten gleich interpretiert oder verstanden wird (man denke beispielsweise an die Antwort "ganz gut" auf die Frage nach dem heutigen Befinden), d.h. es können auch in diesem Zusammenhang Verzerrungseffekte auftreten, die sich der Kontrolle des Auszuwertenden entziehen.

Ein weiteres Problem besteht darin, daß möglicherweise einige oder sogar viele der Befragten in den standardmäßig vorgegebenen Antworten nicht diejenige Antwortkategorie entdecken, die sie bevorzugen würden. Was sollen sie dann ankreuzen? Man denke an das Beispiel, daß bei einer bestimmten einfachen Frage als Antwortkategorien nur "ja" und "nein" vorgegeben ist, bestimmte Befrage aber eigentlich lieber mit "vielleicht" antworten wollen, dies jetzt aber nicht können.

Offenkundig sind also die Erleichterungen bei der Auswertung standardisierter Befragungen möglicherweise erkauft mit zu eventuellen Verzerrungen führenden Problemen auf der Seite der Befragten.

Wenn man solche Probleme vermeiden will, wählt man offene Befragungen. Hier werden keine feste Antwortvorgaben präsentiert, sondern man überläßt es dem Befragten, seine Antwort selbst zu formulieren. Dies bietet sich vor allem bei Interviews an, die per Tonband aufgezeichnet werden, ist aber auch bei schriftlichen Befragungen möglich, indem per Post nur die Fragen mit genügend Platz dazwischen verschickt werden, in den der Befragte seine Antworten eintragen kann (häufig allerdings mit einer Verminderung der Rücklaufquote verbunden, weil mit größerem intellektuellen Aufwand verbunden).

Damit wird das Problem vermieden, daß Befragte ihre "Wunschantwort" nicht vorfinden, verbunden nun allerdings mit dem Nachteil, daß im Nachhinein die offenen Antworten klassifiziert werden müssen, bevor eine statistische Auswertung in Gang kommen kann.

In der Praxis der empirischen Sozialforschung sieht es so aus, daß bei mündlichen Befragungen eher die offene Form, bei schriftlichen eher die standardisierte Form gewählt wird. Weiterhin ist festzustellen, daß häufig Zwischenformen auftreten: So findet man in vielen Fragebögen sowohl standardisierte, wie auch offene Fragen. Das Gleiche gilt für Interviews, wo in standardisierter Form anhand eines vorgegebenen Textes (des Interviewer-Leitfadens) vorgegangen wird, wo sich aber auch offene "Gesprächs"-Teile finden.

Nicht selten sind die standardisierte und die offene Form sogar in einer einzigen Frage vereint, wenn zunächst beispielsweise einige feste Antwortvorgaben zur Auswahl angeboten werden, dann aber eine offene Kategorie für diejenigen Befragten angeschlossen wird, die in der Liste der festen Antwortvorgaben diejenige nicht gefunden haben, die ihnen für ihren Fall passend erscheint.

Bei einer etwas detaillierteren Betrachtung der primärstatistischen Datenerhebungsmethoden (einige weitere lernen wir noch im folgenden Kapitel kennen), lassen sich weitere Unterteilungen und Ergänzungen vornehmen (zum Beispiel Gruppendiskussionen, Expertenbefragungen, Panel-Studien, Tiefeninterviews usw.). Darauf kommt es jetzt aber nicht an, genausowenig wie auf eine ausführlichere Diskussion der Vor- und Nachteile der einzelnen Erhebungsmethoden, die in der zuständigen Fachliteratur ganze Bände füllt. Insoweit wird der interessierte Leser auf diese Methodenliteratur verwiesen.

Worauf es hier vielmehr ankommt - und unter diesem Gesichtspunkt wenden wir uns den gerade besprochenen Datenerhebungsmethoden in den beiden folgenden Abschnitten erneut zu - ist die Frage, wie diese Methoden mit Blick auf den Computereinsatz in der empirischen Sozialforschung zu betrachten sind.

7.2 INTERVIEWS

Über die wesentlichen Vor- und Nachteile von Interviews und die Frage, in welchen Anwendungsbereichen Interviews als Datenerhebungsinstrumente verwendet werden, wurde im vorangegangenen Abschnitt das wichtigste schon gesagt. Hier geht es jetzt um die sich anschließende Frage der Aufbereitung von Interviewergebnissen zum Zwecke der computergestützten statistischen Analyse. Betrachten wir dazu einen Ausschnitt aus einem Telephon-Interviews, welches kürzlich in der Stadt Dortmund durchgeführt wurde. Gesprächsteilnehmer waren Führungskräfte der Dortmunder Wirtschaft und Interview-Gegenstand war die Beurteilung der Qualität der Wirtschaftsförderung in der Stadt Dortmund.

Den Interviewern am Telephon war ein Gesprächsleitfaden an die Hand gegeben, der ausschnittsweise so aussah:

:
:
:

5. Kennen Sie Wirtschaftsförderungsmaßnahmen der Stadt Dortmund?	ja o nein o
wenn nein, weiter bei 8.	
6. Wie beurteilen Sie die Wirtschaftsförderung der Stadt Dortmund?	eher positiv o unentschieden o eher negativ o
7. Welches ist Ihr wesentlicher Kritikpunkt an der Wirtschaftsförderung der Stadt Dortmund?	Interviewer: Stichworte notieren 1................. 2................. 3.................
8. Die SPD als Regierungspartei im Rat der Stadt Dortmund hemmt die Ansiedlung von High-Tech-Unternehmen. Stimmen Sie dieser Aussage zu?	ja o nein o

:
:
:

Man sieht, daß in diesem Ausschnitt aus dem Gesprächsleitfaden ganz unterschiedliche Typen von Fragen versammelt sind. Die Fragen 5 und 8 sind einfach nur mit "ja" oder "nein" zu beantworten - die Interviewer waren angewiesen, auch zögernde Antworten, gegebenenfalls durch energisches Nachfragen, in eine der beiden Kategorien durch Ankreuzen einzuordnen. Bei Frage 5 wird darüber hinaus eine Verzweigung erzwungen, d.h. das Gespräch wird bei Frage 8 fortgesetzt, wenn Frage 5 mit "nein" beantwortet wurde. Es ist sicherlich leicht einzusehen, warum das so sein muß. Man spricht in diesem Zusammenhang von sog. Filterfragen.

Solche Verzweigungen müssen bei der Auswertung der Daten besonders berücksichtigt werden, weil die Zahl derjenigen, die überhaupt auf Frage 6 und 7 antworten konnten, kleiner ist als die Gesamtzahl der Befragten.

Bei Frage 6 waren drei Antwortmöglichkeiten gegeben, wobei wiederum der Interviewer letztlich die Antwort des Befragten - nach Vorlesen der zur Verfügung stehenden Antwortkategorien - einzuordnen hatte.

Diese Frage 6 zeigt wieder sehr deutlich, auf welche Probleme man bei Interviews stößt. Wenn einer der Befragten auf die Frage "Wie beurteilen Sie die Wirtschaftsförderung der Stadt Dortmund?" mit dem Stichwort "mäßig" antwortete, in welche Kategorie sollte dann der Interviewer ein Kreuz eintragen?

Frage 7 ist eine offene Frage, wo als Antwortmöglichkeiten bei der Auswertung der Gesprächsprotokolle die unterschiedlichsten Stichworte auftauchten (von "zu bürokratisch" über "unflexibel" bis hin zu "personell unterbesetzt"). Zugelassen wurden nur maximal drei Stichworte, d.h. der Interviewer war angewiesen, nur die ersten drei zu notieren (häufig wurde aber auch nur ein Stichwort genannt) und dann das Gespräch auf die nächste Frage zu lenken. Dabei war die Vorstellung ausschlaggebend, daß das, was als erstes genannt wird, vermutlich auch das wichtigste ist. Die weitere statistische Analyse einer solchen Frage ist erst dann möglich, wenn aufgrund eines Klassifikationsschemas, das man nach der Durchsicht aller Protokolle zu erstellen versucht, die einzelnen Antworten einsortiert sind.

Mit Blick auf die geplante computergestützte statistische Auswertung muß nun ein Codebuch erstellt werden, das für diesen Interviewausschnitt in einer vereinfachenden Schreibweise folgendermaßen aussieht:

Inhalt	Werte	Codierung	Name	Typ
Frage 5	ja	0	V5	num
	nein	1		
	m.v.	9		
Frage 6	positiv	0	V6	num
	unentschieden	1		
	negativ	2		
	m.v.	9		

Frage 7

Stichwort 1	bürokratisch	1	V7A	num
	unflexibel	2		
	disqualifiziert	3		
	unterbesetzt	4		
	falsche Partei	5		
	Sonstiges	6		
	m.v.	9		
Stichwort 2	bürokratisch	1	V7B	num
	unflexibel	2		
	disqualifiziert	3		
	unterbesetzt	4		
	falsche Partei	5		
	Sonstiges	6		
	m.v.	9		
Stichwort 3	bürokratisch	1	V7C	num
	unflexibel	2		
	disqualifiziert	3		
	unterbesetzt	4		
	falsche Partei	5		
	Sonstiges	6		
	m.v.	9		
Frage 8	ja	0	V8	num
	nein	1		
	m.v.	9		

Dieser Auszug aus dem Codebuch bietet gegenüber dem, was an anderer Stelle dazu schon gesagt wurde nichts neues, wenn man einmal davon absieht, daß die Frage 7 in drei Variablen "aufgespalten" werden mußte. Dies ist immer dann erforderlich, wenn - wie hier - Mehrfachantworten auftreten können.

Die Variablennamen haben wir der Einfachheit halber so gewählt, daß nach dem Buchstaben V (für "Variable") die Nummer der jeweiligen Frage auftaucht, ergänzt um einen weiteren Buchstaben (so bei Frage 7), wenn Mehrfachantworten möglich sind.

In den Fällen, in denen keine Antwort gegeben wurde, konnte durchgehend mit der Ziffer 9 codiert werden.

Bei der Frage 7 wurde die Codierung, im Gegensatz zu den anderen Fragen nicht mit dem Wert 0, sondern mit dem Wert 1 begonnen. Dies hat folgenden Grund: Wenn dort ein zweites oder drittes Stichwort nicht auftaucht (oder dem Befragten sogar ein erstes Stichwort nicht einfällt), wird kein Wert eingetragen, was dazu führt, daß diese Position vom Auswertungsprogramm als mit dem Wert 0 besetzt angesehen wird (numerische Felder, die nicht besetzt sind, werden von den meisten Auswertungsprogrammen als mit dem Wert 0 besetzt angesehen). Die Codezahl 0 würde in einem solchen Fall also bedeuten, daß an der betreffenden Position keine Antwort vorlag.

Ausgehend von diesem Codebuch kann eine Datenmatrix erstellt werden, die ausschnittsweise für die Fälle 123 bis 130 folgendermaßen aussieht (der leichteren Lesbarkeit halber wurde zwischen den einzelnen Feldern jeweils ein Leerzeichen eingefügt, welches in der echten Datenmatrix aber entbehrlich ist):

NR	V5	V6	V7A	V7B	V7C	V8
:						
123	0	1	9	9	9	0
124	0	2	1	3	0	0
125	1	9	9	9	9	1
126	0	9	9	9	9	0
127	0	0	1	0	0	1
128	1	9	9	9	9	9
129	0	0	4	0	0	0
130	0	2	5	2	1	1
:						

An dieser Datenmatrix ist zu erkennen, daß die Verzweigungsfrage Nr. 5, wenn sie mit "nein" (Codezahl 1) beantwortet wird, zu missing values (Codezahl 9) in den Fragen 6 und 7 führt, weil diese ja von den betreffenden Befragten gar nicht beantwortet werden, bzw. weil sie im telephonischen Interview übersprungen werden.

Zusätzlich gibt es auch beim Fall Nr. 126 missing values in diesen Fragen, obwohl Frage 5 mit "ja" (Codezahl 0) beantwortet wurde. Es versteht sich, daß so etwas in der Realität natürlich auch passieren kann.

Die Erstellung dieser Datenmatrix ist der erste Schritt zur computergestützten statistischen Auswertung und Analyse, die jetzt beginnen kann. Darüber wird im Detail ab Kapitel 9 gesprochen, wenn die noch ausstehenden Datenerhebungsmethoden diskutiert sind.

7.3 FRAGEBOGEN

Nach den Ausführungen des vorangegangenen Abschnitts können wir uns hier nun kürzer fassen und beschränken uns auf die Präsentation eines Ausschnitts aus einem Fragebogen, der verwendet wurde, um Informationen zur Sozialstruktur in der Stadt Bochum zu gewinnen:

1.	Geburtsjahr	19	
2.	Geschlecht	männlich	o
		weiblich	o
3.	Familienstand	ledig	o
		verheiratet	o
		verwitwet	o
		geschieden	o
4.	Berufliche Stellung	Hausfrau/-mann	o
		arbeitlos	o
		Arbeiter/-in	o
		angestellt	o
		beamtet	o
		selbständig	o
		Rentner/-in	o
5.	In welchem Bochumer Stadtteil wohnen Sie?	....	
6.	Welche Partei würden Sie wählen, wenn am kommenden Sonntag die Bundestagswahl wäre?	SPD	o
		CDU	o
		FDP	o
		Die Grünen	o
		Republikaner	o
		Sonstige	o
7.	Welche Zeitungen lesen Sie regelmäßig (Mehrfachantworten erlaubt)?	Bild-Zeitung	o
		WAZ	o
		Westf.Rundschau	o
		Die Zeit	o
		Stern	o
		Spiegel	o
		Sonstige	o
		- und zwar	
		....	
		....	

usw.

Bei der Erstellung des Codebuchs wurde folgendermaßen vorgegangen:

Inhalt	Werte	Codierung	Name	Typ
Geburtsjahr	1900 bis 1972	entsprechend	GJ	num
	m.v.	9999		
Geschlecht	männlich	0	GE	num
	weiblich	1		
	m.v.	9		
Fam.stand	ledig	0	FS	num
	verheiratet	1		
	verwitwet	2		
	geschieden	3		
	m.v.	9		
Beruf	Hausfrau/-mann	0	BE	num
	arbeitlos	1		
	Arbeiter/-in	2		
	angestellt	3		
	beamtet	4		
	selbständig	5		
	Rentner/-in	6		
	m.v.	9		
Stadtteil	Stadteil-name	entsprechend	ORT	String
Partei	SPD	0	P	num
	CDU	1		
	FDP	2		
	Die Grünen	3		
	Republikaner	4		
	Sonstige	5		
	m.v.	9		
Zeitungen	generell ja/nein	0/1		
Bild-Zeitung			Z1	num
WAZ			Z2	num
Westf.Rundschau			Z3	num
Die Zeit			Z4	num
Stern			Z5	num
Spiegel			Z6	num

Sonstige		
Nr.1	Z7	num
Nr.2	Z8	num
Nr.3	Z9	num

Auch dieses Codebuch zeigt keine Neuigkeiten, wenn man davon absieht, daß hier zum ersten Mal eine Stringvariable auftaucht (ORT = Angabe des Stadtteils, in dem der Befragte wohnt).

Bei der Frage 7 ist wieder eine Aufspaltung erforderlich, weil bei der Frage nach den regelmäßig gelesenen Zeitungen sinnvollerweise mit Mehrfachantworten gerechnet werden muß. Deshalb ist es erforderlich, für jede einzelne Zeitung eine Variable zu reservieren, die mit dem Wert 1 belegt wird, wenn die entsprechende Zeitung angekreuzt wurde.

Diese Frage wurde überdies offen gehalten, um die Möglichkeit zu bieten, auch Zeitungen zu nennen, die als Antwortvorgaben nicht präsentiert wurden. Diejenige, die als häufigste unter "Sonstiges" genannt wurde, wird mit der Variablen Z7, die zweithäufigste wird mit der Variablen Z8, alle übrigen (gewissermaßen die sonstigen "Sonstigen") werden mit der Variablen Z9 erfaßt und nicht mehr weiter unterteilt.

Ausgehend vom Codebuch läßt sich die folgende Datenmatrix erstellen, die wir wieder nur ausschnittsweise vorstellen:

NR	GJ	GE	FS	BE	ORT	P	Z1	Z2	....
123	1958	1	1	3	Hamme	1	0	1	
124	1942	0	2	4	Querenburg	2	1	2	
125	1967	0	0	3	Mitte	0	1	0	
126	1949	1	1	1	Langendreer	0	0	0	

Auch damit ist nun wieder die Ausgangsbasis für eine folgende computergestützte Auswertung erreicht. Bevor wir uns aber diesen Aufgaben zuwenden, ist es an dieser Stelle erforderlich, noch etwas ausführlicher - wiederum mit Blick auf den geplanten Computereinsatz - auf den Themenbereich einzugehen, der mit der Formulierung von Fragen (und Antworten) zu tun hat, weil von den diesbezüglichen Vorgehensweisen der folgende Computereinsatz stark beeinflußt wird.

7.4 EINTEILUNG VON FRAGEN

Wenn man von dem Beispiel einer schriftlichen Fragebogenaktion ausgeht (vergleiche auch das vorangegangene einfache Beispiel), dann lassen sich verschiedene Typen von Fragen voneinander unterscheiden. In einer ersten groben Klassifikation gelangt man zu folgender Einteilung, die wir der Arbeit von TÜRSCHMANN entnehmen (siehe Literaturhinweise zu diesem Kapitel):

1. Objektive Fragen

Zu den objektiven Fragen gehören Fragen nach objektiv erfaßbaren Sachverhalten, also zum Beispiel demographische Fragen, wie die nach dem Geschlecht, nach dem Familienstand, nach der Zahl der Kinder oder nach dem Alter, aber auch sogenannte Faktfragen und Wissensfragen.

Solche Fragen eignen sich häufig sehr gut dazu, in geschlossener Form, also mit festen Antwortvorgaben präsentiert zu werden.

Beispiel für eine demographische Frage:

Geschlecht	männlich	o
	weiblich	o

Beispiel für eine Wissensfrage

Welche Nation hat die meisten Siege bei den letzten olympischen Sommerspielen errungen?

....

Beispiel für eine Faktfrage

Welche Zeitungen lesen Sie regelmäßig?

	ja	nein
Bild-Zeitung	o	o
Die Welt	o	o
Spiegel	o	o
usw.		

2. Subjektive Fragen

Bei den subjektiven Fragen geht es um die Erfassung von Meinungen, von Urteilen, von Einschätzungen, aber auch um Einstellungen, Bewertungen und Handlungen. Dazu einige Beispiele:

Beispiel für eine Einschätzungsfrage:

Als Autofahrer bin ich	sehr gut	o
	gut	o
	mittelmäßig	o
	schlecht	o

Beispiel für eine Beurteilungsfrage:

H. Kohl entspricht meinen Vorstellungen von einem hervorragenden Politiker

genau	o
bedingt	o
in keiner Weise	o

Beispiel für eine Bewertungsfrage (bestehend aus einer Fragenstaffel):

Wie beurteilen Sie die gegenwärtige Wirtschaftslage in der Bundesrepublik Deutschland?

	sehr gut	gut	mittelmäßig	schlecht	sehr schlecht
Konjunktur	o	o	o	o	o
Arbeitsmarkt	o	o	o	o	o
Außenhandel	o	o	o	o	o
Preisstabilität	o	o	o	o	o

usw.

Beispiel einer Einstellungsfrage:

Wie gefallen Dir die einzelnen Schulfächer?

Ich habe das Fach	sehr gern	weniger gern	ungern	noch nicht gehabt
Mathematik	o	o	o	o
Physik	o	o	o	o
Deutsch	o	o	o	o
Sport	o	o	o	o

usw.

Beispiel einer Handlungsfrage:

Wenn ich Bundeskanzler wäre, würde ich versuchen

- genauso zu handeln wie der jetzige Kanzler o
- ungefähr so zu handeln wie der jetzige Kanzler o
- eher anders zu handeln wie der jetzige Kanzler o
- ganz anders zu handeln wie der jetzige Kanzler o

3. Erhebungstechnische Fragen

Bei diesen Fragen geht es nicht in erster Linie darum, direkt empirische Sachverhalte zu erfassen, sondern die Datenerhebung generell zu erleichtern, Antworthemmungen abzubauen, Überleitungen zwischen unterschiedlichen Themenbereichen einer Befragung herzustellen, Motivationen zu steigern und erhebungsbedingte Besonderheiten zu erfassen.

Beispielsweise könnte die in sozialstatistischen Untersuchungen häufig benötigte Frage nach dem Einkommen, die in der Regel recht ungern oder zumindest ungenau beantwortet wird, eingeleitet werden mit dem folgenden Beispiel einer erhebungstechnischen Frage.

Beispiel einer erhebungstechnischen Frage:

Glauben Sie, daß Sie zu wenig verdienen? ja o
nein o

Motivationsbeeinflussend könnte zum Beispiel die folgende Frage sein.

Beispiel einer motivationsbeeinflussenden Frage:

Sind Sie der Meinung, daß diese Befragung zu lange dauert?

ja o
nein o

4. Auswertungstechnische Fragen

Zu den auswertungstechnischen Fragen zählt man diejenigen Fragen, die den Ablauf einer Befragung steuernd beeinflussen. Dazu zählen beispielsweise Filterfragen, wie wir sie im vorangegangenen Abschnitt schon kennengelernt haben, und die jeweils entsprechenden Folgefragen, aber auch etwa Redundanzfragen.

Beispiel für redundante Fragen:

1. Sind Sie Raucher? ja o
nein o

:
:
:

27. Sind Sie Nichtraucher? ja o
nein o

Es leuchtet unmittelbar ein, daß redundante Fragen zur Zuverlässigkeitskontrolle verwendet werden können.

Beispiel für Filter- und Folgefragen:

1. Sind Sie Raucher ja o weiter bei 2.
nein o weiter bei 4.

2. Welche Marke rauchen Sie? ....

3. Wieviele Zigaretten rauchen Sie im Tagesdurchschnitt? ...

4. Leiden Sie unter morgentlichem Husten? ja o
nein o

usw.

An anderer Stelle wurde schon darauf hingewiesen, daß man Fragen auch anders unterteilen kann, wobei wir zunächst der Einfachheit halber zwischen geschlossenen und offenen Fragen unterschieden hatten. In einer etwas detailreicheren Betrachtung gelangt man zu dem folgenden Bild (TÜRSCHMANN, S. 105):

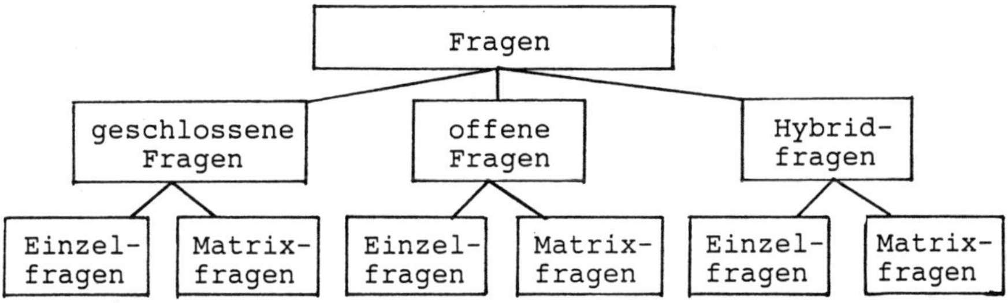

Die Begriffe der geschlossenen und der offenen Fragen brauchen hier nicht mehr erläutert zu werden. Auch die Hybridfrage ist uns schon begegnet: Man versteht nämlich darunter eine (zunächst) geschlossene Frage mit einem offenen Teil. Die folgenden Beispiele verdeutlichen noch einmal die Unterschiede.

Beispiel einer geschlossenen Frage:

Familienstand	ledig	o
	verheiratet	o
	verwitwet	o
	geschieden	o

Beispiel einer offenen Frage:

In welchem Ort wohnen Sie? ....

Beispiel einer Hybridfrage:

Welche Zeitungen/Zeitschriften lesen Sie regelmäßig?

	ja	nein
Bild-Zeitung	o	o
Spiegel	o	o
Die Zeit	o	o
Sonstige		
und zwar	1.	
	2.	
	3.	
usw.		

Von einer Matrixfrage spricht man, wenn eine ganze Fragenstaffel zusammegestellt ist (wie bei der Frage nach der Beliebtheit einzelner Schulfächer weiter oben), während eine Einzelfrage dann vorliegt, wenn nur ein einziger Sachverhalt zum Gegenstand der Erhebung gemacht wird (Beispiel: Frage nach dem Familienstand). In dem speziellen Fall, daß bei einer Einzelfrage nur zwei Antwortmöglichkeiten geboten werden (häufig handelt es sich dabei um sogenannte "Ja/Nein-Fragen"), spricht man von einer dichotomen Frage.

7.5 CODIERUNG

In diesem Kapitel, das mit der Befragung zu tun hat, und stellvertretend auch für die anderen Möglichkeiten der Datenerhebung im Detail die vorbereitenden Schritte beleuchtet, die erforderlich sind, um computergestützte Auswertungen in Angriff nehmen zu können, soll noch einmal der Begriff der Codierung diskutiert werden, der ja in diesem Zusammenhang - also an der Nahtstelle zwischen Datenerhebung einerseits und konkretem Computereinsatz andererseits - von entscheidender Bedeutung ist.

Es wurde an anderer Stelle schon dargelegt, wie der Begriff der Codierung in diesem Umfeld zu verstehen ist. Zusätzlich soll hier nun betrachtet werden, wie auf der Grundlage der Diskussion der verschiedenen Fragetypen, der unterschiedlichen Variablenkategorien und der verschiedenen Skalenqualitäten dieser zentrale Begriff präzisiert werden muß.

Sinnvollerweise wird sich die Codierung empirischer Befunde immer an der Skalenqualität der erhobenen Daten orientieren. Wie wir schon festgestellt haben, können Skalen (von der Absolutskala abgesehen) transformiert werden, wobei die Bandbreite von Transformationsmöglichkeiten um so größer ist, je geringer die jeweilige Skalenqualität ist: Nominalskalen können fast beliebig transformiert werden, Ordinalskalen weniger, Intervallskalen noch weniger, Ratioskalen kaum noch und Absolutskalen überhaupt nicht mehr.

Diese zunehmenden Transformationsmöglichkeiten bei schwächer werdender Skalenqualität und damit verbundenem geringerem Informationsgehalt der jeweiligen Skalen läßt die Idee aufkommen, daß beispielsweise eine Nominalskala, wie sie sich etwa bei der Frage nach der Konfession ergibt, beliebig codiert werden kann. Dies zeigt die folgende Übersicht:

Konfession		Code 1	Code 2	Code 3	usw.
evangelisch	o	0	5	-3.5	
katholisch	o	1	7	2.1	
andersgläubig	o	2	23	-9.9	
ohne Religion	o	3	15	0.0	

Obwohl also fast beliebige Möglichkeiten geboten sind - zumindest bei einer Nominalskala wie in diesem Beispiel - sollte man mit Blick auf die spätere computergestützte Auswertung, aber auch mit Blick auf die Mühen bei der Dateneingabe und ihre Fehlerträchtigkeit immer denjenigen Code wählen, der am einfachsten ist. In dem obigen Schema ist das ohne Zweifel der Code 1 und nichts spricht dagegen, diesen Code in diesem Fall zu verwenden.

Entsprechend ergibt sich bei einer ordinalskalierten Variablen, daß man auch hier den einfachsten Code wählt, wobei die Nebenbedingung zu beachten ist, daß die empirische Rangordnung sich in der Randordnung der Codezahlen widerspiegeln muß.

Generell muß bei der Zuordnung von Codezahlen zu empirischen Befunden beachtet werden, daß die natürlichen Zahlen, die zur Codierung verwendet werden, nur "Stellvertreterfunktion" haben. Wird also beispielsweise die Leistung eines Schülers bei einer bestimmten Klassenarbeit mit "ausreichend" zensiert, die eines anderen Schülers in der gleichen Arbeit mit "gut", und wird der empirische Merkmalswert "ausreichend" mit der Codezahl 4, der empirische Merkmalswert "gut" mit der Codezahl 2 belegt, so bedeutet dies nicht, daß der erste Schüler doppelt so schlecht ist wie der zweite, obgleich natürlich die Zahl 4 doppelt so groß wie die Zahl 2 ist. Nur bei ratio- und absolutskalierten Daten sind derartige direkte Übertragungen inhaltlich sinnvoll und deshalb auch erlaubt.

Möglicherweise täuschen also Codezahlen eine höhere Skalenqualität vor als den eigentlichen empirischen Befunden, die sie ja repräsentieren sollen, eigen ist. Eventuellen Fehlinterpretationen, die auf dieser Vortäuschung beruhen, kann man nur begegnen, wenn man sich in jedem Einzelfall genau überlegt, welchen empirischen Informationsgehalt die gerade betrachtete Untersuchungsvariable wirklich hat und welchen nicht.

Aber auch in umgekehrter Richtung sind Fehlinterpretationen denkbar, die sich, im Gegensatz zu den gerade besprochenen Informations-Vortäuschungen, in Informationsverlusten niederschlagen. Der Leser betrachte einmal das folgende Beispiel einer Einkommensbemessung:

Bitte geben Sie Ihr monatliches Netto-Einkommen durch Ankreuzen der entsprechenden Kategorie an:

unter 1000 DM	o
1000 DM bis unter 1500 DM	o
1500 DM bis unter 2000 DM	o
2000 DM bis unter 3000 DM	o
3000 DM bis unter 5000 DM	o
5000 DM und mehr	o

Man könnte jetzt auf die Idee kommen, wie folgt zu codieren:

		Code 1
unter 1000 DM	o	1
1000 DM bis unter 1500 DM	o	2
1500 DM bis unter 2000 DM	o	3
2000 DM bis unter 3000 DM	o	4
3000 DM bis unter 5000 DM	o	5
5000 DM und mehr	o	6

Mit diesem Code wird aber auf einen Teil der empirischen Informationen verzichtet. Wir erkennen zum Beispiel, daß die zweite und die dritte Einkommensklasse nur halb so breit sind, wie die vierte und die fünfte Klasse. Die Codezahlen lassen diese empirisch relevanten Informationen aber nicht mehr erkennen, sondern lassen vielmehr vermuten, daß die Einkommensklassen alle gleich breit sind. Viel besser wäre deshalb beispielsweise eine Codierung, die einfach von den Klassenmittelpunkten ausgeht, wobei allerdings für die letzte Klasse eine "künstliche" Obergrenze von zum Beispiel 7000 DM eingeführt werden muß. Dann gelangt man zum Code 2, den wir mit Code 3 weiter vereinfacht haben, ohne auf Detailinformationen zu verzichten:

		Code 2	Code 3
unter 1000 DM	o	500	2
1000 DM bis unter 1500 DM	o	1250	5
1500 DM bis unter 2000 DM	o	1750	7
2000 DM bis unter 3000 DM	o	2500	10
3000 DM bis unter 5000 DM	o	4000	16
5000 DM und mehr	o	6000	24

Man erkennt, daß bei der Codierung besondere Sorgfalt darauf gelegt werden muß, daß tatsächlich die empirischen Befunde in den Codezahlenbereich übertragen werden - nicht mehr, aber auch nicht weniger.

Alle diese Überlegungen nützen allerdings nichts, wenn schon bei der Frageformulierung und insbesondere bei der Vorgabe von Antworten Fehler unterlaufen, wie sie abschließend an zwei typischen Beispielen gezeigt werden sollen:

Frage, die nicht alle Antwortmöglichkeiten erschöpft:

Welches ist Ihr Familienstand?	verheiratet	o
	geschieden	o

Frage, bei der sich Antwortkategorien überschneiden:

Wieviele Zigaretten rauchen Sie am Tag?

keine, ich bin Nichtraucher	o
0 bis 5	o
5 bis 10	o
10 bis 15	o
soviel mir schmecken	o

Sicherlich hat der Leser keine Mühe, die Fehler in diesen Fragen zu entdecken.

LITERATURHINWEISE

ATTESLANDER, P. : Methoden der empirischen Sozialforschung, Berlin-New York 1975

KROMREY, H. : Empirische Sozialforschung, 3.Auflage, Opladen 1986

SCHNELL, R./HILL, P./ESSER, E. : Methoden der empirischen Sozialforschung, München-Wien 1988

TÜRSCHMANN, C.W. : Computergestützte Befragung in der empirischen Sozialforschung, Diss., Bochum 1979

KAPITEL 8 :
BEOBACHTUNGEN

8.1 BEGRIFFSKLÄRUNG

Häufig wird die Befragung, die ausführlich im vorangegangenen Kapitel besprochen wurde, als die wichtigste Methode primärstatistischer Datenerhebung bezeichnet. Dabei darf aber nicht übersehen werden, daß es noch weitere Verfahren der Datengewinnung gibt, zu denen die Beobachtung zählt, die hier nun besprochen werden soll.

Bei der Beobachtung handelt es sich um "die Systematisierung eines alltäglichen Vorgehens" (KROMREY, Seite 185), wobei "Ablauf und Bedeutung einzelner Handlungen und Handlungszusammenhänge" (ebenda, Seite 186) erfaßt werden sollen. Also geht es zum Beispiel darum, Personen zu beobachten.

Merkmalsträger bei Beobachtungen müssen aber nicht notwendigerweise Personen sein, sondern es können, ebenso wie bei den anderen Datenerhebungsmethoden, sehr wohl auch andere Elemente als Merkmalsträger auftreten, wie zum Beispiel Familien, Schulklassen oder Arbeitsgruppen, aber auch Autos, Straßenkreuzungen, Graugänse oder was auch immer.

Gerade die letzten Beispiele zeigen sehr deutlich, in welchen Bereichen Beobachtungen eine sehr sinnvolle Datenerhebungsmethode sind, nämlich selbstverständlich überall dort, wo etwa auf dem Wege der Befragung selbst beim besten Willen keine Informationen gewonnen werden können. Dies gilt zum Beispiel in den empirischen Naturwissenschaften, in der Verhaltensforschung, in der Experimentalphysik, aber auch - viel einfacher noch - bei Verkehrszählungen, bei der Feststellung, welche Wege Kunden in einem Kaufhaus oder Besucher in einem Museum einschlagen usw. Sicherlich fällt es dem Leser leicht, entsprechende weitere Beispiele zu formulieren.

In diesem Zusammenhang kann eine spezielle Gruppe von Beobachtungen gesondert benannt werden, nämlich solche, die untersuchen, welche Auswirkungen bestimmte Stimuli, also vom Forscher vorgegebene Reize, haben. Von der Beobachtungssituation im weitesten Wortsinn unterscheidet sich diese spezielle Art der Beobachtung dadurch, daß der untersuchende (und später beobachtende) Sozialforscher zunächst aktiv werden muß, indem er eine experimentelle Situation herstellt und das Verhalten von Versuchspersonen oder anderen Merkmalsträgern in Reaktion auf die jeweilige experimentelle Situation beobachtet. Man denke beispielsweise an die berühmten Experimente, die Konrad Lorenz mit seinen Graugänsen durchgeführt hat, oder einfach an Serien von physikalischen Versuchen, bei denen bestimmte Gesetzmäßigkeiten aufgedeckt werden sollen.

In der einführenden Methodenliteratur wird manchmal auch die Gruppe der experimentellen Datenerhebungsmethoden streng von den Beobachtungsmethoden, wegen des gerade skizzierten Unterschiedes in der Vorgehensweise, getrennt, was für unsere Zwecke aber nicht erforderlich ist. Wir beziehen also im folgenden Experimente in die Beobachtungsmethoden mit ein.

In den Sozialwissenschaften liegt das wesentliche Einsatzgebiet der Beobachtungen dort, wo Handlungsabläufe von Personen erfaßt werden sollen. Dabei muß prinzipiell unterschieden werden, "zwischen der subjektiven Bedeutung eines Tuns für den Handelnden und der Bedeutung, die der Beobachter dieser Handlung beimißt... bestimmte Handlungen, Gesten oder Verhaltenssequenzen (haben) eine "durchschnittliche", eine übliche Bedeutung, an der sich der Beobachter orientiert... (Dabei) kann es jedoch sein, daß die Bedeutungsinterpretationen nicht übereinstimmen, ... daß (also) der Handelnde mit bestimmten Gesten oder Aktivitäten etwas anderes bezweckt als ihm vom Analysierenden unterstellt wird... Als zusätzliche Schwierigkeit kommt bei der Beobachtung hinzu, daß sich ... die zu beobachtende Situation während des Beobachtungsprozesses ständig verändert, daß zudem gleichzeitig vielfältige Aktivitäten einer Vielzahl von Handelnden ablaufen. Einmal verpaßte Beobachtungen können nicht nachgeholt werden. Die Interpretation des beobachteten Handlungsablaufs muß vom Beobachter an Ort und Stelle und im gleichen Tempo vorgenommen werden, in dem die beobachteten Handlungen ablaufen." (KROMREY, Seite 186/187).

Diese Ausführungen verdeutlichen, worauf es im einzelnen bei einer Beobachtung ankommt. Dies soll ein einfaches Beispiel illustrieren:

Fünf Bewerber um eine gut dotierte Managerposition in der Großindustrie werden zu einem Round-Table-Gespräch zusammengeholt. Um ihre Qualitäten zu testen, wird ihnen eine betriebswirtschaftliche Aufgabe vorgelegt (zum Beispiel Entwicklung und Strukturierung einer Werbekampagne für ein Phantasie-Produkt), die sie gemeinsam, also im Team, lösen sollen. Ein versteckter Beobachter (siehe auch Abschnitt 8.2: Arten von Beobachtungen) versucht während des Prozesses der Problemlösung folgende Sachverhalte aufzudecken:

1. Wer arbeitet zielgerichtet an der Problemlösung?

2. Wer arbeitet konsequent an der Problemlösung?

3. Wer macht sich zum Wortführer und wer hält sich zurück?

4. Wer paßt sich gut in das Arbeitsteam ein und wer nicht?

usw.

Um die gewünschten Beobachtungsergebnisse zu erzielen, muß der Beobachter alle relevanten Aktionen, Aussagen, Gesten usw. zu erfassen versuchen, was mit wesentlichen Problemen verbunden ist. Die wichtigsten dieser Probleme sind die folgenden:

1. Der Beobachter muß immer in jedem Einzelfall entscheiden, was eine relevante Aktion, Aussage oder Geste ist und was nicht. Je länger die Beobachtung dauert, desto eher kann es passieren, daß bestimmte Aktivitäten einfach übersehen werden, daß Gewöhnungseffekte eintreten, und daß es in zunehmendem Maße schwieriger wird, zu entscheiden, was beobachtenswert ist und was nicht.

2. Der Beobachter muß die einzelnen Aktionen, Aussagen oder Gesten korrekt interpretieren. Wenn der Wortführer des Teams mit der Faust auf den Tisch schlägt, kann dies ein Zeichen für energischen Tatendrang oder aber auch für frustrierte Verärgerung sein. Wenn ein anderer lächelt, kann dies ein um Verzeihung bittendes, ein spöttisches, ein überlegenes Lächeln sein - oder einfach nur eine Verlegenheitsgeste.

3. Der Beobachter benötigt ein Kategorienschema, also gewissermaßen eine Schublade mit vielen Fächern, um die einzelnen Aktionen, Aussagen und Gesten einsortieren zu können. Die Entwicklung eines solchen Kategoriensystems ist eine der schwierigsten Aufgaben, die einer Beobachtung vorausgehen, weil ja zu diesem Zeitpunkt noch nicht vorhersehbar ist, was alles zum Einsortieren vorfallen kann. Das Kategoriensystem muß so umfassend sein, daß es alle Reaktionen verzeichnen kann; es muß so weit aufgegliedert sein, daß Reaktionsunterschiede auch als solche registriert werden können (die verschiedenen Arten des Lächelns beispielsweise); und es kommt hinzu, daß sich die Kategorien nicht gegenseitig überschneiden dürfen.

Aus diesen Ausführungen ergibt sich, daß Beobachtungen möglicherweise weniger objektiv sind als andere Methoden der primärstatistischen Datenerhebung. Da aber beispielsweise auch bei Befragungen, ob sie nun mündlich in Form von Interviews oder schriftlich mit versandten Fragebögen durchgeführt werden, Verzerrungen auftreten können (siehe dazu Kapitel 7), braucht uns dieser Einwand nicht zu verunsichern. Letztlich gilt für alle Datenerhebungsmethoden, daß sie Verzerrungen produzieren können, so daß wir nie sicher sein können, tatsächlich das erfaßt zu haben, wofür wir uns im Rahmen eines bestimmten empirischen Forschungsprojektes interessieren.

Damit sind eine Reihe von methodischen Problemen angesprochen, die bei Beobachtungen häufig großes Kopfzerbrechen bereiten. Mit diesen Problemen wollen uns hier aber nicht weiter befassen. Es sei in diesem Zusammenhang einmal mehr auf die entsprechende Methodenliteratur verwiesen (siehe zum Beispiel R. KÖNIG). Wichtig dabei ist jedoch die Anmerkung, daß diese Probleme sehr unterschiedliches Gewicht haben können, je nachdem, was der jeweilige Beobachtungsgegenstand ist: Es leuchtet sicherlich unmittelbar ein, daß die Beobachtung eines Arbeitsteams, dem obigen Beispiel entsprechend, gravierendere Probleme der geschilderten Art produzieren kann, als etwa die Beobachtung des Autoverkehrs auf einer bestimmten Straßenkreuzung.

8.2 ARTEN VON BEOBACHTUNGEN

Es gibt ein breites Spektrum unterschiedlicher Arten von Beobachtungen. Für eine Untergliederung, die nicht nur - wie oben - zwischen Experimenten und nichtexperimentellen Beobachtungen unterscheidet, können die folgenden Einteilungskriterien verwendet werden:

1. Verdeckte Beobachtung/offene Beobachtung

Im ersten Fall ist für die beobachteten Merkmalsträger (meist sind dies Personen, was aber, wie schon angemerkt wurde, nicht notwendigerweise immer der Fall sein muß) nicht zu erkennen, daß sie beobachtet werden, im zweiten Fall ist dies sehr wohl zu erkennen. Es leuchtet unmittelbar ein, daß in Abhängigkeit von dem jeweiligen Untersuchungsziel, sowohl die eine wie auch die andere Variante der Beobachtung spezifische Vorteile aber auch Nachteile aufweisen dürfte. Diese Anmerkung gilt selbstverständlich auch für die folgenden Begriffspaare.

2. Teilnehmende Beobachtung/nichtteilnehmende Beobachtung

Im ersten Fall wird der Beobachter in die Aktionsprozesse und in die Beziehungen zwischen den Merkmalsträgern mit einbezogen, im zweiten Fall bleibt er, gewissermaßen als neutraler Beobachter, "außen vor".

3. Systematische Beobachtung/nichtsystematische Beobachtung

Im ersten Fall werden die Beobachtungsergebnisse systematisch nach einem vorher festgelegten Beobachtungsschema (Klassifikationsschema) erfaßt, im zweiten Fall erfolgt die Erfassung unsystematisch und den spontanen Interessen des Beobachters folgend.

4. "Natürliche"/"künstliche" Beobachtungssituation

Von einer "natürlichen" Beobachtungssituation spricht man dann, wenn die Merkmalsträger in ihrer gewohnten Umgebung bzw. in einer ihnen alltäglichen Situation beobachtet werden; im zweiten Fall handelt es sich um Beobachtungen, die gewissermaßen unter "Laborbedingungen" gemacht werden.

5. Selbstbeobachtung/Fremdbeobachtung

Der Begriff der Beobachtung, so wie wir ihn bisher in diesem Kapitel verwendet haben, und wie er in der Praxis der empirischen Sozialforschung am häufigsten auftritt, ist präziser gesprochen als "Fremdbeobachtung" zu bezeichnen, weil Merkmalsträger und Beobachter nicht identisch sind. Im Falle einer solchen Identität, wie sie zum Beispiel in der Psychoanalyse und in der Psychiatrie auftritt, spricht man von Selbstbeobachtung.

Wir können im Rahmen dieses Buches darauf verzichten, diese verschiedenen Möglichkeiten von Beobachtungen im Detail zu diskutieren, weil wir - wieder mit Blick auf die Aufgaben computergestützter statistischer Auswertungen und Analysen - weniger an den methodischen Problemen als an der Weiterverarbeitung der durch diese Methoden bereitgestellten Ergebnisse interessiert sind. Selbstverständlich muß man sich dabei aber darüber im klaren sein, daß eine enge Verbindung zwischen methodischen Problemen, bzw. der Lösung derselben, auf der einen Seite und den Möglichkeiten der Verwendung der bereitgestellten Daten auf der anderen Seite besteht.

Mit Blick auf den Rechnereinsatz interessiert insbesondere die Frage, wie man nach einem Datenerhebungsprozeß durch Beobachtung zu einer Datenmatrix gelangen kann, die - wie schon in den Kapiteln zuvor, also bei den anderen besprochenen Datenerhebungsmethoden - dann die Basis für den Prozeß der Dateneingabe in einen Rechner darstellt.

Entscheidend für die Erstellung einer solchen Datenmatrix ist die Verwendung eines brauchbaren Kategorienschemas, über das weiter oben schon gesprochen wurde. Wie ein solches Kategorienschema aussehen kann, und wie davon ausgehend die Datenmatrix erzeugt werden kann, wird im folgenden Abschnitt anhand eines einfachen und überschaubaren Beispiels gezeigt.

8.3 KATEGORIENSCHEMA UND DATENMATRIX

Beobachtungen - so wurde weiter oben schon ausgeführt - spielen zum Beispiel dann eine große Rolle, wenn in soziologischen oder in sozialpsychologischen Untersuchungen das Verhalten und Agieren von Personen erfaßt werden soll, um aufgrund solcher Ergebnisse soziologische Hypothesen und Theorien überprüfen zu können. Ein Kategorienschema für derartige Aufgabenstellungen könnte so aussehen, wie es das berühmt gewordene Beispiel von BALES zeigt. Mit diesem Kategorienschema sollen die Interaktionen in problemlösenden Kleingruppen erfaßt werden (der Leser erinnere sich an das Beispiel der Bewerber um einen Managementposten, die vor eine zu lösende betriebswirtschaftliche Aufgabe gesetzt werden). Dieses Kategorienschema sieht so aus, wie es die folgende Skizze verdeutlicht (aus KROMREY, Seite 187):

A.1. Zeigt Solidarität, bestärkt den anderen, hilft, belohnt

2. Entspannte Atmosphäre, scherzt, lacht, zeigt Befriedigung

3. Stimmt zu, nimmt passiv hin, versteht, stimmt überein, gibt nach

B.4. Macht Vorschläge, gibt Anleitung, wobei Autonomie des anderen impliziert ist

5. Äußert Meinung, bewertet, analysiert, drückt Gefühle oder Wünsche aus

6. Orientiert, informiert, wiederholt, klärt, bestätigt

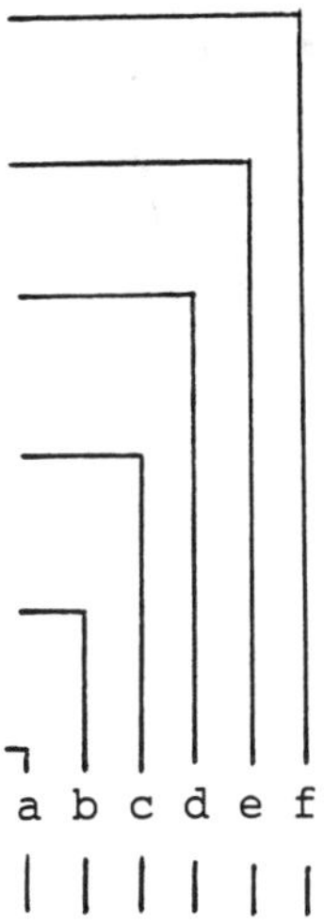

a b c d e f

C.7. Erfragt Orientierung, Information, Wiederholung, Bestätigung

8. Fragt nach Meinungen, Stellungnahmen, Bewertung, Analyse, Ausdruck von Gefühlen

9. Erbittet Vorschläge, Anleitung, mögliche Wege des Vorgehens

D.10. Stimmt nicht zu, zeigt passive Ablehnung, Förmlichkeit, gibt keine Hilfe

11. Zeigt Spannung, bittet um Hilfe, zieht sich zurück

12. Zeigt Antagonismus, setzt andere herab, verteidigt oder behauptet sich

In diesem vielfach überprüften und bewährten Kategorienschema bedeuten die einzelnen, mit Buchstaben bezeichneten Positionen folgendes:

A = Sozialemotionaler Bereich, positive Reaktionen

B = Aufgabenbereich: Versuche der Beantwortung

C = Aufgabenbereich: Fragen

D = Sozialemotionaler Bereich, negative Reaktionen

a = Probleme der Orientierung

b = Probleme der Bewertung

c = Probleme der Kontrolle

d = Probleme der Entscheidung

e = Probleme der Spannungsbewältigung

f = Probleme der Integration

Wir wollen zur weiteren Darstellung der hier interessierenden Zusammenhänge ein einfacheres Beispiel wählen, bei dem Beobachtungen und ihre Aufnahme durch ein geeignetes Kategorienschema keine besonderen Probleme verursachen:

Der Leser stelle sich vor, es sollte in einer belebten Durchgangsstraße einer westdeutschen Großstadt das Verkehrsaufkommen erfaßt werden, um eine Grundlage für verkehrspolitische Planungen zu schaffen. Die Planungsbehörde ist daran interessiert, zu erfahren, wieviele und welche Fahrzeuge zu den verschiedenen Stunden eines Tages und unter Beachtung der eventuellen Unterschiede zwischen verschiedenen Wochentagen über die betreffende Straße fahren.

Um diese Frage zu beantworten, werden Beobachtungen (Verkehrszählungen) durchgeführt, wobei die folgenden Beobachtungsdimensionen eine Rolle spielen:

1. Art des Fahrzeugs

2. Uhrzeit

3. Wochentag

Das zu entwickelnde Kategorienschema braucht nur auf die erste Untersuchungsdimension Rücksicht zu nehmen, weil der Einfachheit halber für die unterschiedlichen Stunden eines Tages und für die verschiedenen Wochentage unterschiedliche Erhebungsblätter nach dem folgenden Muster verwendet werden können:

```
Erhebungsblatt Nr. 123       Zähler : Müller
Datum   :  6.4.1989          Tag    : Donnerstag
Uhrzeit : 15.00 bis 16.00
------------------------------------------------
Fahrräder

Motorräder

PKW

LKW ohne Hänger

LKW mit Hänger

Sonstige
------------------------------------------------
```

Die Datenerhebung erfolgt mit einem solchen Erhebungsblatt einfach per Strichliste an einer vorher definierten Zählposition. Entscheidend ist dabei die Konsistenz des hier sehr einfachen Kategorienschemas, d.h. die Zähler müssen genau darüber instruiert werden, wie man (im Zweifelsfall) PKWs von LKWs unterscheidet, ob Mofas zu Fahrrädern oder zu Motorrädern gezählt werden sollen usw. Wenn diese und ähnliche Fragen zweifelsfrei geklärt sind, wird man bei der Datenerhebung selbst zu recht zuverlässigen Ergebnissen gelangen können.

Die Codierung dieser Ergebnisse, d.h. ihre Übertragung in die Form einer Datenmatrix erfordert dann die Entscheidung, wer oder was eigentlich in diesem Fall die Merkmalsträger sein sollen. Zumindest zwei Möglichkeiten bieten sich an: Merkmalsträger könnten entweder die erfaßten Fahrzeuge selbst sein oder aber - und dies würde wohl eher den Intentionen der Untersuchung entsprechen - Zeitintervalle, also zum Beispiel die einzelnen Stunden der Wochentage. In diesem zweiten Fall könnte man zu einem Datenübertragungsblatt kommen, das schematisch wie folgt aussieht:

Periode		Fahrräder	Motorräder	PKW	LKW ohne Anhänger	... usw.
Mo	0.00 - 1.00	2	4	15	8	
	1.00 - 2.00	0	1	11	12	
	2.00 - 3.00	0	0	3	14	
usw.						
	23.00 -24.00	4	13	24	14	
Di	0.00 - 1.00	0	1	12	4	
usw.						
usw.						

In diesem einfachen Beispiel liegen nur numerische Informationen vor (eine Codierung im eigentlichen Sinne ist bei der Erfassung und Übertragung von Zählergebnissen genau genommen überflüssig), die direkt einem Rechner zur weiteren Auswertung und Analyse übergeben werden können. Die Fragen, die dabei beantwortet werden können, beziehen sich beispielsweise auf die Feststellung

- der Anteile der verschiedenen Fahrzeugarten am Gesamtverkehrsaufkommen

- der Veränderungen des Aufkommens von Stunde zu Stunde (Ermittlung eines sogenannten Tagesprofils)

- der eventuellen Veränderungen von Wochentag zu Wochentag (Wochenprofil)

- der stundendurchschnittlichen Aufkommenszahlen

- der Streuung der Aufkommenszahlen über die Tagesstunden bzw. über die Wochentage

usw.

Im übrigen bietet es sich an, die relevanten Ergebnisse in geeigneter und zusammenfassender Form tabellarisch und insbesondere graphisch zu präsentieren, um ihren wesentlichen Informationsgehalt rasch zugänglich zu machen (Einzelheiten zu diesen Auswertungs- und Analysemethoden werden im folgenden Kapitel besprochen).

8.4 ERGÄNZUNGEN

An dieser Stelle soll noch einmal gesondert auf Experimente aufmerksam gemacht werden, die ja, wie weiter oben schon ausgeführt wurde, eine spezielle Art von Beobachtungen darstellen, nämlich Beobachtungen von Reaktionen bei vorgegebenen Stimuli. Anwendungsbereiche sind wiederum soziologischer oder sozialpsychologischer Art, aber auch insbesondere in naturwissenschaftlichen Bereichen kommt natürlich empirischen Experimenten sehr große Bedeutung zu.

Unter dem Blickwinkel der nachfolgenden computergestützten Auswertungen und Analysen ergeben sich in diesem Zusammenhang keine neuen Probleme. Auch hier muß ein brauchbares Kategorienschema entwickelt werden, damit die Informationsaufnahme organisiert werden kann. Danach sind - genauso wie in dem oben beschriebenen Beispiel - die Daten zu codieren, um sie dann einem Rechner eingeben zu können.

Ein weiterer ergänzender Blick gilt der Inhaltsanalyse. Diese Methode dient dazu, auf der Grundlage vorliegender Dokumente (Texte, Bilder, Zeitungsausschnitte, Filme, verbale Informationen usw.) zu empirischen Ergebnissen zu gelangen, indem diese Dokumente systematisch analysiert werden. Diese Analyse erfordert wieder die Zuordnung der erhobenen Befunde zu den einzelnen Kategorien eines vorher zu erstellenden Kategorienschemas, so daß sich hier deutliche Parallelen zu den oben besprochenen Methoden ergeben (siehe auch KROMREY, Seite 168 ff.).

Diese Ausführungen lassen erkennen, daß es sich bei der empirischen Inhaltsanalyse möglicherweise eher um eine sekundärstatistische Art der Datenbereitstellung handelt; insofern hätte dieses Instrument auch im Kapitel über die Sekundärstatistik besprochen werden können. Allein schon wegen seiner engen methodischen Verwandtschaft zur Beobachtung wird es aber üblicherweise in dem Zusammenhang betrachtet, der auch hier zugrundegelegt wurde.

LITERATURHINWEISE

BALES, R.F. : Die Interaktionsanalyse - ein Beobachtungsverfahren zur Untersuchung kleiner Gruppen, in : KÖNIG,R. (Hg.): Beobachtung und Experiment in der Sozialforschung, Köln-Berlin 1962, Seite 148-167

KÖNIG, R. : Die Beobachtung, in : König (Hg.) : Handbuch der empirischen Sozialforschung, Stuttgart 1973 ff., Band 2, Seite 1-65

KROMREY, H. : Empirische Sozialforschung, 3. Auflage, Opladen 1986, Kap. 7

KAPITEL 9 :
STATISTISCHE METHODEN

9.1 AUFGABEN DER STATISTIK

9.2 DIE PRÄSENTATION STATISTISCHER DATEN

9.3 UNIVARIATE MAßZAHLEN

9.4 BIVARIATE MAßZAHLEN

9.5 AUSBLICK

LITERATURHINWEISE

9.1 AUFGABEN DER STATISTIK

Die Erörterung der Grundlagen der Datenverarbeitung für Sozialwissenschaftler wäre unvollständig, wenn nicht auch darüber gesprochen würde, was denn nun eigentlich mit den Daten geschieht, die auf die ein oder andere Weise erhoben wurden und einer Rechenanlage in Form der Datenmatrix nun zur Verfügung gestellt werden.

Dies bedeutet, daß in diesem Kapitel über statistische Methoden gesprochen wird, denn "Datenverarbeitung" in einem etwas engeren Wortsinn bedeutet nichts anderes als "Einsatz statistischer Methoden". Dabei stellt sich als erstes die Frage, zu welchem Zweck statistische Methoden eingesetzt werden und was man überhaupt unter diesem Begriff versteht. Erst nach der Beantwortung dieser beiden vorgelagerten Fragen lohnt sich ein Blick auf die statistischen Methoden selbst, wobei wir uns hier auf eine sehr knappe Übersicht über die wichtigsten Verfahren beschränken.

Wenn man sich noch einmal daran erinnert, welches die Zielsetzungen empirischer sozialwissenschaftlicher Untersuchungen überhaupt sind - genau genommen gilt dies aber nicht nur für den sozialwissenschaftlichen Bereiche, sondern für viele andere Wissenschaftsfelder auch - dann stößt man immer wieder auf die Idee, daß mit Hilfe empirischer Befunde Entscheidungen über Untersuchungshypothesen herbeigeführt werden sollen. Diese Entscheidung, die also durch das erhobene Datenmaterial ermöglicht wird, kann dann als Erkenntnisfortschritt bezeichnet werden.

Die empirischen Befunde, die der Sozialforscher bereitstellt, sind aber in der Regel so umfangreich, d.h. die Datenmenge ist so groß, daß ein kurzer Blick auf diese Ergebnisse der Datenerhebungsprozesse nicht genügt, um die gewünschte Entscheidung über Verwerfung oder Beibehaltung einer Untersuchungshypothese herbeizuführen. Zwar beinhalten die bereitgestellten Daten alle Informationen, die in diesem Entscheidungsprozeß verwendet werden können - zumindest solange keine weiteren Daten erhoben werden - gleichwohl aber sind diese Informationen eben doch nicht "informativ", weil sich die eigentlichen Informationen gewissermaßen in einem "Zahlenfriedhof" verstecken.

Es ist deshalb erforderlich, mit geeigneten Methoden, den eigentlichen Informationsgehalt bereitgestellter Daten zu "enthüllen", was erfordert, daß man die Daten "komprimiert" (man spricht manchmal auch von der "Reduktion" von Daten), sie zusammenfaßt, sie in angemessener Weise, d.h. mit dem Ziel möglichst umfassender Informationsenthüllung, präsentiert, ihre wesentlichen Charakteristika herausarbeitet usw. Für alle diese und ähnliche Aufgaben benötigt man Methoden, die man "statistische Methoden" nennt. Manchmal wird das Wort "Statistik" sogar ausschließlich in diesem Sinne der "statistischen Methoden" verwendet.

Mit der folgenden Begriffsklärung wird deutlich, welche Ziele mit statistischen Methoden verfolgt werden und was man unter diesen Methoden verstehen kann:

"Statistische Methoden werden benötigt, um Massenerscheinungen zu quantifizieren, zu beschreiben, zu beurteilen, Schlüsse aus ihnen zu ziehen, und ihre Erklärung vorzubereiten." (VOSS, 1979, Seite 10).

Die Begriffe, die in dieser Erklärung auftauchen, sollen kurz erörtert werden:

"Massenerscheinungen" sind Sachverhalte, die man beobachten, erfragen oder auf andere Weise erfassen kann, und die in größerer Zahl auftreten. Der empirische Sozialforscher interessiert sich in diesem Sinne nicht für den Einzelfall, sondern immer für eine größere Zahl von Fällen, für eine "Masse", wobei dieser Begriff durchaus relativ zu verstehen ist (auch drei Elemente können im statistischen Sinne schon eine "Masse" sein).

"Quantifizierung von Massenerscheinungen" bedeutet, daß solche Sachverhalte, Tatbestände oder Entwicklungen, wie sie eben genannt wurden, mit Zahlen belegt, oder anders formuliert, "gemessen" werden.

"Beschreibung von Massenerscheinungen" bedeutet, daß es nach der Quantifizierung - oder parallel dazu - darum geht, das statistische Material, welches erhoben wurde, in seiner Gesamtheit zu diskutieren und seine wesentlichen Charakteristika herauszuarbeiten. Dies gelingt in der Regel nicht ohne Zusammenfassungen und Komprimierungen.

Mit dem Stichwort "Beurteilung von Massenerscheinungen" wird ein Arbeitsschritt angesprochen, der sich üblicherweise der beschreibenden Charakterisierung anschließt. Hier geht es um die oben angesprochene Entscheidung über vorher formulierte Untersuchungshypothesen, was man als das "Kernstück" empirischer Forschungen bezeichnen kann.

Weiterhin taucht in der obigen Definition das Stichwort "Schlußfolgerungen" auf, womit beispielsweise der Versuch gemeint ist, auf der Basis von Stichprobendaten zu empirisch abgesicherten Aussagen über die Gesamtheiten zu gelangen, denen diese Stichproben entnommen wurden

Schließlich war oben die Rede von der "Erklärung von Massenerscheinungen". Damit ist gemeint, daß beispielsweise auf der Grundlage festgestellter statistischer Zusammenhänge zwischen zwei oder mehreren statistischen Untersuchungsvariablen kausale Erklärungen vorbereitet werden können. Damit bietet die Statistik eine Handhabe, nicht nur die Frage zu beantworten, "wie" ein statistischer Befund aussieht (beschreibender Aspekt; sogenannte deskriptive Statistik), sondern auch die Frage, "warum" er so aussieht, wie er aussieht (beurteilender Aspekt; sogenannte induktive oder auch inferenzielle Statistik).

In den folgenden Abschnitten sollen nun kurz die wichtigsten dieser Methoden vorgestellt werden. Dabei kommt es nicht auf Vollständigkeit an und auch nicht darauf, die modernsten Verfahren zu präsentieren, sondern es soll ein erster Einblick geboten werden, wobei speziell wieder die Frage im Vordergrund steht, in welcher Weise auch hier die Computernutzung ins Spiel gebracht werden kann. Wir greifen dabei teilweise auf eine früher im gleichen Verlag erschienene Veröffentlichung zurück (VOSS, 1988, Seite 107 ff.), insbesondere was die Illustrationsbeispiele betrifft.

9.2 DIE PRÄSENTATION STATISTISCHER DATEN

Wenn statistische Informationen in Form einer Datenmatrix vorliegen, so verfügt der empirische Sozialforscher über die Gesamtheit der momentan vorhandenen, sein Untersuchungsprojekt betreffenden Informationen. Er hat, wie man sagt, die sogenannte Urliste in Händen. Um die Informationen dieser Urliste zu enthüllen, eignet sich in einem ersten Schritt die angemessene Präsentation der erhobenen Daten. Dieser Schritt wiederum kann in eine Folge von Teilschritten zerlegt werden, deren wichtigste kurz besprochen werden sollen.

Zunächst einmal ist festzuhalten, daß die Urliste selbst, also die dem Rechner einzugebende Datenmatrix, ihrerseits schon eine bestimmte Form der Datenpräsentation darstellt - für einen Rechner sogar die geeignetste Form, nicht aber für den "Endverbraucher" der Daten, für den eine Urliste in der Regel viel zu unübersichtlich und unsystematisch ist.

Um Übersichtlichkeit herzustellen, bietet es sich an, in einem ersten Teilschritt zunächst einmal die Datensätze zu zählen - es sei denn, ihre Anzahl wäre dem Benutzer der Daten schon bekannt. Schließlich ist es ja wichtig zu wissen, ob eine Fragebogenaktion 400 oder 4000 Einwohner der Bundesrepublik Deutschland betraf, weil höchstwahrscheinlich die Qualität schlußfolgender Aussagen, wie sicherlich leicht einsichtig ist, um so höher sein dürfte, je größer und umfangreicher der Informationshintergrund ist, von dem man ausgehen kann.

Einen sehr wesentlichen Informationsgewinn wird man dadurch erzielen können, daß man in einem zweiten Teilschritt den Datenbestand der Größe nach sortiert. Um solche Sortierprozesse durchführen zu können, muß zunächst entschieden werden, welches die Untersuchungsvariable ist, die als Sortierkriterium verwendet werden soll. Man wird zu unterschiedlichen Ergebnissen kommen, je nachdem, ob man nach dem Alter der befragten Personen, oder ob man nach dem ebenfalls erfragten monatlichen Nettoeinkommen sortiert.

Nach einem Sortierprozeß sind die Daten wesentlich übersichtlicher (und damit informativer) und zudem ist sofort zu erkennen, welches der kleinste und welches der größte auftretende Merkmalswert der Sortiervariablen ist; so hat man also beispielsweise sofort eine Information über die Spannweite der Einkommen bzw. der Altersangaben - je nachdem, welche Variable zum Sortieren verwendet wurde.

Die weiteren Schritte, die zur angemessenen Präsentation von Daten beitragen, bestehen insbesondere in Gruppierungsprozessen.

Der Leser stelle sich vor, es wäre in einer bundesweit angelegten Fragebogenaktion bei allen Haushalten unter anderem nach der Anzahl der Kinder in den Haushalten und nach dem monatlichen Nettoeinkommen der Haushalte gefragt worden. Bei einer derartigen Befragung würde man zu einer Urliste in Form einer Datenmatrix gelangen, die rund 24 Millionen Zeilen umfaßt - zwar hat man damit den gesamten interessierenden Informationsbestand in Händen, diese Informationen sind aber im Grunde doch nicht zugänglich, weil in der Datenflut die wesentlichen Charakteristika bezüglich Haushaltsgröße und Haushaltseinkommen nicht mehr zu erkennen sind. Das gilt selbst dann, wenn man keine Totalerhebung durchführt, sondern sich zum Beispiel auf eine Stichprobe vom Umfang 500 beschränkt.

Deshalb müssen solche Daten in einer Form präsentiert werden, die die wesentlichen Informationsgehalte zutage treten lassen. Handelt es sich dabei zunächst um den einfacheren Fall der univariaten statistischen Analyse (dabei wird nur jeweils eine einzige Untersuchungsvariable betrachtet), so wird man zu einem ersten brauchbaren Überblick über den Informationsgehalt der erhobenen Daten gelangen, indem man diese sortiert (darüber wurde schon gesprochen), gruppiert und gegebenenfalls klassifiziert.

Beim Beispiel der Variablen "Kinderzahl" sieht dies so aus, daß man eine Tabelle erzeugt, wo in der ersten Spalte die denkbaren Ausprägungen der Untersuchungsvariablen in sortierter Reihenfolge stehen, während in der zweiten Spalte festgehalten wird, wieviele der Merkmalsträger den jeweiligen Merkmalswert aufgewiesen haben. Diese Größen nennt man absolute Häufigkeiten. In entsprechender Weise kann bei jeder anderen diskreten Variablen der Datenmatrix vorgegangen werden. In diesem Beispiel könnte sich eine Tabelle ergeben, die schematisch so aussieht:

Kinderzahlverteilung

Kinderzahl	Häufigkeit
0	128
1	142
2	101
3	59
4	37
5	23
6	10
Summe	500

Ich habe in diesem fiktiven Beispiel der Einfachheit halber unterstellt, es hätte sich in der erhobenen Stichprobe keine Familie mit mehr als 6 Kindern gefunden und es hätte auch keine missing values (fehlende Werte) gegeben.

Eine derartige Darstellung nennt man (univariate) Häufigkeitsverteilung, weil hier die einzelnen Häufigkeiten auf die gegebenen Merkmalswerte "verteilt" wurden. Genau genommen geht es um eine univariate, diskrete Verteilung absoluter Häufigkeiten, die man manchmal auch kurz einfach nur "diskrete Verteilung" nennt. Es versteht sich, daß die Summe aller absoluten Häufigkeiten der Gesamtzahl der Merkmalsträger entsprechen muß.

Zu einem ähnlichen Bild gelangt man, wenn die Untersuchungsvariable zunächst klassifiziert werden muß, wie es bei der Variablen "monatliches Nettoeinkommen" der Fall ist, weil es sich hier um eine stetige Variable handelt. Dabei werden Klassen gebildet, in die die Merkmalsträger einsortiert werden, so daß sich die folgende Tabelle ergeben kann:

Einkommensverteilung

Einkommen (in DM)	Häufigkeit
unter 1000	64
1000 bis unter 1500	112
1500 bis unter 2000	148
2000 bis unter 3000	105
3000 bis unter 4000	45
4000 bis unter 5000	20
5000 bis unter 7500	6
Summe	500

Es wurde unterstellt, daß keine Familie mit mehr als 7499.99 (monatlich netto) im Datenbestand vorhanden war. Weiterhin ist zu erkennen, daß mit unterschiedlichen Klassenbreiten klassifiziert wurde, was insbesondere bei schiefen Verteilungen häufig sinnvoll ist.

Ausgehend von solchen Häufigkeitsverteilungen ist es oft nützlich - insbesondere dann, wenn man mehrere Verteilungen direkt miteinander vergleichen möchte - auch die Verteilungen der relativen Häufigkeiten zu bestimmen. Es geht dabei um die Berechnung der prozentualen Anteile der Merkmalsträger in den einzelnen Merkmalsgruppen oder -klassen. Man bedient sich dazu der Dreisatzrechnung.

9.3 UNIVARIATE MAßZAHLEN

Zentrale Zielsetzung der Darstellungen statistischer Daten ist, den Informationsgehalt in übersichtlicher Form durch "Konzentration auf das Wesentliche" dem Nutzer der empirischen Befunde zugänglich zu machen. Diese "Konzentration" oder Informationsreduktion kann auch auf rechnerische Weise geleistet werden, indem man besonders charakteristische Eigenschaften einer gegebenen Häufigkeitsverteilung durch geeignete Maßzahlen zum Ausdruck bringt.

Solche "charakteristischen Eigenschaften" einer univariaten Häufigkeitsverteilung sind zum Beispiel die Mitte einer Verteilung (die sog. "zentrale Tendenz"), die Streuung einer gegebenen Häufigkeitsverteilung, ihre Schiefe, ihre Wölbung u. ä.

Ich werde mich auf die ersten beiden und wichtigsten dieser Aspekte beschränken, und will deshalb kurz über "Maße der zentralen Tendenz" (Mittelwerte) und über Streuungsmaße sprechen.

Die wichtigsten Maße der zentralen Tendenz sind

- das arithmetische Mittel
- der Median (Zentralwert)
- der Modus (häufigster Wert)

Das arithmetische Mittel aus einer Reihe von Merkmalswerten ist definiert als die Summe dieser Werte, dividiert durch ihre Anzahl, was ja allgemein bekannt sein dürfte. Es wird also wie folgt berechnet:

$$m = \Sigma x_i / n$$

Hat man also die folgenden Angaben zur Kinderzahl zufällig ausgewählter Familien erhoben, so kann das arithmetische Mittel berechnet werden, wie es im Anschluß an die folgende Tabelle beschrieben wird:

Familie	Kinderzahl
1	2
2	0
3	0
4	1
5	4
6	1
7	0
8	2
9	1
10	1
Summe	12

Das arithmetische Mittel ergibt sich in dieser Statistik zu

12/10 = 1.2

Der Median ist definiert als derjenige Merkmalswert, der die der Größe der Merkmalswerte nach sortierte Reihe der Merkmalswerte genau halbiert (der Leser erkennt, warum es wichtig war, daß im vorangegangenen Abschnitt über Sortierprozesse gesprochen wurde). Bei einer ungeraden Anzahl von Werten (z.B. n = 11) ist dies der Wert an der Position n/2+0.5 (bei n=11 also der Wert an der 6. Position) der sortierten Reihe; bei einer geraden Anzahl von Merkmalswerten (wie in unserem Beispiel, wo n=10 ist), nimmt man den mittleren Wert zwischen Wert Nr. n/2 und Wert Nr. n/2+1 (hier also den mittleren Wert zwischen dem 5. und dem 6. Wert).

In unserem Beispiel ist der 5. Wert der sortierten Reihe die Kinderzahl 1, der 6. Wert ist ebenfalls 1, so daß sich als Median der Wert 1 ergibt.

Man sieht übrigens in diesem Zusammenhang, daß bei einer gegebenen Häufigkeitsverteilung die einzelnen Mittelwerte nicht identisch sein müssen: In unserem Beispiel ist der Median kleiner als das arithmetische Mittel (auch der Modus kann seinerseits von diesen Werten abweichen). Diese Abweichungen treten immer dann auf, wenn eine schiefe Häufigkeitsverteilung vorliegt. Bei symmetrischen Verteilungen fallen arithmetisches Mittel, Median und Modus in einem Zahlenwert zusammen.

Der Modus ist definiert als derjenige Wert, der in einer Häufigkeitsverteilung am häufigsten auftritt. In unserem einfachen Kinderzahl-Beispiel ist dies die Kinderzahl 1.

Die wichtigsten Streuungsmaße sind

- die Spannweite
- die Standardabweichung

Die Spannweite ist definiert als die Differenz zwischen dem größten und dem kleinsten beobachteten Merkmalswert. In unserem kleinen Beispiel ist dies:

Spannweite = 4 - 0 = 4

Die Standardabweichung ist dasjenige Streuungsmaß, das in der praktischen statistischen Arbeit am häufigsten verwendet wird. Sie ist definiert als die Quadratwurzel aus der durch n (Zahl der Werte) geteilten Summe aller quadrierten Abweichungen der einzelnen Merkmalswerte von ihrem arithmetischen Mittel.

Die Berechnungsformel sieht also so aus:

$$s = \sqrt{\Sigma(x_i - m)^2/n}$$

Zur Berechnung der Standardabweichung per Hand - ausgehend von dem obigen Datenbestand über Kinderzahlen, bei dem sich ja ein arithmetisches Mittel von 1.2 ergeben hatte - benötigt man die folgende Arbeitstabelle, der in anschaulicher Weise die "Entstehung" dieser Maßzahl und damit der erforderliche Berechnungsweg entnommen werden kann:

Arbeitstabelle zur Berechnung der Standardabweichung

Familie	x	(x-1.2)	(x-1.2)²
1	2	0.8	0.64
2	0	-1.2	1.44
3	0	-1.2	1.44
4	1	-0.2	0.04
5	4	2.8	7.84
6	1	-0.2	0.04
7	0	-1.2	1.44
8	2	0.8	0.64
9	1	-0.2	0.04
10	1	-0.2	0.04
Summe	12	0	13.60

Damit ergibt sich die Standardabweichung s zu (SQR steht als Abkürzung für squareroot = Quadratwurzel):

s = SQR(13.6/10) = SQR(1.36) = 1.16619

Damit sind die wichtigsten univariaten Maßzahlen vorgestellt. Der Vollständigkeit halber sei erwähnt, daß es eine große Zahl weiterer solcher Maßzahlen gibt. Es würde aber zu weit führen, diese alle hier zum Gegenstand der Betrachtung machen zu wollen.

9.4 BIVARIATE MAßZAHLEN

Der interessantere Teil der rechnergestützten Analysen beginnt dort, wo man sich mit den Zusammenhängen zwischen statistischen Untersuchungsvariablen befaßt. Im einfachsten Fall handelt es sich um bivariate Analysen, bei denen zwei Variablen gemeinsam betrachtet werden, weil man über den eventuellen Zusammenhang zwischen ihnen eine empirisch abgesicherte Aussage machen möchte. Dabei ist zu berücksichtigen, daß die bivariaten Methoden auch Grundbausteine der multivariaten Verfahren und Modelle darstellen.

Es geht hier also um die unter inhaltlichen Gesichtspunkten wichtige Frage, ob es Zusammenhänge zwischen zwei Variablen gibt, von welcher Art sie sind, und wie die Stärke dieser eventuellen Zusammenhänge bemessen werden kann. Mit der ersten Frage (Art des statistischen Zusammenhangs) befaßt sich die Regressionsrechnung, mit der zweiten Frage (Stärke des Zusammenhangs) die Zusammenhangs- oder Korrelationsrechnung. Ausgangspunkt ist dabei häufig die graphische Darstellung einer bivariaten Häufigkeitsverteilung.

a) Graphische Darstellung

Eine bivariate Häufigkeitsverteilung entsteht aus einer bivariaten Urliste des Datenbestandes, die sich in Form von Wertepaaren für die einzelnen Merkmalsträger darstellt. Die einzelnen Wertepaare der Variablen X und Y werden in einem Achsenkreuz als Punkte repräsentiert, wobei die jeweiligen Merkmalswerte der Variablen X bzw. der Variablen Y als Koordinaten benutzt werden. Üblicherweise trägt man diejenige der beiden Untersuchungsvariablen auf der Abszisse (X-Achse) ab, von der man, von inhaltlich-theoretischen Überlegungen ausgehend, annimmt, daß sie die andere (Y) beeinflußt. Auf der senkrechten Achse steht also die Abhängige, auf der waagrechten die Unabhängige.

Trägt man die einzelnen Wertepaare als Punkte in dieses Achsenkreuz ein erhält man eine "Punktwolke". Bei einer großen Zahl von Wertepaaren zeigt sich dabei der Nutzen des Rechners, der uns von der mühsamen Zeichenarbeit entlastet und in Sekundenschnelle das gewünschte Bild produzieren kann. Aus der Lage und Struktur der Punktwolke kann man erste Hinweise über Art und Stärke des Zusammenhangs zwischen den beiden interessierenden Untersuchungsvariablen entnehmen.

b) Regressionsrechnung

Die Regressionsrechnung hat die Aufgabe, die Art des statistischen Zusammenhangs zwischen zwei Untersuchungsvariablen zu beschreiben. Zu diesem Zweck wird in die Punktwolke eine lineare oder nichtlineare Funktion gelegt, die diese Punktwolke möglichst gut repräsentieren soll. Die Entscheidung darüber, welcher Funktionstyp verwendet werden soll, wird auf der Grundlage inhaltlicher Überlegungen getroffen. Dabei werden lineare Funktionen in der Regel bevorzugt und zwar zum einen, weil sie leichter zu berechnen und zu interpretieren sind, und zum anderen, weil auch nichtlineare Verläufe, in Abschnitte zerlegt, durch lineare Teilfunktionen mit hinreichender Güte approximiert werden können.

Eine lineare Regressionsfunktion hat in allgemeiner Schreibweise das folgende Aussehen:

$$yt = a + b*x$$

Dabei sind

yt = theoretische y-Werte

x = beobachtete x-Werte

a = Ordinatenabschnitt der linearen Funktion

b = Steigung der linearen Funktion

Mit dem Begriff "theoretische y-Werte" sind diejenigen Werte gemeint, die auf der linearen Funktion bei gegebenen x-Werten zu erwarten sind, oder anders ausgedrückt: Wenn die Hypothese des linearen Zusammenhanges zwischen den Variablen X und Y (Variablen werden üblicherweise mit Großbuchstaben, ihre Ausprägungen mit Kleinbuchstaben bezeichnet) zutreffen sollte, so sind bei beobachteten x-Werten die zugehörigen yt-Werte zu erwarten. Weichen die beobachteten y-Werte von den yt-Werten ab, so kann dies auf Zufallseinflüsse zurückzuführen sein, oder auch darauf, daß die unterstellte Linearitätshypothese nicht zutrifft.

Im linearen Fall geht es darum, die Parameter einer Geraden (dies sind der Ordinatenabschnitt a und der Tangens des Steigungswinkels b) so zu bestimmen, daß die dadurch charakterisierte Funktion "optimal" in der Punktwolke liegt. Das Optimalitätskriterium ergibt sich dabei durch die Verwendung der "Methode der kleinsten Quadrate". Diese Methode bestimmt die Parameter der Regressionsgeraden so, daß die Summe der quadrierten Abstände zwischen den beobachteten Werten der Variablen Y und den dazugehörigen (vertikal darunter oder darüber) liegenden yt-Werten auf der Geraden minimiert wird.

Aus dieser Minimierungsvorschrift ergeben sich zwei Bestimmungsgleichungen für b und a, die folgendermaßen aussehen:

$$b = (n*\Sigma x_i y_i - \Sigma x_i \Sigma y_i)/(n*\Sigma x_i^2-(\Sigma x_i)^2)$$

$$a = \Sigma y_i/n - b * \Sigma x_i/n$$

In einer vereinfachten Schreibweise können diese beiden Formeln auch wie folgt geschrieben werden:

$$b = \Sigma(x_i - mx)*(y_i - my)/\Sigma(x_i - mx)^2$$

$$a = my - b*mx$$

Dabei sind mx und my die arithmetischen Mittel der x- und der y-Werte. Wenn man den Zähler und den Nenner des Quotienten, aus dem die Steigung b berechnet wird, mit 1/n erweitert, dann steht im Nenner die Varianz der x-Werte (sie ist definiert als das Quadrat der Standardabweichung) und im Zähler die sog. Kovarianz zwischen x- und y-Werten.

Ein einfaches Zahlenbeispiel erläutert den Rechenvorgang auf der Grundlage dieser beiden zuletzt genannten Formeln:

Es sei angenommen, fünf Haushalte werden nach der Zahl der Familienmitglieder (X) und der Anzahl der Zimmer in ihrer

Wohnung (Y) befragt - von der nicht unplausiblen Hypothese ausgehend, daß tendenziell mehr Zimmer bei höherer Personenzahl zu erwarten sind. Natürlich sind fünf Haushalte für eine sozialwissenschaftliche Untersuchung zu wenig; sie reichen aber, um den hier interessierenden Rechengang und damit den problemanalytischen Weg der Problemlösung zu skizzieren, denn was rechnerisch für fünf Haushalte gilt, das gilt auch für 500 oder für 10000 Haushalte.

Es ergeben sich die Werte der Spalten (2) und (3) der folgenden Arbeitstabelle. In den folgenden Tabellenspalten erfolgen dann schon die für die Berechnung von a und b erforderlichen Datenverarbeitungsschritte:

Personenzahl X und Zimmerzahl Y in befragten Haushalten

Nr.	x	y	x-mx	y-my	(4)*(5)	(4)*(4)	(5)*(5)
(1)	(2)	(3)	(4)	(5)	(6)	(7)	(8)
1	3	4	-0.6	0	0	0.36	0
2	5	4	1.4	0	0	1.96	0
3	2	3	-1.6	-1	1.6	2.56	1
4	5	6	1.4	2	2.8	1.96	4
5	3	3	-0.6	-1	0.6	0.36	1
Summe	18	20	0	0	5.0	7.20	6

Man erkennt aus Spalte (2), daß das arithmetische Mittel der x-Werte sich zu 3.6 ergibt und aus Spalte (3) das der y-Werte zu 4. Damit ist es möglich, in den Spalten (4) und (5) die jeweiligen Abweichungen der Merkmalswerte von ihrem arithmetischen Mittel zu bestimmen, in Spalte (6) die Summe, die für die Kovarianz benötigt wird, in Spalte (7) die Summe für die Varianz der x-Werte und in Spalte (8) die Summe für die Varianz der y-Werte. Letztere wird bei der Regressionsrechnung noch nicht benötigt, aber ein bißchen weiter unten wird auch auf diese Größe noch zugegriffen.

Mit diesen Summenangaben können nun mit den obigen Formeln a und b ausgerechnet werden:

$b = 5/7.2 = 0.694$ $\qquad a = 4 - 0.694*3.6 = 1.5o16$

Die mit der Methode der kleinsten Quadrate bestimmte Regressionsgerade lautet also:

yt = 1.5016 + 0.694 * x

Was sagt uns diese Funktion ?

Wenn die Hypothese des linearen Zusammenhangs zwischen X (Personenzahl) und Y (Zimmerzahl) zutrifft, dann kann dieser Zusammenhang durch die obige Funktion angemessen beschrieben werden. Wie schon die Maßzahlen der univariaten Statistik, hat die Regressionsfunktion also eine beschreibende Aufgabe.

Darüber hinaus kann sie aber auch für prognostische Aufgaben verwendet werden - und hier werden nun die empirische Sozialwissenschaft und ihre Methoden viel interessanter, weil nun der Rahmen reiner Deskription überschritten werden kann: Es ist jetzt möglich, Aussagen über y-Werte zu machen für x-Werte, die im empirischen Datenbestand nicht aufgetaucht sind. Beispielsweise kann jetzt die folgende Frage beantwortet werden:

Welche Zimmerzahl ist in einem Haushalt zu erwarten (yt), wenn in diesem Haushalt x=7 Personen leben? Die Antwort gibt die Regressionsfunktion, wenn an der Stelle x der Wert 7 eingesetzt wird:

yt = 1.5016 + 0.694 * 7 = 6.36

Man sieht, daß trotz des sehr kleinen Datenbestandes der Rechenaufwand schon beträchtlich ist. Natürlich steigt dieser an, wenn der Datenbestand größer ist, oder wenn mit einer nichtlinearen Regressionsfunktion gearbeitet werden soll, oder wenn die Zusammenhänge zwischen mehr als zwei Variablen gleichzeitig in einer realistischeren Betrachtungsweise untersucht werden. Ganz ohne Zweifel lohnt sich spätestens dann das rechnergestützte Arbeiten.

c) Zusammenhangsrechnung

Prognostische Aussagen von der Art, wie sie gerade erwähnt wurden, sind im Prinzip unsicher. Dies hat mehrere Gründe: Zum einen kann die unterstellte Hypothese unzutreffend sein (ein anderer Funktionstyp wäre angemessen gewesen); zum anderen kann der Informationshintergrund zu dürftig sein (Aussagen auf der Grundlage von fünf Beobachtungen müssen notwendigerweise unsicherer sein, als solche auf der Grundlage von 1000 Beobachtungen) und schließlich werden derartige Aussagen um so unsicherer sein, je schwächer der Zusammenhang zwischen den beiden Untersuchungsvariablen ist.

Deshalb ist es eine wesentliche Aufgabe der statistischen Methoden, über die Regressionsrechnung hinaus die Stärke des Zusammenhangs zwischen zwei Variablen zu quantifizieren. Kann ein linearer Zusammenhang unterstellt werden, dann läßt sich die Stärke des Zusammenhangs - wenn bei beiden Variablen mindestens Intervallskalenqualität vorausgesetzt werden kann - mit dem Korrelationskoeffizienten von Bravais/Pearson auf folgende Weise berechnen:

$$r = (n*\Sigma x_i y_i - \Sigma x_i \Sigma y_i)/\sqrt{((n*\Sigma x_i^2-(\Sigma x_i)^2)*(n*\Sigma y_i^2-(\Sigma y_i)^2)}$$

In vereinfachter Schreibweise sieht diese Berechnungsformel so aus:

$$r = \Sigma(x_i-mx)*(y_i-my)/\sqrt{(\Sigma(x_i-mx)^2*\Sigma(y_i-my)^2)}$$

Diese Maßzahl ist, wie andere Zusammenhangsmaße auch, auf den Wertebereich zwischen -1 und +1 beschränkt und kennzeichnet einen maximalen reziproken Zusammenhang bei r= -1, einen maximalen gleichgerichteten Zusammenhang bei r= +1 und keinen Zusammenhang bei r = 0. Entsprechend können alle Zwischenwerte dieser Maßzahl r interpretiert werden.

In dem obigen Zahlenbeispiel ergibt sich:

$$r = 5 / \sqrt{(7.2*6)} = 5 / \sqrt{(43.2)} = 0.76$$

Es ergibt sich also ein starker gleichgerichteter Zusammenhang.

Wenn Zusammenhänge untersucht werden, wie zum Beispiel der zwischen den Variablen "Geschlecht" und "bevorzugter politischer Partei", müssen andere Zusammenhangsmaße benutzt werden, die der geringeren Skalenqualität dieser Variablen Rechnung tragen. Beispielsweise kann in diesem Fall der Kontingenzkoeffizient C benutzt werden, der sich aus der Gegenüberstellung von beobachteten Häufigkeiten und den bei Unabhängigkeit zwischen beiden Variablen zu erwartenden theoretischen Häufigkeiten ergibt:

Bildet man nämlich die quadrierten Differenzen zwischen beobachteten und theoretischen Häufigkeiten, relativiert diese quadrierten Differenzen durch Division durch die theoretischen Häufigkeiten und bildet die Summe all dieser Größen, so erhält man die Größe Chi², die wie folgt in die Berechnung des Kontingenzkoeffizienten eingeht:

$$C = \sqrt{Chi^2/(Chi^2+n)}$$

Auch die bivariate Statistik bietet noch eine große Zahl weiterer statistischer Methoden, die aber hier nicht behandelt werden, weil ja ein kompletter Überblick über zur Verfügung stehende Methoden nicht das Ziel dieses Buches ist.

9.5 AUSBLICK

Wir wollen noch einen Blick auf diejenigen Methoden werfen, die für anspruchsvollere statistische Auswertungen zur Verfügung stehen, ohne allerdings auf Details einzugehen. Dabei interessieren insbesondere die sogenannten multivariaten Methoden und die inferenziellen Methoden.

a) Multivariate Methoden

In der Praxis sozialwissenschaftlicher empirischer Untersuchungen ist es in der Regel erforderlich, den Bereich der einfachen bivariaten Betrachtungen spätestens dann zu verlassen, wenn man unterstellen muß, daß der Zusammenhang zwischen zwei interessierenden Untersuchungsvariablen X und Y durch eine dritte Variable Z (oder durch weitere Variablen) beeinflußt oder gestört wird. Man versucht auf diese Weise, sich in hypothetischer Betrachtungsweise der interessierenden Realität besser anzunähern, von der man weiß, daß in ihr in aller Regel mehr als zwei Variablen zusammenwirken.

Man gelangt dann zu den multivariaten Verfahren. Wir beschränken uns auf eine kurze verbale Skizzierung ihrer wichtigsten Aufgaben:

Die multiple Regressionsrechnung hat die Aufgabe, den Zusammenhang zwischen mehr als zwei Variablen zu beschreiben und damit zu prognostischen Aussagen für eine als abhängig angesehene Variable Y zu gelangen, von der unterstellt wird, daß sie nicht nur von X, sondern auch von Z (und eventuell von weiteren Variablen) abhängt.

Die multiple Korrelationsrechnung hat die Aufgabe, die Stärke des gemeinsamen Zusammenhangs zwischen mehr als zwei Variablen zu bestimmen.

Die partielle Regressionsrechnung hat die Aufgabe, den Zusammenhang zwischen zwei interessierenden Variablen X und Y um den eventuellen Einfluß einer dritten Variablen Z (oder weiterer Variablen) zu "bereinigen". Wenn beispielsweise X hoch mit Y korreliert, aber sowohl X als auch Y ihrerseits mit Z korrelieren, dann braucht die hohe Korrelation zwischen X und Y nicht zu verwundern - sie ist gewissermaßen eine mathematisch notwendige Folge des gemeinsamen Einflusses von Z. Das "Heraus-Partialisieren" von Z zeigt dann den Zusammenhang zwischen X und Y, der übrig bleibt, wenn der gemeinsame Einfluß von Z eliminiert wird.

Wenn es Zusammenhänge zwischen mehreren, unter Umständen sehr vielen Untersuchungsvariablen gibt (in einer realen sozialwissenschaftlichen Fragebogenaktion werden ja nicht nur zwei oder drei Variablen erhoben, sondern vielleicht 20 oder 85, die möglicherweise alle irgendwie miteinander zusammenhängen), versucht die Faktorenanalyse, die hohe Dimensionalität des Untersuchungsraumes zu reduzieren. Was soll man mit einem 20- oder 85-dimensionalen Achsenkreuz anfangen? Jeder Merkmalsträger kann ja als ein Punkt in einem hochdimensionalen Achsenkreuz präsentiert werden, dessen Dimensionalität von der Anzahl der Untersuchungsvariablen bestimmt wird. Sie beantwortet damit die Frage, ob es eine deutlich geringere Anzahl von Faktoren gibt (vielleicht 4 oder 5), die die Zusammenhänge zwischen allen Untersuchungsvariablen weitgehend zu erklären in der Lage sind. Das "Isolieren" derartiger Faktoren macht Rechenprozeduren erforderlich, die per Hand nicht mehr sinnvoll durchführbar sind.

Wenn es Zusammenhänge zwischen einer größeren Zahl von Untersuchungsvariablen gibt, werden sich die Merkmalsträger in einem hochdimensionalen Achsenkreuz in bestimmter Weise "klumpen". Diese "Klumpen" (engl. Cluster) zu isolieren und auf der Grundlage der eventuellen Isolationserfolge dann zu inhaltlichen Interpretationen der beobachteten Zusammenhänge zu gelangen, ist Aufgabe der Cluster-Analyse. Auch hier sind die Rechenzeiten so hoch, daß per Hand nicht mehr sinnvoll gearbeitet werden kann.

b) Inferenzielle Methoden

Empirische Methoden in den Sozialwissenschaften sind nicht nur darauf beschränkt, erhobene Phänomene zu beschreiben oder prognostische Aussagen zu wagen, sondern es geht um mehr: Wenn ein Modell, also zum Beispiel eine lineare Regressionsfunktion, zur Abbildung realer Zusammenhänge entwickelt wird, dann muß es sich in der Realität bewähren - d.h. es wird überprüft, ob es sich mit hinreichender Güte realen Daten anpaßt.

Im Grunde geht es dabei immer um die Frage, inwieweit ein empirischer Befund in der Lage ist, eine vorher formulierte Hypothese zu bestätigen oder sie zu verwerfen. Um diese Grundfrage zu verdeutlichen, soll die folgende einfache sozialwissenschaftliche Untersuchungshypothese formuliert werden:

"Der Anteil von Arbeiterkindern an den Universitäten der Bundesrepublik Deutschland beträgt derzeit 25 %."

Wie kann eine derartige Hypothese überprüft werden ?

Es kann so vorgegangen werden, daß in einer Zufallsstichprobe (vielleicht vom Umfang n = 400) der entsprechende Anteilswert untersucht wird, wobei sich - so sei angenommen - der Wert p = 23 % ergibt. Widerspricht dieser Wert der obigen Hypothese (man spricht von der sog. Nullhypothese) oder kann der beobachtete Unterschied zwischen hypothetischer Aussage einerseits und empirischem Befund andererseits als noch zufällig angesehen werden, so daß die Nullhypothese damit nicht widerlegt ist?

Grundsätzlich steht man vor der folgenden Situation:

Ist die Hypothese in Wirklichkeit zutreffend, also die entsprechende Aussage wahr - was niemand weiß, bevor nicht die Ergebnisse einer fehlerfreien Totalerhebung vorliegen - und wird aufgrund der Stichprobenbefunde die Hypothese als bestätigt angesehen, so ist eine korrekte Entscheidung getroffen worden. Ist die Aussage falsch, und wird die Hypothese aufgrund der empirischen Befunde auch verworfen, so ist ebenfalls korrekt entschieden worden.

Ist die Aussage wahr, wird sie aber verworfen, was bei entsprechenden empirischen Befunden tatsächlich passieren kann, so begeht man einen Entscheidungsfehler (Fehler vom Typ I). Ist die Aussage falsch, wird aber die Hypothese gleichwohl als bestätigt angesehen, liegt ebenfalls ein Entscheidungsfehler vor (Fehler vom Typ II).

Die entsprechende Entscheidung kommt mit Hilfe der Inferenzstatistik zustande. Sie geht von wahrscheinlichkeitsstatistischen Überlegungen aus:

Wenn - Gültigkeit der Nullhypothese vorausgesetzt - die Wahrscheinlichkeit für einen vom Nullhypothesenwert abweichenden Stichprobenbefund sehr gering ist, dieser Befund dann aber tatsächlich realisiert wird, dann nimmt man dieses "unwahrscheinliche" Ereignis zum Anlaß, die Nullhypothese zu verwerfen.

Tritt hingegen ein Befund in einer Zufallsstichprobe auf, der bei Gültigkeit der Nullhypothese eine hohe Realisationswahrscheinlichkeit hat, wird dies zum Anlaß genommen, die Nullhypothese als bestätigt anzusehen.

Wohlgemerkt: Diese Entscheidung gibt keinen Aufschluß darüber, ob die Aussage einer Nullhypothese wahr ist oder falsch, sondern ob sie als bestätigt angesehen werden kann, oder ob sie zu verwerfen ist. Die Leistung der Wahrscheinlichkeitsstatistik besteht dabei darin, daß die Fehlerrisiken bei diesen Entscheidungen quantifiziert werden können - nicht mehr, aber auch nicht weniger.

Im Fall des obigen Beispiels muß also die Frage beantwortet werden: Wie groß ist die Wahrscheinlichkeit, daß in einer Zufallsstichprobe vom Umfang n = 400 ein Anteilswert von 23 % (oder kleiner) realisiert wird, wenn der Nullhypothesenwert (25 %) tatsächlich zutreffen sollte ?

Um diese Wahrscheinlichkeit berechnen zu können, benötigt man die zuständige Wahrscheinlichkeitsverteilung. Es handelt sich in diesem Fall um die Gauß`sche Normalverteilung, die bei diesem Beispiel zu folgendem Ergebnis führt (zu Details siehe TIEDE/VOSS im Literaturanhang zu diesem Kapitel):

Die Wahrscheinlichkeit dafür, in einer 400er Stichprobe einen Anteilswert von 23% oder einen noch kleineren Anteilswert zu finden, beträgt 17.75 %. Dies ist ein noch relativ hoher Wert, der zu der Testentscheidung führt, die Nullhypothese ist beizubehalten.

Unter dem Gesichtspunkt der Themenstellung dieses Buches bietet es sich an, die Wahrscheinlichkeitsberechnungen, die vor den Entscheidungen über Untersuchungshypothesen erforderlich sind, rechnergestützt vorzunehmen - entsprechende Programme liegen vor und können ohne Schwierigkeiten genutzt werden.

Abschließend sei angemerkt, daß zu den inferenzstatistischen Methoden auch die Schätzverfahren zählen. Dabei geht es - unter Nutzung des gleichen Instrumentariums, wie es bei Testentscheidungen verwendet wird - darum, ausgehend von einem vorliegenden Befund aus einer Zufallsstichprobe auf die entsprechenden Werte in der unbekannten Grundgesamtheit zu schließen, der die Stichprobe entnommen wurde. Wenn sich also beispielsweise in einer Zufallsstichprobe vom Umfang 1600 ergeben hat, daß 35 % der befragten Personen die CDU wählen würden, wenn am kommenden Sonntag Bundestagswahlen wären, dann kann berechnet werden, daß mit einem Vertrauen von 90 % der entsprechende Anteil in der Grundgesamtheit zwischen 33 % und 37 % liegen wird.

LITERATURHINWEISE

BORTZ, J. : Lehrbuch der Statistik für Sozialwissenschaftler, Berlin u.a. 1985

CLAUSS, G./EBNER, H. : Grundlagen der Statistik, Zürich und Frankfurt, 1975

OPP, K.-D./SCHMIDT, P. : Einführung in die Mehrvariablenanalyse, Reinbek 1976

SCHLOSSER, O. : Einführung in die sozialwissenschaftliche Zusammenhangsanalyse, Reinbek 1976

TIEDE, M./VOSS, W. : Induktive Statistik, 2 Bände, 2. Auflage, Bochum 1982

URBAN, D. : Regressionstheorie und Regressionstechnik, Stuttgart 1982

VOSS, W. : Bausteine der Statistik, Köln 1979

VOSS, W. : Rechnergestützte Methoden in den Sozialwissenschaften, München-Wien 1988

KAPITEL 10 :
RECHNEREINSATZ

10.1 ZIELSETZUNG

In diesem Kapitel wenden wir uns der Frage zu, welche Schritte nach der Datenerhebung, der Erstellung der Datenmatrix und der Auswahl der anzuwendenden statistischen Methoden im Rahmen der Auswertung der Daten eines empirischen Forschungsprojektes nun erforderlich werden, um die rechnergestützte Datenverarbeitung weiter fortzuführen und zu einem ersten Abschluß zu bringen. Wir fragen jetzt also danach, was denn nun noch geschehen muß, bevor aus einem empirisch erhobenen Datenbestand die Ergebnisse - unter Nutzung eines Rechners - bereitgestellt werden können, die uns eigentlich interessieren.

Die Antwort auf diese Frage ist sehr einfach, wenn wir uns daran erinnern, daß der Rechner, wenn er sozialwissenschaftlich-statistische Auswertungen vornehmen soll, zwei Gruppen von Informationen von uns benötigt, nämlich

1. die auszuwertenden Daten
2. Anweisungen, die mitteilen, was mit den Daten geschehen soll.

Wie man Daten bereitstellt und so aufbereitet, daß sie einer Rechenanlage zugänglich gemacht werden können, wurde ja ausführlich in den vorangegangenen Kapiteln besprochen - genau genommen, war dies sogar das zentrale Anliegen dieses Buches. In welcher Weise nun die Auswertungsanweisungen bereitgestelllt werden können, welche Überlegungen in diesem Zusammenhang erforderlich sind, und welche Arbeitsschritte im einzelnen zu durchlaufen sind, bis ein derartiges Programm fertig ist, soll in diesem Kapitel besprochen werden.

Dabei muß zunächst eine zentrale Frage geklärt werden: Will der Benutzer das Programm, das für bestimmte Auswertungsprozeduren erforderlich ist, selbst erstellen, oder greift er auf schon vorhandene Programme, auf die sogenannte <u>Software</u> zurück?

10.2 PROGRAMMIERUNG UND SOFTWARE-NUTZUNG

Wenn der empirische Sozialforscher die Auswertungsprozeduren, die verwendet werden sollen, selbst programmieren möchte, muß er eine <u>Programmiersprache</u> beherrschen. Für die

Selbstprogrammierung sprechen einige gewichtige Gründe, nämlich:

- Wer selbst programmiert, überblickt vergleichsweise genau, ob das Programm, das er entwickelt und einsetzt wirklich das tut, was gewünscht wird;

- wer selbst programmiert, kann seine Programme ganz exakt auf die Fragestellungen zuschneiden, die er im Rahmen seines empirischen Forschungsprojektes verfolgt;

- wer selbst programmiert, spart die Ausgaben für die häufig relativ teure Software, müßte allerdings dafür sinnvollerweise die eigenen Zeitaufwendungen ökonomisch kalkulieren;

- wer selbst programmiert, kann auch für solche Fragestellungen Problemlösungen vorlegen, die mit der zur Verfügung stehenden Software nicht behandelt werden können.

- wer selbst programmiert, muß den Problemlösungsweg "vor denken", d.h. es muß eine Problemanalyse angestellt werden, was mit dem Vorteil verbunden ist, daß sich der programmierende empirische Sozialforscher über einen infrage kommenden Problemlösungsweg genau Rechenschaft ablegen muß, weil er ihn genau durchdenken muß, bevor er ihn programmieren kann.

Hingegen sprechen auch einige Nachteile gegen die Selbstprogrammierung und deshalb für den Zugriff auf vorhandene Software, nämlich:

- Kompliziertere Auswertungsverfahren sind aufwendig zu programmieren, so daß die Verwendung fertiger Software häufig die billigere und effizientere Lösung ist;

- wer Software verwendet, ist der Mühe problemanalytischer Überlegungen enthoben, d.h. er braucht sich nicht erst lange zu überlegen - was manchmal gar nicht so einfach ist - wie ein bestimmter Problemlösungsweg aussieht, sondern er kann sich darauf verlassen, daß andere diese Überlegungen längst schon erfolgreich durchgeführt haben; sicherlich ist es aber auch in diesem Fall nicht falsch, anhand eigener problemanalytischer Überlegungen zu überprüfen, ob die eingesetzte Software geeignet ist.

- die Nutzung von Software schafft die zeitlichen Freiräume, die erforderlich sind, um sich verstärkt den inhaltlichen und interpretatorischen Aufgaben des jeweiligen empirischen Forschungsprojektes zuzuwenden;

- bei der Nutzung von Software entfällt der mühsame und zeitaufwendige Schritt des Austestens von Programmen; man kann ziemlich sicher sein - im Gegensatz zur Selbstprogrammierung - daß die eingesetzten Programme fehlerfrei funktionieren.

Für denjenigen, der PC-gestützt statistische Auswertungsmethoden selbst programmieren möchte, kommen als Programmiersprachen in erster Linie die Sprachen BASIC, Pascal oder FORTRAN in Frage:

BASIC ist sehr leicht zu erlernen und die Erstellung entsprechender Programme ist vergleichsweise einfach. Allerdings muß berücksichtigt werden, daß wegen eines unzureichendes Zwanges zur Strukturierung von Programmen diese sehr leicht - insbesondere bei umfangreicheren Programmen ist dies der Fall - unübersichtlich werden. Dies bedeutet, daß das Austesten von Programmen und auch die Programmpflege und die eventuelle Aktualisierung solcher Programme in der Regel recht schwierig ist.

Die Sprache Pascal weist die gerade genannten Nachteile nicht auf, ist allerdings etwas schwieriger zu erlernen. Entsprechendes läßt sich über FORTRAN sagen, die inzwischen schon fast klassisch zu nennende Sprache für den mathematisch-wissenschaftlichen Bereich.

Da zum Lieferumfang der PC-Rechner in der Regel ein BASIC-Übersetzer gehört, während ein Pascal- oder FORTRAN-Compiler gegebenenfalls erst käuflich erworben werden muß, habe ich im Anhang einige kleine BASIC-Programme für typische statistische Aufgaben einfacherer Art zusammengestellt, die der Leser entweder direkt oder als Vorlage und Anregung für eigene Weiterentwicklungen verwenden kann.

Derjenige Leser, der lieber auf Software zugreifen möchte, sieht sich einem breiten Spektrum unterschiedlicher Programmpakete mit ganz unterschiedlichen Leistungsmerkmalen und beträchtlich differierenden Preisen gegenüber. Es würde den Rahmen dieses Buches sprengen, wenn man alle infrage kommenden Programme hier vorstellen wollte - und sei es auch nur mit einer Kurzbeschreibung.

Generell ist in diesem Zusammenhang zu beachten, daß für den empirisch arbeitenden Sozialforscher zwei Typen von Softwarepaketen infrage kommen, wenn er Datenbestände auswerten will: Zum einen sind dies die speziellen Statistikpakete wie etwa SPSS, StatGraph, BMDP oder SAS; zum anderen sind es Softwarepakete, die ursprünglich für andere Zwecke entwickelt wurden, gleichwohl aber auch bei statistischen Auswertungen gute Dienste leisten können. Dazu zählen beispielsweise die inzwischen weit verbreiteten Dateiverwaltungsprogramme, wie etwa das Paket dBASE III plus (siehe FREESE/MÜLLMERSTADT, 1988; inzwischen ist die neue Version dBASE IV auf dem deutschen Markt erschienen). Dazu zählen auch die integrierten Programmpakete, die neben der Dateiverwaltung auch Aufgaben der Tabellenkalkulation, der Textverarbeitung und der Graphikerstellung übernehmen, wie etwa das Programmpaket FRAMEWORK III (siehe VOSS, 1989).

Daß zum Beispiel ein Dateiverwaltungsprogramm, wie es dBASE III plus darstellt, für statistische Auswertungsaufgaben sehr geeignet ist, liegt einfach daran, daß wir ja bei allen computergestützten statistischen Auswertungen von einer Datenmatrix ausgehen. Eine solche Matrix ist strukturell nichts anderes als eine Datenbank, wie sie mit einem Dateiverwaltungssystem ver- und bearbeitet wird. Deshalb werden wir weiter unten auch zeigen, wie sich die wichtigsten Grundbausteine statistischer Auswertungsverfahren als dBASE-Befehle darstellen lassen.

Das wichtigste Software-Angebot für den empirischen Sozialforscher ist sicherlich das oben erwähnte Programmpaket SPSS (Statistical Package for the Social Sciences; siehe KÄHLER, 1986), welches ein komplettes Spektrum der üblichen statistischen Auswertungsmethoden anbietet. Dieses Paket - ursprünglich für den Großrechnereinsatz konzipiert - liegt inzwischen auch in einer PC-Version vor. Es ist sehr umfangreich, weshalb sein Einsatz nur bei einem Festplattenrechner zu empfehlen ist, und es ist vergleichsweise teuer. Dafür hat es aber sehr viel zu bieten, wie zum Beispiel:

- Formatierte Dateneingabe
- Möglichkeit der Vergabe von Etiketten für Werte und Variablen
- Möglichkeit der Erzeugung neuer Daten aus vorhandenen Werten
- Erzeugung und Ausgabe von Häufigkeitsverteilungen
- Ausgabe von Balkendiagrammen und Histogrammen
- Berechnung statistischer Maßzahlen (Mittelwerte, Streuungen usw.)
- Zählen und Sortieren von Daten
- Erzeugung zusammenfassender Reports
- Häufigkeitsauszählungen bei Mehrfachnennungen
- Ausgabe von Kontingenztabellen
- Ausgabe von Streudiagrammen
- Berechnung von Regressionen und Korrelationen
- Bildung und Auswertung von Unterstichproben
- Faktorenanalysen
- Varianzanalysen
- Skalierungen

- Signifikanztests
- Zeitreihenanalysen

usw.

Es ist sicherlich einsichtig, daß hier nicht der Platz ist, diese Möglichkeiten im Detail zu besprechen (siehe: BEUTEL/SCHUBÖ, 1983). Stattdessen soll im folgenden Abschnitt betrachtet werden, wie der konkrete Rechnereinsatz aussehen kann.

10.3 BAUSTEINE

Wenn man einmal die komplizierten und besonders anspruchsvollen statistischen Auswertungsverfahren nicht in den Vordergrund der Betrachtung rückt, sondern sich verdeutlicht, daß empirisch-statistische Auswertungen in der Regel und empfehlenswerterweise zunächst einmal mit einfachen Prozeduren beginnt (siehe dazu auch Kapitel 9), und wenn man sich weiterhin darüber im Klaren ist, daß sich auch die kompliziertesten Methoden aus einfachen Bausteinen zusammensetzen, dann lohnt sich ein Blick auf eben diese Bausteine.

Was ist damit gemeint?

Die Diskussion einfacher und erster statistischer Auswertungsverfahren im Kapitel 9 hat gezeigt, daß sich sehr viele statistische Auswertungsmethoden zurückführen bzw. zusammensetzen lassen aus sehr kleinen und deshalb leicht begreifbaren Bausteinen. Die wichtigsten dieser Bausteine sind die folgenden, wobei diese Aufzählung sicherlich keinen Anspruch auf Vollständigkeit erheben kann:

1. Zählprozesse

Nur wer seine Daten gezählt hat, kann beispielsweise ein arithmetisches Mittel berechnen oder eine Häufigkeitsverteilung erstellen.

2. Sortierprozesse

Das Sortieren von Daten ist der erste Schritt zur Gewinnung einer informativen Übersichtlichkeit, zum Erkennen der Spannweite der Daten und zur Vorbereitung der Gruppierung oder Klassifizierung von Daten - und damit wiederum Voraussetzung etwa zur Erstellung von Häufigkeitsverteilungen. Desweiteren sind Sortierungen erforderlich, wenn der Median eines Datenbestandes ermittelt werden soll. Schließlich ist auch die Bestimmung des Modus davon abhängig, daß sortiert wird - allerdings geht es dabei um das Sortieren von Häufigkeiten, um danach die größte Häufigkeit ablesen zu können, die ja den Modus bestimmt.

3. Summierungsprozesse

Wer ein arithmetisches Mittel berechnen will, benötigt neben der Anzahl der zu mittelnden Werte auch ihre Summe. Derartige Summen werden in fast allen anderen statistischen Berechnungsformeln ebenfalls benötigt, so zum Beispiel bei der Berechnung von Standardabweichungen, bei der Regressionsrechnung, bei der Berechnung von Korrelationskoeffizienten, bei der Bestimmung von Trendfunktionen usw.

4. Klassifizieren

Bei der Erstellung von Häufigkeitsverteilungen, die ihrerseits eine sehr informative Art der Datenpräsentation, gleichzeitig aber die Ausgangsbasis für weitere statistische Auswertungen und Analysen darstellen, besteht der zentrale Baustein darin, die einzelnen Werte des statistischen Befundes in Merkmalswertklassen einzusortieren.

5. Einfache statistische Auswertungen

Bei umfangreicheren Datenbeständen kann der eigentliche Informationsgehalt erst dann zugänglich gemacht werden, wenn Zusammenfassungen erfolgen. Klassifikationen, wie sie oben angesprochen wurden, sind ein erster Schritt in diese Richtung. Darüber hinausgehend bietet es sich an, die spezifischen Charakteristika gegebener Häufigkeitsverteilungen in zusammenfassenden statistischen Maßzahlen, die im vorangegangenen Kapitel erwähnt wurden, zum Ausdruck zu bringen. Die wichtigsten dieser Maßzahlen sind das arithmetische Mittel als Maß der zentralen Tendenz, die Standardabweichung als Streuungsmaß, die Parameter a und b (Ordinatenabschnitt und Steigung) einer linearen Regressionsfunktion und der Korrelationskoeffizient r zur Bestimmung der Stärke des Zusammenhangs zwischen zwei Untersuchungsvariablen.

Im folgenden Abschnitt soll gezeigt werden, welche Überlegungen problemanalytischer Art erforderlich sind, um solche Bausteine computergestützt nutzen zu können.

10.4 PROBLEMANALYSEN

Wir wollen in diesem Abschnitt die oben genannten Beispiele für zentrale Bausteine statistischer Methoden benutzen, um zu zeigen, was unter dem Stichwort "Problemanalyse", das ja in diesem Kapitel schon mehrfach aufgetaucht ist, eigentlich verstanden wird. Um diese Erörterung zu erleichtern, gehe ich von einem kleinen Demonstrations-Datenbestand aus, der folgendermaßem entstanden ist:

Zehn zufällig ausgewählte Familien wurden unter anderem danach befragt, wieviele Kinder sie haben (was bei den folgenden Überlegungen unter Bezug auf zehn Merkmalsträger gesagt wird, gilt ohne Einschränkungen auch für eine größere Zahl von Merkmalsträgern, so daß der Zahl 10 hier also keine besondere Bedeutung zukommt). Dabei ergab sich der folgende Datenbestand, den wir als Urliste hier präsentieren:

0 2 1 1 4 3 0 0 1 1

1. Zählen

Was bedeutet nun "Zählen" der Daten?

Selbstverständlich muß sich bei einem entsprechenden Zählprozeß der Wert 10 ergeben. Wir wollen jetzt aber einmal so tun, als wäre uns dieses Ergebnis noch unbekannt - und in der Tat wäre es ja vermutlich unbekannt, wenn wir eine sehr umfangreiche Untersuchung durchgeführt hätten und zu bequem wären, die einlaufenden Fragebögen vor der Computerauswertung zu zählen. Mit Recht nämlich können wir sagen, daß ja auch der Computer die Daten zählen könnte (genauer: ein entsprechendes Programm), denn wenn er überhaupt eingesetzt wird - und das planen wir ja - warum dann nicht auch schon für diesen ersten Auswertungsschritt? Bevor wir uns die Mühe machen, zu zählen, und uns dabei vielleicht sogar verzählen, überlassen wir auch dieses Geschäft unserem Rechner.

Damit dieser nun aber zählen kann - und damit beginnen unsere problemanalytischen Überlegungen - muß vorbereitet werden, daß er das Ende des Datenbestandes erkennen kann. Dies kann man dadurch erreichen, daß man hinter dem letzten Wert einen weiteren Wert plaziert, der aber unzweifelbar als nicht zum Datenbestand gehörig erkannt werden kann. Bei unserem Ausgangsbeispiel würde sich beispielsweise der Wert -1 anbieten, denn mit Sicherheit gibt es keine Familie, die im Datenbestand mit -1 Kindern auftauchen könnte.

Wir ergänzen also den Datenbestand wie folgt:

0 2 1 1 4 3 0 0 1 1 -1

Dies ermöglicht uns, wie gleich gezeigt wird, ein geeignetes Programm zu veranlassen, solange zählend von links nach rechts zu wandern, bis der Wert -1 erreicht wird, welcher dann das Programm veranlaßt, mit der Zählerei aufzuhören.

Der eigentliche Zählprozeß läßt sich jetzt in eine Folge von Teilschritten zerlegen, die - wie bei jeder anderen Problemanalyse auch - möglichst klein sein sollten. Diese Teilschritte lassen sich in Form eines sogenannten <u>Flußdiagramms</u> oder <u>Programmablaufplans</u> darstellen, der in diesem Fall wie folgt aussehen könnte:

Flußdiagramm zum Zählen von Daten

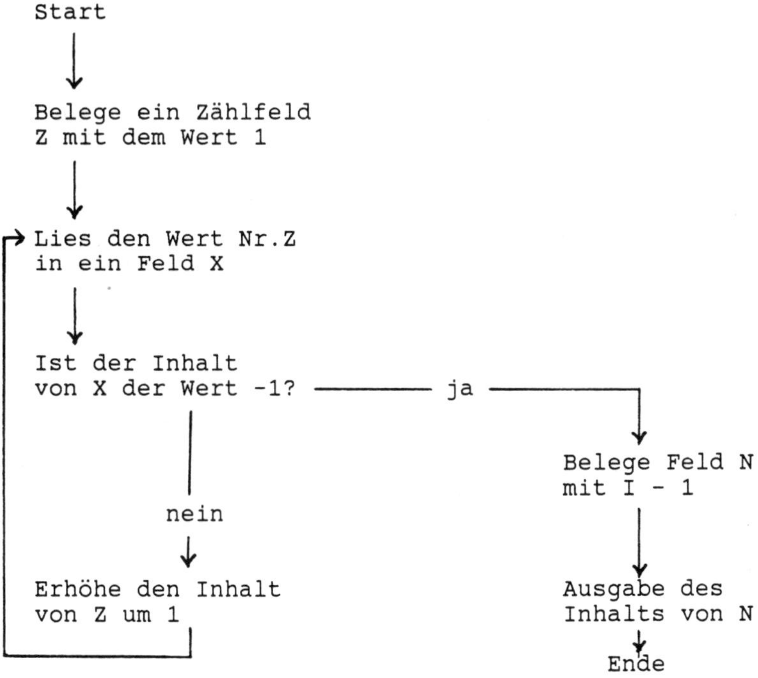

2. Sortieren

Mit einem noch kleineren Spieldatenbestand, wie er im vorangegangenen Beispiel benutzt wurde, soll nun gezeigt werden, wie man eine Reihe numerischer Angaben sortieren kann. Zu diesem Zweck sei einmal angenommen, es lägen nur fünf Angaben über Kinderzahlen in der folgenden Anordnung vor:

3 0 2 1 0

Problemanalytische Überlegungen zum Sortieren führen zu dem Ergebnis, daß je zwei Werte paarweise miteinander verglichen werden müssen, wenn sortiert werden soll. Um diese Vergleichsprozesse zu strukturieren, wird man sinnvollerweise eine Schrittfolge wählen, die so aussieht:

1. Der Wert der ersten Position wird mit dem der zweiten Position verglichen.

2. Der Wert der ersten Position (das muß nicht mehr der gleiche Wert wie beim ersten Vergleich sein; siehe unten) wird mit dem der dritten Position verglichen.

3. Der Wert der ersten Position wird mit dem der vierten Position verglichen.

usw.

Bei jedem dieser Vergleiche wird geprüft, ob der "linke" Wert größer ist als der "rechte" Wert. Ist dies der Fall, werden beide Werte ausgetauscht, andernfalls nicht (wir erkennen, daß "Position" nicht mit "Wert" identisch ist; siehe oben 2.).

Bei fünf Ausgangswerten gibt es vier Vergleiche mit dem Wert der ersten Position. Nach diesen vier Paarvergleichen befindet sich logischerweise auf der ersten Position der insgesamt kleinste Wert des Datenbestandes, der nun gewissermaßen zur Seite gelegt werden kann.

Danach wird dieser Prozeß fortgesetzt, wobei die Vergleiche nun bei der zweiten Position beginnen. Bei fünf Ausgangswerten sind jetzt nur noch drei Paarvergleiche möglich : Position 2 mit 3, 2 mit 4 und 2 mit 5. Dann ist der zweitkleinste Wert gefunden und es können die Vergleiche 3 mit 4 und 3 mit 5 angeschlossen werden. Damit ist dann auch der drittkleinste Wert gefunden und es bleibt nur ein Paarvergleich durchzuführen, nämlich der Vergleich der Position 4 mit 5.

Man erkennt, daß bei diesen Paarvergleichen bei fünf Werten alle Positionen von 1 bis 4 durchlaufen werden müssen. Bei jeder dieser "Runden" ist intern jeweils bis zur Position 5 zu vergleichen, beginnend jeweils bei "Runde+1".

Ausgehend von dem Spieldatenbestand ergibt sich also die folgende Vorgehensweise (dort wo ein Ausrufungszeichen steht, mußte ein Tausch aufgrund des paarweisen Vergleichs durchgeführt werden):

Runde	Vergleich mit		3	0	2	1	0
1	2	(!)	0	3	-	-	-
	3		0	-	2	-	-
	4		0	-	-	1	-
	5		0	-	-	-	0
Stand			0	3	2	1	0
2	3	(!)		2	3	-	-
	4	(!)		1	-	2	-
	5	(!)		0	-	-	1
Stand			0	0	3	2	1
3	4	(!)			2	3	-
	5	(!)			1	-	2
Stand			0	0	1	3	2
4	5	(!)				2	3
Stand (Endergebnis)			0	0	1	2	3

In einem Programmablaufplan sieht diese Vorgehensweise wie folgt aus:

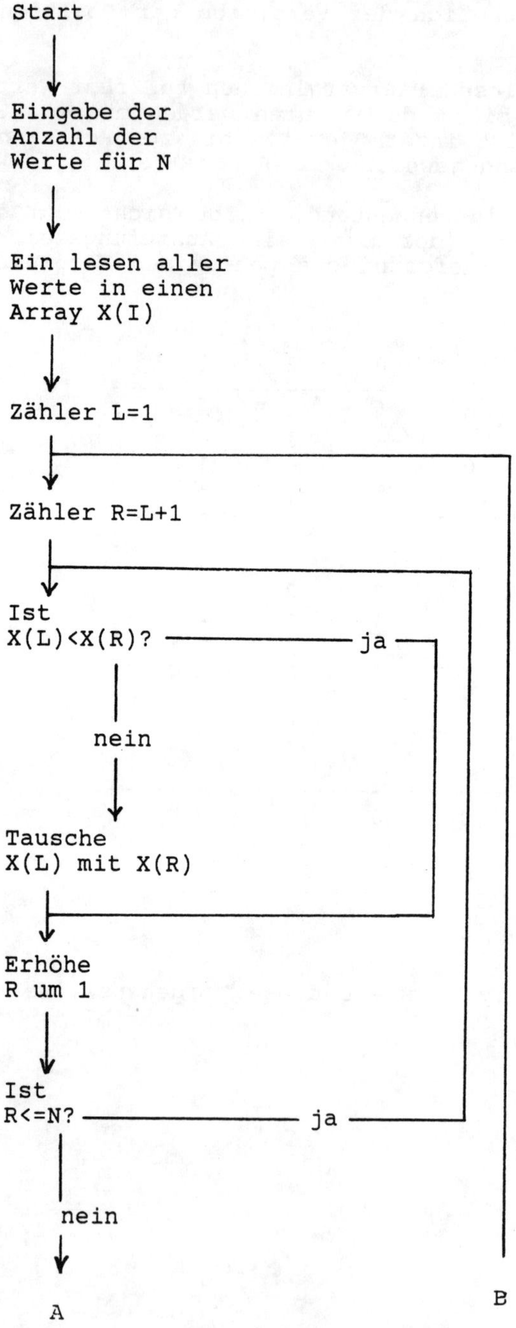
Start
Eingabe der
Anzahl der
Werte für N
Ein lesen aller
Werte in einen
Array X(I)
Zähler L=1
Zähler R=L+1
Ist
X(L)<X(R)?
ja
nein
Tausche
X(L) mit X(R)
Erhöhe
R um 1
Ist
R<=N?
ja
nein
A
B

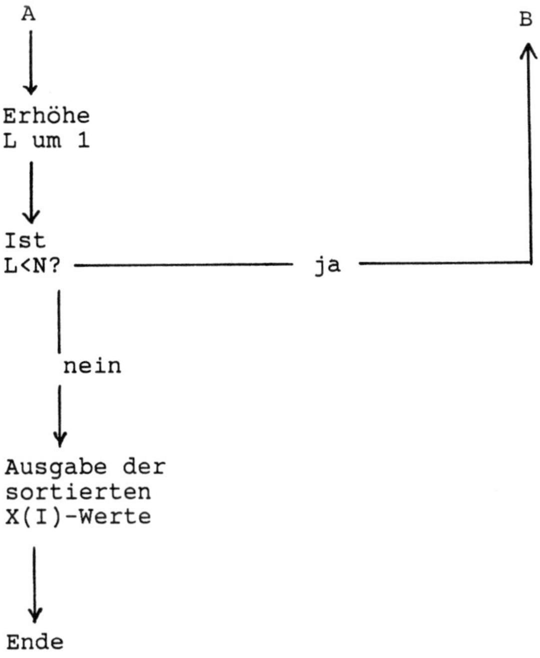

3. Summieren

In sehr vielen statistischen Berechnungsformeln tauchen Summenbildungen auf, d.h. sehr häufig ist es erforderlich, zum Beispiel die Summe der beobachteten Werte (oder anderer Größen) zu berechnen, wie etwa bei der Bestimmung eines arithmetischen Mittels. Derartige Summenbildungen sind sehr einfach, so daß wir, ohne weitere problemanalytischen Überlegungen, sofort den entsprechenden Programmablaufplan aufzeichnen können:

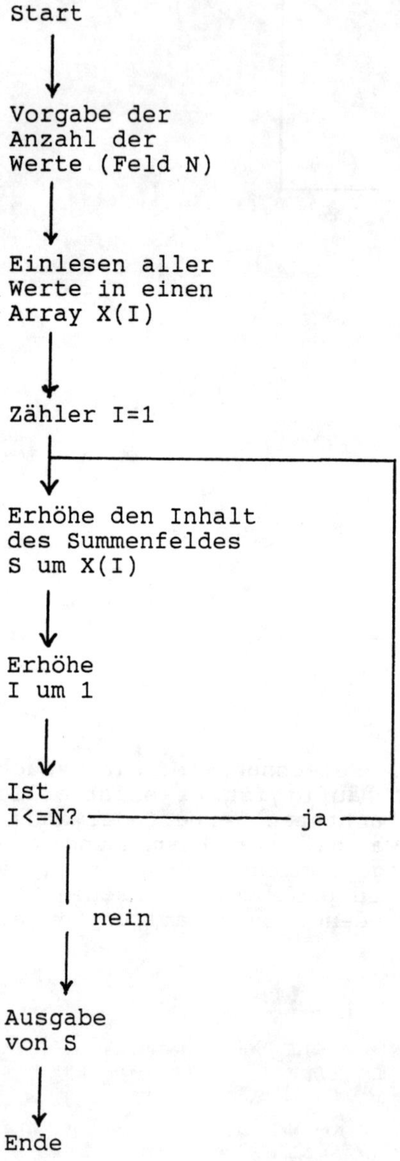
Start
Vorgabe der
Anzahl der
Werte (Feld N)
Einlesen aller
Werte in einen
Array X(I)
Zähler I=1
Erhöhe den Inhalt
des Summenfeldes
S um X(I)
Erhöhe
I um 1
Ist
I<=N?
ja
nein
Ausgabe
von S
Ende

4. Klassifizieren

Unter dem Stichwort "Klassifizieren" sind zwei Aufgaben voneinander zu unterscheiden, je nachdem, ob eine diskrete oder ob eine stetige Untersuchungsvariable vorliegt. Bei einer diskreten Variablen, wie zum Beispiel der Kinderzahl befragter Familien beschränkt sich der Klassifikationsprozeß auf ein reines Gruppieren, indem festgestellt wird, wieviele der befragten Familien 0 Kinder, wieviele 1 Kind, wieviele 2 Kinder usw. haben. Bei einer stetigen Variablen (Beispiel: Monatliches Nettoeinkommen befragter Familien) sind zunächst Klassen zu bilden, um dann auszuzählen, wieviele Merkmalsträger in die erste, wieviele in die zweite, wieviele in die dritte Klasse (usw.) fallen.

Unter problemanalytischen Gesichtspunkten empfiehlt sich sowohl in dem einen wie in dem anderen Fall die folgende Vorgehensweise:

Ein Merkmalswert nach dem anderen wird untersucht. Bei jedem Merkmalswert wird gefragt, ob er dem ersten Gruppierungswert entspricht (die Spannweite der Gruppierungswerte erhält man durch einen vorhergehenden Sortierprozeß; siehe 2.), bzw. ob er in die erste Klasse fällt. Wenn ja, ist ein erster Häufigkeitenzähler um 1 zu erhöhen und es kann der nächste Merkmalswert in Angriff genommen werden; wenn nein, ist der nächste Gruppierungswert bzw. die nächste Klasse zum Vergleich heranzuziehen, usw.

Als Programmablaufplan erhalten wir das folgende Bild:

Start

↓

Vorgabe der
Anzahl der
Werte N

↓

Einlesen aller
Werte in einen
Array X(I)

↓

A

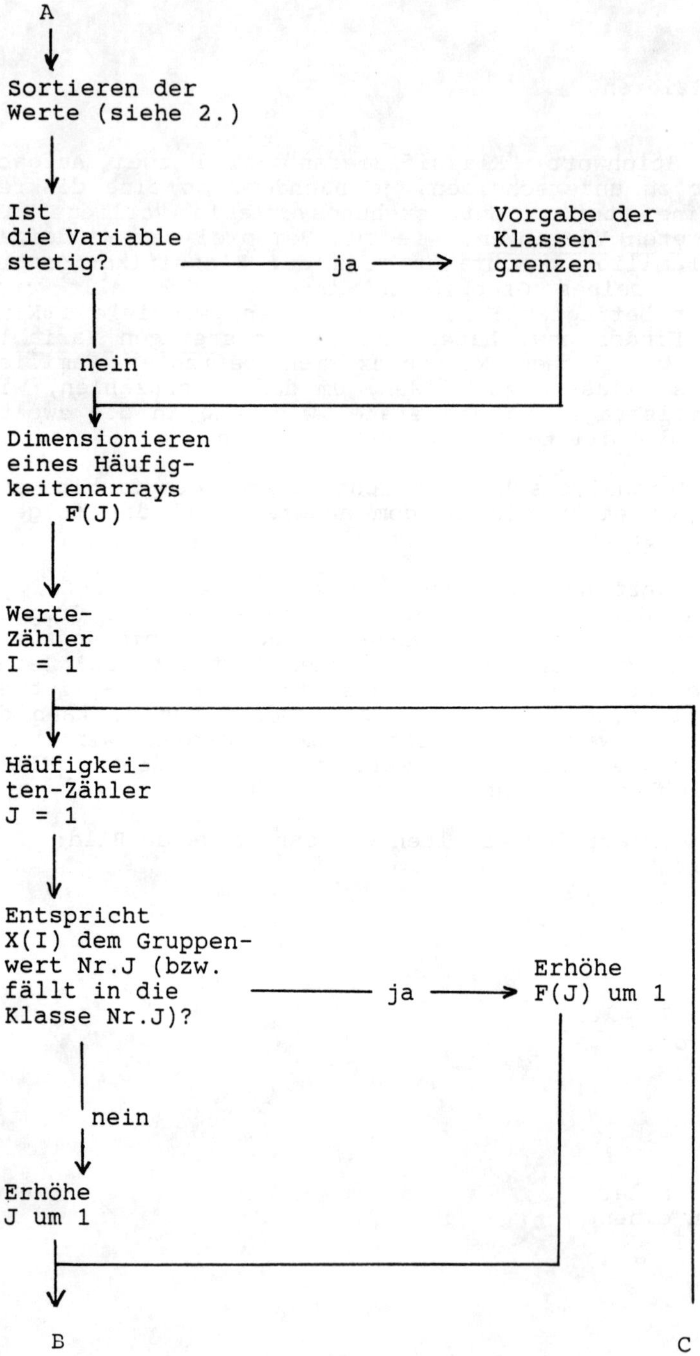
A
Sortieren der
Werte (siehe 2.)
Ist
die Variable
stetig?
ja
Vorgabe der
Klassen-
grenzen
nein
Dimensionieren
eines Häufig-
keitenarrays
F(J)
Werte-
Zähler
I = 1
Häufigkei-
ten-Zähler
J = 1
Entspricht
X(I) dem Gruppen-
wert Nr.J (bzw.
fällt in die
Klasse Nr.J)?
ja
Erhöhe
F(J) um 1
nein
Erhöhe
J um 1
B
C

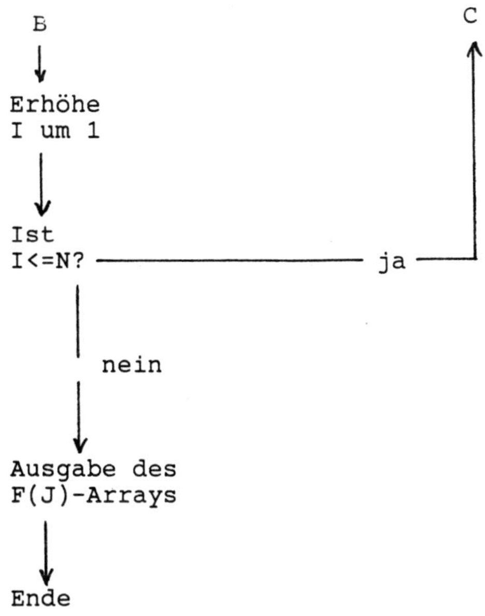

5. Univariate Maßzahlen

Die wichtigsten Maßzahlen der univariaten Statistik sind das arithmetische Mittel (m) zur zusammenfassenden Beschreibung der zentralen Tendenz einer gegebenen Häufigkeitsverteilung und die Standardabweichung (s) zur zusammenfassenden Beschreibung ihrer Streuung.

$$m = \Sigma x_i / n$$

$$s = \sqrt{\Sigma (x_i - m)^2 / n}$$

Problemanalytisch geht es also in beiden Berechnungsformeln nur darum, Summen zu bilden (siehe 3.), so daß wir uns bei dem entsprechenden Programmablaufplan sehr kurz fassen können:

Start

↓

Vorgabe der
Anzahl der
Werte N

↓

Einlesen aller
Werte in einen
X(I)-Array

↓

Summieren aller
Werte (siehe 3.)
im Feld S

↓

Division von S
durch N für Feld M

↓

Ausgabe von M
(Mittelwert)

↓

Summieren aller
quadrierten Dif-
ferenzen zwischen
X(I) und M im
Feld S2

↓

Division von S2
durch N und Be-
rechnung der
Quadratwurzel
für Feld SA

↓

Ausgabe von SA
(Standardabweichung)

↓

Ende

An anderer Stelle wurde darauf hingewiesen, daß zur Charakterisierung der zentralen Tendenz einer univariaten Verteilung auch der Median oder der Modus verwendet werden können. Insbesondere bei schwächeren Skalenqualitäten ist der Rückgriff auf diese Maßzahlen unumgänglich.

Der Median ist der mittlere Wert einer der Größe nach sortierten Reihe von Merkmalswerten, der Modus ist der häufigste Wert.

Problemanalytische Überlegungen zur Bestimmung des Medians führen deshalb zu folgenden Arbeitsschritten, die einmal nicht in Form eines Programmablaufplans präsentiert werden:

a) Einlesen aller Werte (Speicherarray X(I))

b) Zählen aller Werte (Speicherfeld N)

c) Sortieren aller Werte (siehe 2.)

d) Feststellung, ob der Wert im Speicherfeld N geradzahlig oder ungeradzahlig ist (ersteres ist dann der Fall, wenn N/2 = INT(N/2));

e) Der Median ist gegeben als X(N/2), wenn N ungeradzahlig ist, bzw. 0.5*(X(N/2)+X((N/2)+1)), wenn N geradzahlig ist.

Nach diesen Arbeitsschritten kann übrigens als zusätzliches Streuungsmaß auch die Spannweite bestimmt werden. Sie ergibt sich als X(N)-X(1).

Entsprechend erhalten wir mit folgenden Arbeitsschritten den Modus:

a) Einlesen aller Werte

b) Klassifizieren der Werte (siehe 4.)

c) Sortieren des Häufigkeitenarrays F(J) (siehe 2.)

d) Bestimmung des Merkmalswertes, der zur maximalen Häufigkeit F(K) gehört.

6. Bivariate Maßzahlen

Die wichtigsten Aufgaben der bivariaten Statistik bestehen darin, mit der Regressionsrechnung durch eine lineare Funktion die Art des Zusammenhangs zwischen zwei Untersuchungsvariablen und durch einen Korrelationskoeffizienten dessen Stäre zu bestimmen. Es geht also zunächst darum, Ordinatenabschnitt a und Steigung b einer linearen Funktion zu bestimmen, wobei die folgenden Berechnungsformeln gelten:

$$b = (n\Sigma x_i y_i - \Sigma x_i \Sigma y_i)/(n\Sigma x_i^2 - (\Sigma x_i)^2)$$

$$= Cov/Vx \quad \text{(Kovarianz/Varianz der x-Werte)}$$

$$a = \Sigma y_i/n - b{*}\Sigma x_i/n$$

Der Korrelationskoeffizient von Bravais-Pearson berechnet sich wie folgt:

$$r = Cov/SQR(Vx{*}Vy)$$

(Kovarianz dividiert durch die Wurzel aus dem Produkt der beiden Einzelvarianzen, wobei im Detail die gleichen Symbole zu benutzen sind wie in der Formel für b).

Problemanalytisch reduziert sich diese Aufgabe wieder auf Summenbildungen, wobei hier fünf Summen erforderlich sind:

S1 = Summe aller paarweisen Produkte aus x- und y-Werten
S2 = Summe aller x-Werte
S3 = Summe aller y-Werte
S4 = Summe aller quadrierten x-Werte
S5 = Summe aller quadrierten y-Werte

Somit erhalten wir den folgenden Programmablaufplan:

Start

↓

Vorgabe der Anzahl der Wertepaare N

↓

Einlesen der X(I)- und der Y(I)-Werte

↓

Berechnung der 5 Summen (siehe oben und 3.)

↓

Berechnung von a, b und r

↓

Ausgabe der Ergebnisse

↓

Ende

Damit wollen wir die Besprechung problemanalytischer Bausteine beenden, ohne auf den Hinweis zu verzichten, daß nach diesem Muster auch weitere statistische Verfahren behandelt werden können. Diese Beispiele genügen aber, um die prinzipielle Vorgehensweise zu verdeutlichen. Der Leser wird diesen Überlegungen wieder begegnen, wenn er die im Anhang vorgestellten Programme studiert, mit denen einfache statistische Auswertungen, wie sie im Bereich der empirischen Sozialwissenschaften häufig auftreten, in Angriff genommen werden können.

LITERATURHINWEISE

BEUTEL, P./SCHUBÖ, W.: SPSS 9, Statistik-Programm-System für die Sozialwissenschaften, 4.Auflage, Stuttgart-New York 1983

FREESE, P./MÜLLMERSTADT, F.: dBASE, eine strukturierte Einführung, Reinbek (rororo computer, Band 1680) 1988

KÄHLER, W.-M.: SPSS(x) für Anfänger, Braunschweig-Wiesbaden 1986

VOSS, W.: Software-Seminar FRAMEWORK III, Düsseldorf 1989

ANHANG :
PROGRAMME

1. VORBEMERKUNG
2. DAS BETRIEBSSYSTEM
3. BASIC-GRUNDLAGEN
4. dBASE-GRUNDLAGEN
5. AUSGANGSBEISPIEL UND DATENEINGABE
6. LESEN VON DATEN
7. ZÄHLEN
8. SORTIEREN
9. GRUPPIEREN
10. KLASSIFIZIEREN
11. UNIVARIATE MAßZAHLEN
12. BIVARIATE MAßZAHLEN
13. AUSBLICK

1. VORBEMERKUNG

In diesem Anhang werden wir die Betrachtungen der vorangegangenen Kapitel ergänzen, indem für einfache statistische Auswertungen einige Programme vorgestellt werden. Als "Anhang" wird dieser Teil des Buches deshalb bezeichnet, weil mit diesen Ausführungen die Grenzen der bisherigen Darlegungen überschritten werden und die Brücke zu den konkreten Anwendungen geschlagen wird. Bisher wurde ja - in eher theoretisierender Weise - insbesondere darüber gesprochen, welches die Grundbegriffe der Datenverarbeitung sind, wenn vor allem sozialwissenschaftliche Anwendungen angesprochen sind. Die Anwendungen selbst, also zum Beispiel konkrete Datenauswertungsprozesse unter Nutzung der Möglichkeiten, die Rechner und Software bieten, sind nur insoweit ins Blickfeld der Betrachtungen gerückt, als die wichtigsten erforderlichen vorbereitenden Arbeitsschritte diskutiert wurden.

Im Rahmen der empirischen Sozialforschung beziehen sich die folgenden Arbeitsschritte der konkreten Datenauswertung in erster Linie darauf, daß statistische Methoden zur Präsentation, zur Auswertung und zur Analyse der erhobenen Daten eingesetzt werden. Über die wichtigsten dieser Methoden wurde in Kapitel 9 gesprochen. Ihre Umsetzung in Computerprogramme würde den Rahmen dieses Buches sprengen - zumindest solange beabsichtigt wäre, derartige Programme in nachvollziehbaren Schritten zu entwickeln, die entsprechenden Problemanalysen im Detail vorzustellen (einzelne problemanalytische "Bausteine" wurden in Kapitel 10 präsentiert), die Programme Schritt für Schritt zu beschreiben und ihre Wirkungsweise an geeigneten Anwendungsbeispielen zu demonstrieren (derartige Einzelheiten finden sich beispielsweise in meiner Veröffentlichung im gleichen Verlag: "Rechnergestützte statistische Methoden in den Sozialwissenschaften, 1988).

Gleichwohl soll auf einen Blick auf die Praxis der computergestützten statistischen Arbeit nicht verzichtet werden, um die bisherigen Ausführungen abzurunden. Deshalb werden in diesem Anhang einige Programme vorgestellt, wobei diese Präsentation unter mehreren Gesichtspunkten beschränkt wird:

1. Wir verzichten auf die Besprechung der einzelnen statistischen Methoden und verweisen diesbezüglich auf die Ausführungen in Kapitel 9.

2. Weiterhin wird auf die erforderlichen Problemanalysen verzichtet; teilweise kann auf Ausführungen in Kapitel 10 verwiesen werden.

3. Die Programme werden nicht detailliert erläutert - zum Teil verstehen sie sich aber von selbst. Allerdings werden wir zu jedem Programm eine zusammenfassende Kurzbeschreibung hinzufügen.

4. Auch auf eine Präsentation der Programmergebnisse wird verzichtet.

5. Natürlich fehlt hier der Platz, alle zur Verfügung stehenden statistischen Methoden anzusprechen. Deshalb erfolgt eine Beschränkung auf die wichtigsten und auf einfache Verfahren statistischer Auswertungen.

Bei der Präsentation dieser Programme spielt ein weiterer wichtiger Aspekt eine Rolle: Es muß nämlich entschieden werden, ob selbsterstellte Programme verwendet werden sollen, oder ob auf fertige Programme, also auf zur Verfügung stehende Software zurückgegriffen werden kann. Gewichtige Argumente sprechen sowohl für als auch gegen die eine oder die andere Möglichkeit.

Um nun zu zeigen, wie die Brücke zur konkreten Anwendung sowohl im einen wie auch im anderen Fall aussieht, werden in diesem Anhang beide Wege eingeschlagen: Zum einen werden selbsterstellte Programme vorgestellt, die der Leser - auch wenn er keine Software hat - direkt nutzen kann; zum anderen werden wir auf ein bewährtes und weit verbreitetes Software-Paket zurückgreifen, um eine entsprechende Softwarelösung vorstellen zu können.

Bei den selbsterstellten Programmen verwenden wir die sehr leicht erlernbare Programmiersprache <u>BASIC</u>. Dies ist mit dem wesentlichen Vorteil verbunden, daß auch derjenige Leser, der diese Programmiersprache nicht beherrscht, gleichwohl die Programme in ihrer Funktionsweise sehr wohl verstehen kann, sofern er über englische Sprachkenntnisse verfügt. Der Nachvollzug dieser Programme wird darüber hinaus dadurch erleichtert, daß wir zu jedem Programm angeben, welches seine Aufgabenstellung ist, und was die einzelnen Arbeitsschritte (Programmschritte) bedeuten.

Derjenige Leser, der diese Programmiersprache beherrscht, wird die Programme ohne Schwierigkeiten verstehen und sie bei Bedarf entsprechend eigener Bedürfnisse und Aufgabenstellungen modifizieren können.

Bei der Darstellung entsprechender Softwarelösungen verwenden wir das sehr weit verbreitete und leistungsfähige Software-Paket dBASE (in der Version dBASE III plus; die gerade auf dem deutschen Markt erschienene Version dBASE IV ist wegen ihrer noch sehr geringen Verbreitung nicht verwendet worden). Es handelt sich dabei um ein Dateiverwaltungsprogramm, was - wie noch gezeigt wird - für statistische Auswertungen sehr gut verwendet werden kann. Natürlich hätte auch auf ein anderes Software-Paket zugegriffen werden können, so zum Beispiel auf das speziell für statistische Analysen entwickelte Programm SPSS (Statistical Package for the Social Sciences), oder auf ein anderes Dateiverwaltungsprogramm, auf ein Tabellenkalkulationsprogramm, wie zum Beispiel Multiplan, oder auf ein integriertes Programmpaket, wie es zum Beispiel FRAMEWORK darstellt.

Zunächst soll aber kurz besprochen werden, wie man mit dem Betriebssystem des PC-Rechners umgeht, damit auch der Anfänger über diejenigen Grundkenntnisse verfügt, die für den konkreten Rechnereinsatz unumgänglich sind.

2. DAS BETRIEBSSYSTEM

In einem der ersten Kapitel wurde darauf aufmerksam gemacht, welche Aufgaben dem Betriebssystem zukommen. Diese internen Verwaltungsaufgaben haben direkt nicht mit irgendwelchen Problemlösungen zu tun:

Wenn der empirisch arbeitende Sozialwissenschaftler aus einem erhobenen Datenbestand ein arithmetisches Mittel ausrechnen will, wenn er eine Häufigkeitsverteilung erstellen möchte oder wenn er wissen will, wie stark der eventuelle Zusammenhang zwischen dem letzten erreichten Bildungsabschluß befragter Personen und ihrem derzeit erzielten monatlichen Nettoeinkommen ist, dann nützt ihm bei dem Versuch, derartige Aufgaben zu bewältigen, das Betriebssystem nichts. Vielmehr muß er in einer geeigneten Programmiersprache die erforderlichen Problemlösungswege programmieren oder er muß auf ein vorhandenes Programmsystem zurückgreifen, welches für diese Aufgaben geeignet ist.

Trotzdem muß er mit dem Betriebssystem umgehen können, denn diese Hilfs- und Organisationsprogramme dienen dazu, Verwaltungsaufgaben, die in der Regel mit der Verwaltung von Dateien (also von Datenbeständen oder Programmen) zu tun haben, zu erledigen. Konkrete Datenverarbeitungsprozesse sind unter dem Gesichtspunkt der Verwaltung von Datenbeständen oder von Programmen ohne Grundkenntnisse des Betriebssystems nicht denkbar.

Wir beschränken uns bei den folgenden Ausführungen auf das derzeit im PC-Bereich am weitesten verbreitete Betriebssystem, nämlich auf MS-DOS (Microsoft Disk Operating System) in der Version 3.3. Die kürzlich auf dem deutschen Markt erschienene neue Version - MS-DOS 4.0 - soll hier noch nicht angesprochen werden, da ihre Verbreitung gerade erst beginnt. Ergänzend sei aber angemerkt, daß die DOS-Kommandos, die hier besprochen werden, auch in dieser neuen und sehr benutzerfreundlichen Version verwendet werden können.

Zu beachten ist bei der folgenden Beschreibung, daß bei einem Rechner mit Doppellaufwerk das eine mit A:, das andere mit B: bezeichnet wird. Verfügt der Rechner über eine Festplatte, so wird diese üblicherweise mit C: bezeichnet. Zu beachten ist weiterhin, daß diese Beschreibung in einzelnen Punkten von dem abweichen könnte, was bei anderen Rechnern geschieht, weil es in Abhängigkeit von der Version des verwendeten Betriebssystems und vom automatisch anlaufenden Startprogramm in der Datei AUTOEXEC.BAT durchaus kleinere Unterschiede gibt, die uns aber nicht weiter zu irritieren brauchen.

Der Rechner lädt sich nach dem Einschalten wesentliche Teile des Betriebssystems von der mitgelieferten Betriebssystemdiskette, die zu diesem Zweck beim Einschalten in Laufwerk A: liegen muß. Man sollte allerdings nicht die Original-Systemdiskette verwenden, sondern sich eine Kopie anfertigen. Wie dies geschieht, wird weiter unten beschrieben.

Bei einem Festplattenrechner befindet sich das komplette Betriebssystem in der Regel auf der Festplatte (oder wird vom Benutzer von der Betriebssystemdiskette auf die Festplatte "aufgespielt"; siehe dazu unten) und wird automatisch geladen (zu mindest diejenigen Programme, die unbedingt erforderlich sind), wenn der Rechner eingeschaltet wird. Beim Start darf während der Startprozedur keine Diskette eingelegt sein, weil der Rechner in diesem Fall versuchen würde, von dieser Diskette und nicht von der Festplatte das Betriebssystem zu laden, was natürlich zu einer Fehlermeldung führen würde.

Nach dem Einschalten erscheint nach einiger Zeit manchmal auf dem Bildschirm eine Information zum "heutigen Datum". Dieser Information kann man entnehmen, daß keineswegs immer das heutige Datum ausgegeben wird, sondern irgendein früheres Datum; es sei denn, der Rechner verfügte über eine eingebaute Uhr und einen korrekten Kalender. Dies kann man nun ändern und insoweit den PC aktualisieren. Man kann aber auch darauf verzichten und stattdessen einfach die Return-Taste (Enter-Taste) drücken.

Zu beachten ist in diesem Zusammenhang eine erste wichtige Regel, die auch für alle folgenden Ausführungen gilt:

Jede Informationseingabe über die Tastatur muß mit der Return-Taste abgeschlossen werden!

Der gleiche Vorgang wiederholt sich dann mit der Uhrzeit. Auch hier kann man einfach mit der Return-Taste antworten und verzichtet damit darauf, den PC zu aktualisieren. Dies hat weiter keine schädlichen Auswirkungen. Über die Vorzüge einer Aktualisierung von Datum und Uhrzeit bzw. über die Nutzung von Uhr und Kalender werden wir später sprechen.

Als letzte Ausgabe erscheint bei einem Rechner mit zwei Diskettenlaufwerken

A>_

bzw. bei einem Rechner mit Festplatte

C>_

Dies ist das Zeichen dafür, daß der Rechner sich jetzt auf der Betriebssystemebene befindet und auf Eingaben des Benutzers wartet. Dabei ist das im Moment zugriffsfähige Laufwerk das Laufwerk A: bzw. die Festplatte C:. Hinter dieser Ausgabe ist der Cursor positioniert, der diejenige Stelle auf dem Bildschirm anzeigt, die als nächste vom Benutzer beschrieben werden kann.

Das Arbeiten auf der Betriebssystemebene wird dadurch möglich, daß man sich der Betriebsystemsprache bedient. Dies ist eine Sprache, die es dem PC erlaubt, zu erkennen, welche Aktivitäten auf dieser Ebene ausgeführt werden sollen. Sie besteht aus einzelnen Schlüsselworten (Betriebssystem-Befehle oder -Kommandos), die ich im folgenden immer mit Großbuchstaben schreibe, damit diese Sprachelemente sofort als solche erkennbar sind. Ob der Benutzer später bei der Kommunikation mit dem PC diese Kommandos groß oder klein schreibt, ist allerdings völlig gleichgültig.

Diese Betriebssystemsprache ist relativ umfangreich, d.h. sie umfaßt eine recht große Zahl von Sprachelementen, von denen aber hier nur die für den Einsteiger wichtigsten genannt und erläutert werden. Dieser Vielzahl von Kommandos entspricht es, daß viele unterschiedliche Aufgaben auf der Betriebssystemebene in Angriff genommen werden können. Die zur Verfügung stehenden Handbücher geben über die weiteren und spezielleren Elemente hinreichend Auskunft.

Generell ist anzumerken, daß zwei Gruppen derartiger Kommandos zu unterscheiden sind:

Die erste Gruppe umfaßt solche Kommandos, die direkt ausgeführt werden, wenn das Kommando-Schlüsselwort eingetippt und mit der Return-Taste abgeschlossen wird. Dies bedeutet, daß das entsprechende Betriebssystem-Programm fortwährend zur Verfügung steht, weil es beim Start des Rechners mit geladen wurde.

Die zweite Gruppe von Kommandos bewirkt das nachträgliche Laden von Hilfsprogrammen von der Betriebssystemdiskette (bzw. von der Sammlung von Betriebssystemprogrammen auf der Festplatte), die dann abgearbeitet werden, so daß man nur den entsprechenden Anweisungen folgen muß, die auf dem Bildschirm erscheinen. Wenn man solche Kommandos der zweiten Gruppe verwendet, muß natürlich bei einem Rechner mit Doppellaufwerk vorausgesetzt werden, daß bei der Aktivierung des entsprechenden Kommandos die DOS-Diskette im Laufwerk A: ist. Ist dies nicht der Fall, wird man durch eine entsprechende Fehlermeldung darauf aufmerksam gemacht, daß das betreffende Kommando nicht ausgeführt werden kann.

Die wichtigsten Betriebssystembefehle sind die folgenden:

2.1. DISKCOPY

Dieses Kommando dient dazu, komplette Disketten zu kopieren, was zum Beispiel dann sehr wichtig ist, wenn Informationen gesichert werden sollen. Wenn der Benutzer also beispielsweise, wie oben empfohlen wurde, als erstes die DOS-Diskette selbst kopieren will und der Rechner ein Doppellaufwerk hat, tippt man:

```
DISKCOPY A: B:
```

Nach der Eingabe dieses Kommandos wird das Kopierprogramm von der DOS-Diskette im Laufwerk A:, die sich dort ja gerade befindet, geladen und dieses verlangt vom Benutzer, die zu kopierende Diskette, also die Originaldiskette ins Laufwerk A: zu legen (in diesem Fall ist sie da schon; anders hingegen, wenn eine andere Diskette kopiert werden soll: Das Kopierprogramm muß dann von der DOS-Diskette geladen werden und danach ist diese durch die zu kopierende Diskette zu ersetzen). Die Zieldiskette ist ins Laufwerk B: zu legen.

Diese Zieldiskette, auf die also die Quelldiskette (Originaldiskette) kopiert werden soll, muß eine neue Diskette sein. Ist sie das nicht, enthält sie also schon irgendwelche Informationen, so gehen diese beim Kopiervorgang verloren.

Der Kopiervorgang dauert eine Weile, weil dabei auch zunächst noch formatiert wird (siehe unten).

Wenn der Inhalt der Betriebssystemdiskette auf die Festplatte kopiert werden soll, ist es sinnvoller, die einzelnen Dateien der DOS-Diskette einzeln auf die Festplatte zu kopieren, was mit dem COPY-Kommando möglich ist (siehe unten).

2.2. FORMAT

Bevor eine neue Diskette eingesetzt werden kann, muß sie formatiert werden. Entbehrlich ist dies nur, wenn eine neue Diskette mit dem oben erläuterten DOS-Befehl DISKCOPY ihre Informationen von einer anderen Diskette übernimmt - dann nämlich erfolgt die auch hier erforderliche Formatierung automatisch.

Beim Formatieren wird durch das Betriebssystem die Vorbereitung dafür getroffen, daß auf der Diskette ein Dateienverzeichnis (Inhaltsverzeichnis der Diskette, sog. Directory) angelegt werden kann, und es erfolgt eine interne Ein- und Unterteilung der Diskette.

Zur Formatierung gibt man bei im Laufwerk A: befindlicher DOS-Diskette und einer neuen Diskette im Laufwerk B: das Kommando

```
FORMAT B:
```

Befindet sich das Formatierungsprogramm auf der Festplatte C:, so ist die neue zu formatierende Diskette ins Laufwerk A: einzulegen; das entsprechende Formatierungskommando lautet dann natürlich:

FORMAT A:

Bei einem Rechner mit einem 1,2 Megabyte-Laufwerk, benötigt man Disketten mit doppelter Schreibdichte (double density); will man "einfache" Disketten benutzen, die nur rund 360 Kilobyte Speicherkapazität bereitstellen, lautet das entsprechende Formatierungskommando:

FORMAT A:/4

Es muß beachtet werden, daß beim Formatieren, wie auch bei der Nutzung des Kommandos DISKCOPY, alle eventuell schon auf einer Diskette vorhandenen Informationen verloren gehen.

Disketten oder Festplatten dienen dazu, Dateien aufzunehmen. Eine Datei ist eine zusammengehörige Gruppe von Informationen, also zum Beispiel der Datenbestand einer Untersuchung, die Unterlagen aus einer Kartei, die zusammengehörigen Sätze eines Computerprogramms usw. Jede solche Datei muß vom Benutzer, wenn er sie einrichtet, mit einem Namen versehen werden, wobei die folgende wichtige Regel gilt:

Ein Dateiname darf maximal acht alphanumerische Zeichen (Buchstaben und/oder Ziffern) umfassen, wobei das erste Zeichen ein Buchstabe sein sollte. Es sind in den Dateinamen auch einige Sonderzeichen erlaubt; da andere wiederum aber verboten sind, empfiehlt es sich generell, auf Sonderzeichen ganz zu verzichten.

Im Inhaltsverzeichnis (Dateienverzeichnis) einer Diskette bzw. einer Festplatte werden automatisch durch das Betriebssystem Zusätze zu diesen Namen, durch einen Punkt davon getrennt, angefügt, die aus bis zu drei Symbolen bestehen und den Typ der jeweiligen Datei bezeichnen. Beispielsweise taucht oft der Zusatz BAS auf, womit bekundet wird, daß die betreffende Datei ein BASIC-Programm enthält. Oder man findet den Zusatz DBF (Data Base File), womit eine durch das Dateiverwaltungsprogramm dBASE III erstellte Datei gekennzeichnet wird.

Dem Dateinamen ist die Laufwerksbezeichnung (A: oder B:, bzw. C:) voranzustellen, wenn eine Datei angesprochen wird, die im gerade angemeldeten Laufwerk nicht zu finden ist, sondern auf dem anderen.

2.3. Laufwerkswechsel

Wenn das gerade angemeldete Laufwerk (z.B. Laufwerk A:) gewechselt werden soll oder muß, wenn also z.B. Laufwerk B: angemeldet werden soll, so ist einzugeben:

B:

Entsprechendes gilt für die Festplatte C:.

2.4. Ansprache mehrerer Dateien

Wenn mehrere Dateien auf einer Diskette oder auf der Festplatte sind, deren Namen so gewählt sind, daß Gemeinsamkeiten auftauchen, also z.B. die Dateien

Tab1.DBF
Tab2.DBF
Tab3.DBF

und es sollen alle diese Dateien gemeinsam angesprochen werden, so gelingt dies unter Benutzung des Zeichens *, in dem man zum Beispiel *.DBF als gemeinsamen Namen verwendet.

Mit der Bezeichnung *.* werden alle Dateien einer Diskette gemeinsam angesprochen.

2.5. DIR

Dieses Kommando dient dazu, das Dateienverzeichnis einer Diskette oder der Festplatte auf dem Bildschirm auszugeben. Gibt man dieses (direkt ausführbare) Kommando ein und beschließt es mit der Return-Taste, wird das Dateienverzeichnis der Diskette im angemeldeten Laufwerk (in der Regel Laufwerk A: bzw. die Festplatte C:) ausgegeben. Dies sieht ausschnittsweise z.B. für Laufwerk A: so aus:

```
Volume in drive A has no label
Directory of A:

PROG1     BAS      12800     1-03-87  16:03
KAPITEL1  TXT      25830     2-03-87   8:45
P2        BAS       8500     2-03-87  12:01
TAB1      DBF       5640     5-10-88   9.30
TAB2      DBF       4800     5-10-88   9.50
usw.

        12 File(s)    158924 bytes free
```

In der ersten Spalte des Inhaltsverzeichnisses sieht man die Dateinamen, in der zweiten die Typenkennungen, über die oben gesprochen wurde. In der dritten Spalte ist die Größe der Datei in Bytes angegeben und daneben schließlich Datum und Uhrzeit der Anlage der jeweiligen Datei, bzw. des letzten Zugriffs.

An diesen beiden letzten Informationen erkennt man, warum es sinnvoll sein könnte, nach dem Einschalten des Rechners beim Start des Betriebssystems Datum und Uhrzeit auf die Anfrage des Rechners anzugeben (sofern der Rechner überhaupt danach fragt). Unterläßt man dieses, dann stehen in den letzten beiden Spalten dieses Inhaltsverzeichnisses unrealistische Angaben.

Unter dem Inhaltsverzeichnis wird ausgegeben, wieviele Dateien sich auf der Diskette befinden und wieviel Speicherplatz (in Bytes) noch frei ist.

Wenn man an all diesen Detailinformationen nicht interessiert ist, stattdessen nur eine Übersicht über die Dateinamen wünscht, gibt man einfach ein:

```
DIR/W
```

Dann werden nur die Namen ausgegeben - und zwar zeilenweise je fünf Namen - also z.B.:

```
PROG1    BAS KAPITEL1 TXT P2       BAS TAB1   DBF TAB2..
usw.

     12 File(s)    158924 bytes free
```

Gibt man hingegen

DIR/P

ein, wird das komplette Inhaltsverzeichnis bildschirmweise, d.h. jeweils mit einer Unterbrechung, wenn ein Bildschirm voll ist, ausgegeben.

2.6. DEL

Zum Löschen von Dateien benutzt man das Kommando

DEL Dateiname.Typ

Es ist zu erkennen, daß bei der Verwendung des DEL-Kommandos (wie bei vielen anderen DOS-Kommandos auch) die Typenkennung, durch einen Punkt abgetrennt, mit angegeben werden muß.

Wenn man alle Dateien auf der Diskette im angemeldeten Laufwerk löschen wollen, gibt man einfach ein:

DEL *.*

Allerdings wird man dann zunächst gefragt, ob wirklich alles gelöscht werden soll.

2.7. RENAME

Mit diesem Kommando können Dateien umbenannt werden:

RENAME AlterName.Typ NeuerName.Typ

Beispielsweise wird die (ältere) Datei DATEN1 folgendermaßen in DATALT umbenannt:

RENAME Daten1.dbf Datalt.dbf

(es wurde dabei vorausgesetzt, daß es sich bei der umzubenennenden Datei um einen durch dBASE III erzeugten Datenbestand handelte).

2.8. TYPE

Auf der Betriebssystemebene ist es auch möglich, den Inhalt von Dateien auszugeben. Dies ist dann ganz sinnvoll, wenn man bestimmte Informationen sucht und nicht mehr genau weiß, was in den einzelnen Dateien, die in Frage kommen, überhaupt drin ist.

Zur Ausgabe des Dateiinhalts verwendet man das direkt ausführbare DOS-Kommando

TYPE Dateiname.Typ

Wenn die auszugebende Information so umfangreich ist, daß sie zu rasch über den oberen Bildschirmrand hinaus verschwindet, kann mit der Ctrl-Taste und der Taste S (gemeinsam zu drücken), die Ausgabe unterbrochen werden.

2.9. COPY

Es wurde weiter oben schon besprochen, wie man komplette Disketten kopieren kann (Kommando DISKCOPY). Häufig wünscht man aber auch, daß nur einzelne Dateien kopiert werden sollen. Dies leistet das direkt ausführbare DOS-Kommando

COPY Dateiname.Typ Ziel:

Mit diesem Kommando können einzelne, aber auch mehrere Dateien, von einer Diskette auf die gleiche oder eine andere im gleichen oder im anderen Laufwerk übertragen werden (wird auf die gleiche Diskette kopiert, muß ein zweiter Dateiname vergeben werden). Die wichtigsten Möglichkeiten werden durch die folgenden Beispiele erläutert:

COPY P2.BAS P2.NEU

Mit diesem Kommando wird die BASIC-Datei P2 auf dem angemeldeten Laufwerk kopiert. Das Duplikat auf dem gleichen Laufwerk erhält den Namen P2.NEU

COPY P2.BAS B:

Die BASIC-Datei P2 wird vom angemeldeten Laufwerk (hier zum Beispiel A: oder C:) auf die Diskette im Laufwerk B: kopiert.

COPY *.* C:

Dieses Kommando kopiert alle Dateien von der Diskette im angemeldeten Laufwerk (zum Beispiel A:) auf die Festplatte C:.

2.10. Die Nutzung der Festplatte

Verfügt der PC über eine Festplatte (C:), dann hat man ein sehr leistungsfähiges Speicherinstrument mit hoher Kapazität (10 bis 40 Mb) und sehr raschen Zugriffsmöglichkeiten - was das Arbeiten mit Dateien sehr angenehm macht. Allerdings sollten für diesen Fall einige weitere Betriebssytem-Kommandos besprochen werden, die insbesondere dafür zuständig sind, den immensen Speicherplatz geschickt zu verwalten. Dies betrifft in erster Linie die Anlage von <u>Sub-Directories</u>, also "<u>Unterabteilungen</u>", die gesondert angesprochen werden können. Auch diese Sub-Directories müssen Namen erhalten, wobei die gleiche Regel gilt, wie bei der Vergabe von Dateinamen.

Zur Einrichtung einer Sub-Directory benötigt man das folgende Kommando:

MD Name

Will man zum Beispiel die Programme der Original-Betriebssystemdiskette auf die Festplatte in eine Sub-Directory mit den Namen DOS kopieren, benötigt man zunächst das Kommando:

```
MD DOS
```

Um nun die Programme der Betriebssystemdiskette in diese Unterabteilung DOS zu kopieren, schaltet man auf Laufwerk A: um (Kommando A: - der Rechner meldet dann A>_), legt dort die zu kopierende Diskette ein und tippt:

```
COPY *.* C:\DOS
```

Das Symbol \ ist dabei der rückwärts geneigte Schrägstrich ("Backslash"), den man auf der Tastatur erst suchen muß (es gibt unterschiedliche Anordnungsmöglichkeiten), und der in der Regel nur zusammen mit den Tasten Ctrl und Alt (gleichzeitig) oder mit der Tastenkombination Alt-92 zu produzieren ist.

Wenn man sich nach der Einrichtung von Sub-Directories das Inhaltsverzeichnis der Festplatte anschaut (Kommando DIR), erhält man zum Beispiel:

```
DOS        <DIR>
DB3        <DIR>
DAT        <DIR>
```

d.h. es werden nicht mehr die einzelnen Dateien ausgegeben, sondern nur noch die Überschriften der Sub-Directories - man erkennt diese an den Zusätzen <DIR>. Zusätzlich werden natürlich diejenigen Dateien ausgegeben, die nicht in Sub-Directories einsortiert wurden - sofern solche Dateien überhaupt schon auf der Festplatte sind.

Wenn man die "internen" Inhaltsverzeichnisse der Sub-Directories sehen will, also die ursprünglichen Dateien, so muß man - von der C:-Ebene ausgehend - zunächst in die Sub-Directories "umschalten". Dieses Umschalten erfordert das

Kommando:

CD Name der Sub-Directory

also zum Beispiel

CD DOS

Der Rechner meldet sich jetzt mit

C:\DOS>_

und wenn jetzt das Kommando DIR eingegeben wird, wird das Inhaltsverzeichnis der Sub-Directory DOS ausgegeben, zusätzlich zu einigen Hilfsdateien, die automatisch bei der Einrichtung von Unterabteilungen kreiert werden.

Zur Ebene C: gelangt man zurück mit dem Kommando

CD..

Will man eine Sub-Directory wieder löschen, müssen zunächst alle Einzeldateien in dieser Unterabteilung gelöscht werden (DEL *.*, von der Unterabteilungsebene ausgehend); danach kehrt man mit CD.. auf die Hauptebene zurück und kann dann mit dem Kommando

RD Name der Sub-Directory

auch die gesamte Sub-Directory von der Festplatte entfernen.

Abschließend sei erwähnt, daß innerhalb von Sub-Directories wiederum Sub-Directories erzeugt werden können ("Sub-Sub-Directories"), so daß bei Bedarf ein hierarchisch geschachteltes System von Directories entwickelt werden kann, wenn dies sinnvoll erscheint.

2.11. Zusammenfassung

In alphabetischer Ordnung stellen wir hier noch einmal die DOS-Kommandos zusammen, die in diesem Abschnitt besprochen wurden:

Kommando	Aufgabe
A:	Umschalten auf Laufwerk A:
CD	Umschalten in eine Sub-Directory
COPY	Kopieren einer Datei
DEL	Löschen einer Datei
DIR	Ausgabe des Inhaltsverzeichnisses eines externen Speichers
DISKCOPY	Kopieren einer Diskette
FORMAT	Formatieren einer Diskette
MD	Anlegen einer Sub-Directory
RD	Löschen einer Sub-Directory
RENAME	Umbenennen einer Datei
TYPE	Ausgabe einer Datei

3. BASIC-GRUNDLAGEN

In der Regel gehört zum Lieferumfang eines PC-Rechners auch ein Übersetzungsprogramm, welches BASIC-Programme verarbeitet. Dieser BASIC-Übersetzer wird von der Betriebssystemdiskette oder einer speziellen BASIC-Diskette mit dem Kommando BASIC (oder BASICA oder GWBASIC - je nachdem, welche der verschiedenen BASIC-Versionen zur Verfügung steht) geladen.

Für BASIC-Programme gelten die folgenden wichtigen Regeln:

1. Jeder Satz in einem solchen Programm wird numeriert (üblicherweise numeriert man in Zehnerschritten).

2. In einem Satz können mehrere Anweisungen stehen, die dann durch Doppelpunkte voneinander getrennt werden müssen.

3. In jeder Anweisung tauchen Schlüsselworte auf, die im folgenden mit Großbuchstaben geschrieben werden, damit sie als solche direkt erkannt werden können.

Die wichtigsten Anweisungen sind die folgenden (ihre Anordnung in der nachstehenden Übersicht entspricht der Reihenfolge, in der diese Anweisungen üblicherweise in Einsteigerkursen behandelt werden):

```
CLS           : Löschen des Bildschirms

PRINT         : Ausgabe von Informationen auf dem Bildschirm
```

Beispiele zur PRINT-Anweisung:

```
    PRINT 3      : Ausgabe der Zahl 3
    PRINT 10/4   : Ausgabe des Rechenergebnisses 2.5
    PRINT "Wert": Ausgabe des Strings "Wert"
    PRINT X      : Ausgabe des Inhalts des Speicherfeldes X
    PRINT        : Ausgabe einer leeren Zeile

END           : Beendigung eines BASIC-Programms

LET           : Belegung eines Speicherfeldes
```

Beispiele zur LET-Anweisung:

```
    LET X=3      : Belegung des numerischen Speicherfeldes,
                   das den Namen X trägt, mit dem Wert 3
    LET X=X+1    : Erhöhung des Inhalts von X um 1
    LET N$="Ute": Belegung des Stringsfeldes, das den Namen
                   N$ trägt (Stringfeldnamen werden mit dem
                   $-Zeichen beendet), mit dem String "Ute"

INPUT         : Belegung von Speicherfeldern im Dialog
```

Beispiele zur INPUT-Anweisung:

```
    INPUT X      : Wird diese Anweisung erreicht, erfolgt
                   eine automatische Programmunterbrechung
                   mit Ausgabe eines Fragezeichens. Das Pro-
                   gramm wartet auf eine numerische Eingabe
                   (X ist ein numerisches Speicherfeld), die
                   mit der Return-Taste abzuschließen ist.
```

Dieser numerische Wert wird im Feld X gespeichert und das Programm wird weiter abgearbeitet.

INPUT N$: Abwarten einer Stringeingabe

INPUT "Bitte Ihren Namen und die Return-Taste";N$
Abwarten einer Stringeingabe nach vorheriger Ausgabe des Textes innerhalb der Anführungszeichen

INPUT A,B,C : Warten auf drei numerische Werte

GOTO : Unbedingter Sprung

Beispiel zur GOTO-Anweisung:

GOTO 100 : Wird diese Anweisung erreicht, erfolgt ein Sprung zum Satz mit der Satznummer 100

IF...THEN : Bedingter Sprung

Beispiele zur IF...THEN-Anweisung:

IF X<16 THEN GOTO 100
Solange im Feld X ein Wert steht, der kleiner als 16 ist, erfolgt ein Sprung zum Satz mit der Nummer 100, andernfalls wird der im Programm nächstfolgende Satz behandelt

IF N$="N" THEN END
Steht im Stringfeld N$ der Wert "N", wird das Programm beendet, andernfalls wird der im Programm nächstfolgende Satz behandelt

FOR...TO : Beginn einer Programmschleife

NEXT : Ende einer Programmschleife

Beispiele zur Kombination der FOR...TO- mit der NEXT-Anweisung (beide gehören zusammen):

```
10 FOR I=1 TO 10
20 PRINT "Runde NR.";I
30 NEXT I
```

Alle Anweisungen, die zwischen einer FOR...TO- und der dazugehörigen NEXT-Anweisung stehen (hier ist dies nur der Satz 20) werden so oft durchlaufen, wie es die FOR...TO-Anweisung verlangt. In diesem Beispiel gibt sie an, daß der Laufindex, den ich mit I bezeichnet habe, alle (ganzzahligen) Werte zwischen 1 und 10 annehmen soll. Das Programm läuft also 10 "Runden" und produziert das folgende Ergebnis auf dem Bildschirm:

```
Runde Nr.  1
Runde Nr.  2
usw.
Runde Nr.  10
```

DATA : Bereitstellung von Daten

Beispiele zur DATA-Anweisung:

```
DATA 22,35,33,64,55
              Bereitstellung numerischer Informationen
DATA Otto,Susi,Berta,Eva,Fritz
              Bereitstellung von String-Informationen
```

READ : Lesen von Informationen aus DATA-Anweisungen

Beispiel zur READ-Anweisung:

```
READ A,B,C  : Lesen von drei numerischen Angaben
```

DIM : Dimensionieren von Arrays

Beispiel zur DIM-Anweisung:

```
DIM X(12)   : Für den Array mit dem Namen X werden 12
              Teilfelder reserviert (die einzelnen
              Teilfelder werden mit X(1), X(2), usw.
              bezeichnet)
```

Die Programmiersprache BASIC verfügt über sehr viele weitere Anweisungen. Sofern Anweisungen in den folgenden BASIC-Programmen auftauchen, die in dem obigen Grundvorrat nicht aufgetaucht sind, werden sie von Fall zu Fall erläutert.

Darüber hinaus stehen in BASIC eine Reihe von Kommandos zur Verfügung, wobei zu berücksichtigen ist, daß Kommandos nicht mit einer Nummer versehen werden dürfen. Die wichtigsten dieser Kommandos sind die folgenden:

RUN : Starten eines BASIC-Programms

LIST : Auflisten eines Programms auf dem Bildschirm

SAVE : Speichern eines Programms auf externem Speicher

LOAD : Laden eines Programms vom externen Speicher

FILES : Ausgabe des Inhaltsverzeichnisses eines externen Speichers

NEW : Löschen des Arbeitsspeichers des Rechners

SYSTEM : Rückkehr zur Betriebssystemebene

Als weitere Sprachelemente stehen in der Programmiersprache BASIC Funktionen zur Verfügung (sie können nur innerhalb von Anweisungen oder Kommandos und nie für sich allein verwendet werden). Hier soll nur eine einzige Funktion angesprochen werden:

SQR : Diese Funktion zieht die Quadratwurzel aus dem in Klammern hinter dem Funktionsnamen einzuschließenden numerischen Argument

Beispiel zur SQR-Funktion:

PRINT SQR(49): Ausgabe des Wertes 7 auf dem Bildschirm

Dieser Überblick über die wichtigsten BASIC-Sprachelemente soll an dieser Stelle genügen. Ihre Funktionsweise zeigt sich zur Genüge in den folgenden Beispielen.

4. dBASE-GRUNDLAGEN

Wie im vorangegangenen Abschnitt über BASIC soll hier vor der konkreten Anwendung auch kurz in allgemeiner Form über das Dateiverwaltungsprogramm dBASE III plus gesprochen werden.

Ein Dateiverwaltungsprogramm dient dazu, Daten einzugeben, zu verändern, zu speichern und zu verrechnen. Darüber hinaus kann ein solches Programm dazu verwendet werden, Daten zu suchen, zu sortieren und nach unterschiedlichen Auswahlkriterien zu selektieren.

Ausgangspunkt für den Einsatz eines derartigen Programms ist eine Datenbank in der Informationen zu einzelnen Merkmalsträgern zeilenweise angeordnet sind: Jede Zeile repräsentiert

sentiert einen Datensatz (record), wobei beachtet werden muß, daß jeder Datensatz die gleiche Struktur aufweisen muß. Jede Spalte, die als Feld bezeichnet wird, repräsentiert eine Variable. Es handelt sich dabei also um eine Datenmatrix, wie wir sie an verschiedenen Stellen der vorangegangenen Kapitel schon kennengelernt haben.

Übrigens gilt in diesem Zusammenhang, daß auch bei der Datenanalyse mit Hilfe selbst erstellter BASIC-Programme von einer solchen Datenmatrix ausgegangen werden kann: Wird nur eine Variable untersucht (univariate statistische Methoden), besteht sie aus nur einer, sonst aber aus mehreren Spalten.

Das Dateiverwaltungsprogramm dBASE III plus kann in zwei Arten betrieben werden, nämlich menügesteuert oder im sog. Kommando-Modus. Wir werden im folgenden nur den Kommando-Modus betrachten, um dem Leser möglichst kurzgefaßt mitteilen zu können, wie die einzelnen Möglichkeiten des Programms aktiviert werden. Sollte nach dem Start von dBASE III plus automatisch der Menümodus aktiviert sein, so kann man mit der Esc-Taste zum Kommandomodus umschalten.

Nach dem Start des Dateiverwaltungsprogramms dBASE III plus muß diesem System zunächst die Datenbank bereitgestellt werden, was mit folgenden Arbeitsschritten geleistet wird:

1. Anmelden des Arbeitslaufwerks (dBASE speichert automatisch; dazu muß aber das Arbeitslaufwerk bekannt sein) mit dem folgenden Kommando

SET DEFAULT TO A:

An der Stelle A: kann gegebenenfalls natürlich auch eine andere Laufwerks- oder Unterverzeichnisbezeichnung stehen.

2. Anlegen einer Datenbank mit dem Kommando:

CREATE Dateiname

Nach dem CREATE-Kommando verlangt das Programm vom Benutzer Strukturinformationen zu jedem Feld der anzulegenden Datenbank. Diese Strukturinformationen beziehen sich gewissermaßen auf die Kopfzeile der Datenmatrix, strukturieren aber auch jeden einzelnen Datensatz der Matrix. Im einzelnen handelt es sich um

a) Name des jeweiligen Feldes (Spalten-, Variablenbezeichnung)

b) Typ des Feldes (String oder numerisch, weitere Typen sind möglich)

c) Länge des Feldes (Spaltenbreite = Zahl der Anschläge)

d) Zahl der Dezimalstellen (nur bei numerischen Feldern; siehe b))

Wenn der Benutzer für alle Felder diese Strukturinformationen bekanntgegeben hat (nachträgliche Änderungen sind möglich, sollen hier aber nicht besprochen werden), ist diese Informationseingabe mit der Return-Taste zu beschließen, wodurch das System veranlaßt wird, diese Informationen automatisch zu speichern.

Danach wird dem Benutzer die Möglichkeit geboten, nun die eigentlichen Daten einzugeben. Dabei benutzt das System die Strukturinformationen, um dem Benutzer Satz für Satz immer die gleiche Eingabemaske auf dem Bildschirm bereitzustellen, in die er nun die einzelnen Informationen eintragen kann. Satz für Satz wird automatisch gespeichert und auch automatisch numeriert. Es ist also nicht erforderlich, daß der Benutzer irgendwelche Satznummern eingibt. Ist kein weiterer Datensatz mehr einzugeben, ist erneut die Return-Taste zu drücken, um den Eingabeprozeß zu beenden.

Im folgenden präsentieren wir die wichtigsten dBASE-Kommandos, wobei diejenigen im Vordergrund stehen, die mit statistischen Auswertungen zu tun haben könnten. Die Anordnung in dieer Liste orientiert sich am üblichen Gang eines Datenauswertungsprozesses.

Zur Illustration der einzelnen Kommandos benutzen wir das folgende einfache Beispiel einer Schülerdatei:

Name	Mathe	Sport	Bio
Voß	1	1	1
Meier	5	2	3
Sorglos	2	2	2
Müller	5	2	3

Kommando		Aufgabe
SET DEFAULT TO A:	:	Anmelden des Arbeitslaufwerks (siehe oben)

CREATE Datenbankname: Anlegen einer neuen Datenbank (siehe oben)

Beispiel : CREATE Noten

Nach diesem Befehl können die obigen Daten eingegeben werden, wie es weiter oben beschrieben wurde und im folgenden Abschnitt auch noch einmal angesprochen wird.

USE Datenbankname : Zugriff auf eine gespeicherte Datenbank

Beispiel : USE Noten

Die gespeicherte Datenbank wird jetzt geladen. Auf dem Bildschirm geschieht noch nichts, bis das folgende Kommando eingegeben wird.

LIST : Ausgabe einer Datenbank auf dem Bildschirm

Ausgehend von dem obigen Beispiel erscheint jetzt auf dem Bildschirm:

SATZ#	NAME	MATHE	SPORT	BIO
1	Voß	1	1	1
2	Meier	5	2	3
3	Sorglos	2	2	2
4	Müller	5	2	3

LIST Name1,Name2,.. : Ausgabe nur bestimmter Felder der Datenbank

Beispiel : LIST Name,Bio

Dieses Kommando ergibt:

SATZ#	NAME	BIO
1	Voß	1
2	Meier	3
3	Sorglos	2
4	Müller	3

LIST FOR Bedingung : Ausgabe selektierter Datensätze

Beispiel : LIST FOR Name = "Sorglos"

Dieses Kommando ergibt:

SATZ#	NAME	MATHE	SPORT	BIO
3	Sorglos	2	2	2

Beispiel : LIST FOR Bio>1

Dieses Kommando ergibt:

SATZ#	NAME	MATHE	SPORT	BIO
2	Meier	5	2	3
3	Sorglos	2	2	2
4	Müller	5	2	3

COPY TO Datenbankname2 : Kopieren einer Datei (zu diesem Zweck muß mit diesem Kommando eine zweite Datenbank angelegt werden)

Beispiel : USE Noten
COPY TO Noten2

SORT TO Datenbankname2 ON Feldname :
Sortieren einer Datenbank (auch dazu ist eine zweite erforderlich) unter Nutzung der Variablen im hinter dem Schlüsselwort ON angesprochenen Feld als Sortierkriterium

Beispiel : SORT TO Notnam ON Name

Nach Eingabe der Kommandos USE Notnam und LIST ergibt sich:

SATZ#	NAME	MATHE	SPORT	BIO
1	Meier	5	2	3
2	Müller	5	2	3
3	Sorglos	2	2	2
4	Voß	1	1	1

EDIT Satznummer : Bereitstellung eines Datensatzes, um Änderungen vorzunehmen. Dieser Editiermodus muß nach erfolgten Veränderungen durch gemeinsames Drücken der Tasten Ctrl und End verlassen werden.

APPEND : Anhängen weiterer Datensätze

Nach diesem Kommando wird wieder die Eingabemaske bereitgestellt, die die bequeme Eingabe weiterer Datensätze ermöglicht.

COUNT : Zählen von Datensätzen

Angewandt auf unsere kleine Beispiel-Datenbank erscheint auf dem Bildschirm nach Eingabe dieses Kommandos der Wert 4.

COUNT FOR Bedingung : Zählen der Datensätze, die eine Bedingung erfüllen

Beispiel : COUNT FOR Bio>1

Nach Eingabe dieses Kommandos erscheint der Wert 3 auf dem Bildschirm.

Beispiel : COUNT FOR Bio>1 .AND. Mathe=5

Hier ergibt sich der Wert 2.

COUNT FOR Bedingung TO Speicherfeld:
Zählen der Datensätze, die eine Bedingung erfüllen und Speicherung des Ergebnisses in einem zu benennenden Speicherfeld

Beispiel : COUNT FOR Bio>1 TO N1

Hier wird die Zahl 3 im Speicherfeld mit dem Namen N1 gespeichert.

SUM Feldname : Addition aller numerischen Werte im angegebenen Feld

Beispiel : SUM Bio

Hier ergibt sich der Wert 9 auf dem Bildschirm.

Das SUM-Kommando erlaubt die gleichen Modifikationen, wie sie für das COUNT-Kommando genannt wurden.

AVERAGE Feldname : Berechnung des arithmetischen Mittels aus den numerischen Werten im angegebenen Feld

Beispiel : AVERAGE Bio

Hier ergibt sich der Wert 2.25 auf dem Bildschirm.

Das AVERAGE-Kommando erlaubt die gleichen Modifikationen, wie sie für das COUNT-Kommando genannt wurden.

REPLACE ALL Feldname WITH Ausdruck: Mit diesem Kommando können alle Positionen im angesprochenen Feld mit neuen Werten, zum Beispiel auch mit Rechenergebnissen besetzt werden

Dieses letzte Kommando ist dann besonders hilfreich, wenn zum Beispiel eine neue Matrixspalte erzeugt wird, in die beispielsweise das paarweise Produkt aus den Werten aus zwei anderen Spalten eingetragen werden soll. Ein entsprechendes Beispiel findet sich weiter unten.

Für solche Aufgaben muß allerdings zunächst die Struktur der gegebenen Datenbank verändert werden (das Anlegen einer neuen Spalte ist eine Strukturveränderung), was nach folgendem Kommando möglich ist:

MODIFY STRUCTURE

Für die neue Spalte sind dann wieder die Strukturinformationen anzugeben, wie sie oben besprochen wurden (Name, Typ, Länge, eventuell Dezimalstellen) und auch dieser Veränderungsprozeß muß mit der Tastenkomabination Ctrl und End verlassen werden.

Danach kann die neue Spalte gefüllt werden - entweder unter Nutzung des EDIT-Kommandos (siehe oben) oder mit dem gerade besprochenen REPLACE-Kommando.

Auch im Programmpaket dBASE können Funktionen benutzt werden - so zum Beispiel die Funktion SQRT, die dazu dient, aus ihrem Argument die Quadratwurzel zu ziehen.

Auf weitere Elemente der dBASE-Programmsystemsprache soll an dieser Stelle nicht eingegangen werden. Die vorgestellten Kommandos genügen für unsere Zwecke.

5. AUSGANGSBEISPIEL UND DATENEINGABE

Von einem einfachen numerischen Beispiel ausgehend soll nun gezeigt werden, wie statistische Auswertungen mit Hilfe von BASIC-Programmen bzw. unter Nutzung des Dateiverwaltungsprogramms dBASE III plus aussehen. Dabei gehen wir von einer überschaubaren Datenmatrix aus, die aus nur zwei Spalten und zehn Zeilen besteht. Es wird also im folgenden unterstellt, daß zum Beispiel 10 zufällig ausgewählte Familien im Rahmen einer sozialwissenschaftlichen Untersuchung unter anderem nach zwei Merkmalen X und Y befragt werden, also etwa nach dem monatlichen Nettoeinkommen und der Zahl der Kinder. Es versteht sich, daß mit größeren Datenmatrixen, also mit einem Datenbestand, der sich zum Beispiel auf 1000 Merkmalsträger (ob dies nun Familien, Personen oder andere Merkmalsträger sind) und auf 20 Variablen bezieht, genauso gearbeitet werden kann.

Der "Spieldatenbestand", den wir nutzen wollen, sieht so aus:

Familie	Einkommen	Kinderzahl
1	2523.--	1
2	3177.50	2
3	2128.--	0
4	3433.20	0
5	2900.--	1
6	3380.35	3
7	3155.85	4
8	2634.50	1
9	3122.25	0
10	3465.--	1

Diese fiktiven Daten sollen nun zum Zwecke der weiteren statistischen Auswertung in einen Rechner eingegeben werden, wobei zum einen ein entsprechendes BASIC-Programm genutzt, zum anderen die Dateneingabe aber auch mit Hilfe des

Dateiverwaltungsprogramms dBASE III plus verwirklicht werden kann.

a) BASIC-Lösung

Im folgenden BASIC-Programm werden die Daten über DATA-Anweisungen bereitgestellt und mit READ-Anweisungen in einen doppelt indizierten Array eingelesen. Um das Programm allgemein zu halten, wird die Zahl der Zeilen und die Zahl der Spalten der Datenmatrix frei vorgegeben, so daß nach entsprechender Eingabe auch eine anders dimensionierte Datenmatrix eingegeben werden kann; es versteht sich, daß dann allerdings auch die DATA-Anweisungen anders aussehen müssen.

```
10 REM Programm zur Dateneingabe *******
20 N=10 : V=2
30 DATA 2523,1
40 DATA 3177.50,2
50 DATA 2128,0
60 DATA 3433.20,0
70 DATA 2900,1
80 DATA 3380.35,3
90 DATA 3155.85,4
100 DATA 2634.50,1
110 DATA 3122.25,0
120 DATA 3465,1
130 DIM X(N,V)
140 FOR I=1 TO N : FOR J=1 TO V
150 READ X(I,J) : NEXT J : NEXT I
160 REM Kontrollausgabe ***************
170 CLS : PRINT "Nr","Einkommen","Kinder"
180 FOR I=1 TO N
190 PRINT I,X(I,1),X(I,2)
200 NEXT I
210 REM Speicherung *******************
220 OPEN "Dat1" FOR OUTPUT AS#1
230 FOR I=1 TO N : FOR J=1 TO V
240 PRINT#1,X(I,J) : NEXT J : NEXT I
250 CLOSE
260 PRINT "Ende des Programms"
270 END
```

Programmbeschreibung:

Satz 10:

Programmüberschrift unter Nutzung der noch nicht besprochenen REM-Anweisung. Sie dient dazu, Kommentare in ein BASIC-Programm einzubetten, die keinen Einfluß auf die Programmabarbeitung haben.

Satz 20:

Vorgabe der Zahl der Zeilen (N = Anzahl der Beobachtungen) und der Spalten (V = Zahl der Variablen) der Datenmatrix. Bei einer anders dimensionierten Matrix braucht nur diese Programmzeile verändert zu werden.

Satz 30-120:

Vorgabe der Daten.

Satz 130:

Dimensionieren des erforderlichen Arrays. Es kann hier davon ausgegangen werden, daß nur numerische Informationen vorliegen. Ist dies in einem anderen Beispiel nicht der Fall, müssen die Datenbankspalten einzeln (eindimensional) dimensioniert werden.

Satz 140-150:

Einlesen der Daten in einer geschachtelten Schleife; die äußere Schleife läuft über alle Sätze (Zeilen), die innere über alle Spalten (Variablen).

Satz 160-200:

Kontrollausgabe der gelesenen Werte auf dem Bildschirm nach Löschen desselben und Ausgabe einer Tabellenüberschrift. Bei der Ausgabe erscheinen auch die Werte des Laufindex I, der die Sätze durchnumeriert.

Satz 210-250:

Speicherung der Daten durch das Programm selbst in einer Datei mit dem Namen Dat1 unter Nutzung der noch nicht besprochenen OPEN- und der CLOSE-Anweisung.

Satz 260-270:

Beendigung des Programms mit einer Schlußmeldung.

Wenn das Programm selbst gespeichert werden soll (die Daten sind ja schon automatisch gespeichert worden), ist das folgende Kommando zu benutzen:

SAVE "Prog1"

wobei der Einfachheit halber unterstellt wurde, daß das Programm den Namen Prog1 tragen soll.

b) dBASE-Lösung

Sollen die Spieldaten unter Nutzung des Dateiverwaltungsprogramms dBASE III plus eingegeben und gespeichert werden, ist nach dem Start dieses Programmsystems wie folgt vorzugehen (siehe auch Abschnitt 4.):

1. Anmelden des Arbeitslaufwerks mit dem Kommando

SET DEFAULT TO A:

2. Erzeugen einer Datenbank mit dem Kommando

CREATE Dat1

3. Eingabe der Strukturinformationen für das erste Feld (Feldnamen dürfen nicht mehr als 8 alphanumerische Symbole umfassen, wobei Sonderzeichen nicht erlaubt sind):

Name = Eink
Typ = N für Numerisch
Länge = 8
Dezimal = 2

4. Eingabe der Strukturinformationen für das zweite Feld:

Name = Kinder
Typ = N für Numerisch
Länge = 1
Dezimal = 0

5. Eingabe der Daten selbst Satz für Satz

In diesem fünften Schritt wird auch automatisch gespeichert, so daß man, wenn man die Eingabe nach dem zehnten Satz mit der Return-Taste beendet, mit dem Kommando LIST die komplette Datenbank auf dem Bildschirm ausgegeben kann.

6. LESEN VON DATEN

In diesem Abschnitt wird gezeigt, wie eine einmal erzeugte und gespeicherte Datenbank wieder gelesen werden kann. Wir stützen uns dabei wieder auf das vorangegangene Beispiel.

a) BASIC-Lösung

Ein BASIC-Program, welches die Datenmatrix lesen soll, die mit dem vorangegangenen Programm gespeichert wurde, muß eine Information darüber erhalten, wieviele Zeilen und Spalten die zu lesende Datenmatrix hat. Wenn die Gefahr besteht, daß dies vergessen werden könnte, empfiehlt es sich, schon bei der Datenspeicherung in einer Hilfsdatei auch diese beiden numerischen Werte abzulegen und in einem Leseprogramm zuerst den Inhalt dieser Hilfsdatei lesen zu lassen. Darauf soll hier aber nicht eingegangen werden, sondern es wird die einfachste Version eines Leseprogramms vorgestellt, bei dessen Eingabe der Benutzer weiß, wie groß N und V ist und auch, wie die zu lesende Datei heißt (Dat1).

```
10 REM Leseprogramm ********************
20 N=10 : V=2
30 DIM X(N,V)
40 OPEN "Dat1" FOR INPUT AS#1
50 FOR I=1 TO N : FOR J=1 TO V
60 INPUT#1,X(I,J) : NEXT J : NEXT I
70 CLOSE
80 REM Kontrollausgabe *****************
90 CLS : PRINT "Nr","Einkommen","Kinder"
100 FOR I=1 TO N : FOR J=1 TO V
110 PRINT I,X(I,J), : NEXT J : PRINT : NEXT I
120 PRINT : PRINT "Ende des Programms"
130 END
```

Programmbeschreibung:

Satz 10:

Programmüberschrift.

Satz 20-30:

Vorgabe von N (Zahl der Datensätze) und V (Zahl der Variablen) und Dimensionierung des erforderlichen zweidimensionalen Arrays.

Satz 40-70:

Öffnen der zu lesenden Datei, Lesen der Daten in einer geschachtelten Schleife, Schließen der Datei.

Satz 80-130:

Kontrollausgabe der gelesenen Daten und Beendigung des Programms.

Auch dieses Programm kann mit dem SAVE-Kommando gespeichert werden, wobei nun ein neuer Programmname (zum Beispiel "Prog2") verwendet werden muß.

b) dBASE-Lösung

Das Lesen gespeicherter Daten mit Hilfe des Dateiverwaltungsprogramms dBASE III plus ist viel einfacher. Hier sind die folgenden Arbeitsschritte nach dem Start von dBASE erforderlich:

1. Anmelden des Arbeitslaufwerks

SET DEFAULT TO A:

2. Laden der interessierenden Datei

USE Dat1

3. Kontrollausgabe der Datei

LIST

Bei großen Dateien empfiehlt es sich, in diesem letzten Schritt das LIST-Kommando zu ersetzen durch das Kommando

DISPLAY ALL

welches mit dem Vorteil verbunden ist, daß immer dann, wenn ein Bildschirm voll ist, die Ausgabe der Datensätze automatisch unterbrochen wird und erst dann fortgesetzt wird, wenn der Benutzer dies wünscht.

7. ZÄHLEN

Voraussetzung für viele Aktivitäten der statistischen Auswertung ist, daß man weiß, wieviele Datensätze vorhanden sind. In den bisher besprochenen beiden Beispielen haben wir unterstellt, dies sei bekannt (N=10). Wenn dies aber nicht der Fall ist, können wir das BASIC-Programm bzw. das Dateiverwaltungsprogramm dazu veranlassen, selbst zu zählen.

a) BASIC-Lösung

Zum Zählen muß ein Abbruchwert vorgegeben werden, der ein Wert sein muß, der real nicht auftreten kann (bei Kinderzahlen also zum Beispiel der Wert -1). Gibt man diesen Wert als letzten in den DATA-Anweisungen an, kann er benutzt werden, Zählprozesse zu beenden, wie das folgende Programm zeigt.

In diesem Programm wird durch Lesen gezählt. Allerdings kann nicht in einen dimensionierten Array hineingelesen werden, weil die Dimensionierung ja erforderte, daß wir die Anzahl der Werte schon vorher wüßten. Deshalb kann nur in einziges Speicherfeld hineingelesen werden, wobei der jeweils folgende Wert den jeweils vorhergehenden überschreibt.

Nach dem zählenden Lesen sind also alle Werte wieder verloren und müssen nun erneut gelesen werden, nun aber in einen dimensionierten Array hinein, dessen Dimensionierung nach dem Zählen ja möglich ist. Damit das Programm aber erneut auf die Werte der DATA-Anweisungen zugreifen kann, ist - wie das folgende Programm zeigt - zunächst die noch nicht besprochene RESTORE-Anweisung erforderlich, die gewissermaßen den "Lesezeiger" wieder an den Anfang der ersten DATA-Anweisung zurücksetzt.

```
10 REM Zählen und Lesen ***************
20 DATA 1,2,0,0,1,3,4,1,0,1
30 DATA -1
40 REM Zählen *************************
50 FOR I=1 TO 10000 : READ X
60 IF X = -1 THEN GOTO 80
70 NEXT I
80 N = I-1
90 CLS : PRINT "Anzahl = ";N
100 REM Lesen ************************
110 DIM X(N)
120 RESTORE
130 FOR I=1 TO N : READ X(I) : NEXT I
140 REM Kontrollausgabe ***************
150 PRINT "Nr","Kinder"
160 FOR I=1 TO N : PRINT X(I) : NEXT I
170 PRINT "Ende des Programms" : END
```

Programmbeschreibung:

Satz 10-30:

Programmüberschrift, Vorgabe der Daten und des Abbruchwertes

Satz 40-90:

Zählen: In einer sehr groß angelegten Schleife (...bis 10000) wird Wert für Wert in das Speicherfeld X hineingelesen. Nach jeder Aufnahme eines Wertes wird in Satz 60 geprüft, ob dies der Abbruchwert ist; wenn ja, erfolgt ein Sprung zum Satz 80, andernfalls wird Satz 70 erreicht, d.h. weitergelesen. Wird Satz 80 erreicht, dann deshalb, weil der Abbruchwert gefunden wurde. Dann ist die Zahl der "echten" Werte bekannt; sie entspricht dem Wert, den der Schleifenindex I jetzt erreicht hat minus 1. Dies wird zur Kontrolle ausgegeben.

Satz 100-120:

Jetzt kann korrekt dimensioniert werden und der "Lesezeiger" wird mit der RESTORE-Anweisung an den Anfang der ersten DATA-Anweisung zurückgeschickt.

Satz 130-170:

Jetzt können die Daten in einen korrekt dimensionierten Array eingelesen werden. Der Überschaubarkeit halber sind wir bei diesem kleinen Beispiel von einem eindimensionalen Datenbestand ausgegangen. Bei Bedarf schließt sich eine Kontrollausgabe an, wie sie in anderen Programmen ja schon vorgestellt wurde, und das Programm wird beendet.

Dieses Programm kann mit dem SAVE-Kommando zum Beispiel unter dem Namen "Prog3" gespeichert werden.

b) dBASE-Lösung

Das Zählen von Datensätzen mit Hilfe des Dateiverwaltungsprogramms dBASE III plus ist wieder viel einfacher. Hier sind die folgenden Arbeitsschritte nach dem Start von dBASE erforderlich:

1. Anmelden des Arbeitslaufwerks

```
SET DEFAULT TO A:
```

2. Laden der interessierenden Datei

```
USE Dat1
```

3. Zählen der Datensätze

```
COUNT
```

4. Kontrollausgabe der Datei

```
LIST
```

8. SORTIEREN

In diesem Abschnitt soll gezeigt werden, wie der Ausgangsdatenbestand (Einkommen und Kinderzahl befragter Familien) sortiert werden kann, wobei wir als Sortierkriterium beispielsweise das Einkommen verwenden können.

a) BASIC-Lösung

```
10 REM Programm zum Sortieren **********

20-200

wie im Programm Nr. 1 : Vorgabe und Einlesen der Ausgangs-
daten

210 REM Sortieren *********************
220 FOR L=1 TO N-1 : FOR R=L+1 TO N
230 IF X(L,1)<=X(R,1) THEN GOTO 250
240 FOR J=1 TO V : SWAP X(L,J),X(R,J) : NEXT J
250 NEXT R : NEXT L
260 REM Ausgabe ***********************
270 CLS : PRINT "Ausgabe der sortierten Werte"
280 PRINT "Nr","Einkommen","Kinder"
290 FOR I=1 TO N : PRINT I,X(I,1),X(I,2) : NEXT I
300 PRINT "Ende des Programms" : END
```

Programmbeschreibung:

Satz 10-200:

In den Sätzen 10-200 entspricht dieses Programm demjenigen, das wir beim Thema "Einlesen von Daten" schon kennengelernt haben.

Satz 210-250:

In diesem Programmteil wird sortiert. Wie es bei der entsprechenden Problemanalyse in Kapitel 10 beschrieben wurde, sind dazu paarweise Vergleiche erforderlich, wobei N-1 "Runden" zu durchlaufen sind (L = 1 bis N-1); in jeder dieser "Runden" sind Paarvergleiche erforderlich (R = L+1 bis N), die sich auf die Variable X(-,1) (dies ist die erste Variable, also das Einkommen) beziehen.

Wollte man die zweite Variable (Kinderzahl) als Sortierkriterium verwenden, müßte an dieser Stelle X(-,2) verwendet werden. Will man dies bei einer größeren Datenmatrix mit mehr als zwei Variablen offenhalten, wäre X(-,S) zu verwenden, wobei S durch den Benutzer - etwa über eine INPUT-Anweisung - belegt werden müßte.

Bei jedem Paarvergleich (Satz 230) wird überprüft, ob der "linke" Wert (X(L,1)) kleiner oder gleich dem "rechten" Wert (X(R,1)) ist; ist dies der Fall, braucht nicht getauscht zu werden, weshalb direkt ein Sprung zum Satz 250 erfolgt (Übergang zum nächsten Paarvergleich). Ist diese Bedingung hingegen nicht erfüllt, muß getauscht werden, wofür wir die noch nicht besprochene SWAP-Anweisung verwenden (Satz 240). Da dann immer komplette Datensätze gegeneinander ausgetauscht werden müssen, ist diese SWAP-Anweisung eingebettet in eine Programmschleife, die alle Variablen berührt (J = 1 bis V). Nach dem eventuellen Tausch wird ebenfalls Satz 250 erreicht, d.h. es wird der nächste Paarvergleich in Angriff genommen.

Satz 260-300:

Kontrollausgabe der sortierten Datenmatrix nach Löschen des Bildschirms und Beendigung des Programms nach einer entsprechenden Schlußmeldung.

b) dBASE-Lösung

Das Sortieren von Datensätzen mit Hilfe des Dateiverwaltungsprogramms dBASE III plus erfordert einen sehr viel bescheideneren Aufwand. Allerdings muß zu diesem Zweck eine zweite Datei erzeugt werden. Es sind die folgenden Arbeitsschritte nach dem Start von dBASE erforderlich:

1. Anmelden des Arbeitslaufwerks

SET DEFAULT TO A:

2. Laden der interessierenden Datei

USE Dat1

3. Sortieren nach dem Einkommen

SORT TO Dat2 ON Eink

4. Laden der sortierten Datei

USE Dat2

5. Ausgabe der sortierten Datei

LIST

9. GRUPPIEREN

In Kapitel 10 wurde darauf hingewiesen, daß bei einer diskreten Variablen (Beispiel: Kinderzahl befragter Familien) die Übersichtlichkeit eines größeren Datenbestandes dadurch hergestellt wird, daß eine Häufigkeitsverteilung durch Gruppieren der Merkmalswerte erzeugt wird. Wenn wir wieder von unserem Spieldatenbestand ausgehen, und nach der Kinderzahl gruppieren, erhalten wir die folgenden Lösungen:

a) BASIC-Lösung

Auch das Programm, welches hier erforderlich ist, sieht in den Sätzen 10-200 so aus, wie das Datenbereitstellungs- und Einleseprogramm, das als erstes vorgestellt wurde. Anschließend muß nach der Variablen "Kinderzahl" sortiert werden (auch darüber wurde ja schon gesprochen), damit durch das Programm automatisch festgestellt wird, welches der Anfangswert (XK = kleinster Wert) und welches der Endwert (XG = größter Wert) für den Gruppierungsprozeß ist. Somit erhalten wir das folgende Programm:

10-200

Datenbereitstellung und Einlesen wie im Programm Nr. 1

```
210 REM Sortieren der Variablen Kinderzahl
220 FOR L=1 TO N-1 : FOR R=L+1 TO N
230 IF X(L,2)<=X(R,2) THEN GOTO 250
240 SWAP X(L,2),X(R,2)
250 NEXT R : NEXT L
260 XK = X(1,2) : XG = X(N,2) : K = XG-XK+1
270 DIM F(K)
280 REM Gruppieren (Kinderzahl) ********
290 FOR I=1 TO N : FOR G=XK TO XG : J = G-XK+1
300 IF X(I,2) = G THEN F(J) = F(J)+1 : GOTO 320
310 NEXT G
320 NEXT I
330 REM Ausgabe der Kinderzahlverteilung
340 CLS : PRINT "Kinder","Häufigkeit"
350 FOR G = XK TO XG : J = G-XK+1
360 PRINT G,F(J) : NEXT G
370 PRINT "Ende der Ausgabe" : END
```

Programmbeschreibung:

Satz 10-200:

Dieser Programmteil ist schon aus dem ersten Programm bekannt. Es handelt sich um die Bereitstellung der Daten über DATA-Anweisungen, um die Vorgabe von N (Anzahl der Beobachtungen) und V (Anzahl der Variablen) und das Einlesen der Daten in einen entsprechend dimensionierten Array.

Satz 210-250:

Sortieren nach der Kinderzahl (Variable X(-,2)) - auch darüber wurde schon gesprochen.

Satz 260-270:

Nach dem Sortieren steht an der ersten Stelle des sortierten Arrays der kleinste Wert (X(1,2)) und an der letzten Stelle (X(N,2)) der größte Wert. Diese Werte ordnen wir der Übersichtlichkeit halber zwei neuen Feldern XK und XG zu. Damit ist klar, daß es K = XG-XK+1 Gruppierungswerte gibt (dies gilt allerdings nur dann, wenn die diskrete Variable ganzzahlige Werte aufweist; dies dürfte in der Praxis der weitaus häufigste Fall sein. Ist dies nicht der Fall, müßte K entsprechend der Schrittweite der diskreten Variablen berechnet werden). Entsprechend kann jetzt der erforderliche Häufigkeiten-Array dimensioniert werden (Satz 270).

Satz 280-320:

Die Gruppierung selbst erfolgt jetzt so, daß jeder Merkmalswert X(I,2) (für I von 1 bis N) mit jedem Gruppierungswert G (für G von XK bis XG) verglichen wird. Bei Übereinstimmung wird der entsprechende Häufigkeitenzähler F(J) um 1 erhöht. Dabei muß der Index J für die Häufigkeiten von 1 beginnend aufwärts laufen, während die Gruppierungswerte G bei XK beginnend aufwärts laufen - deshalb die Anweisung J=G-XK+1.

Satz 330-370:

Ausgabe der erzeugten Häufigkeitsverteilung und Beendigung des Programms.

b) dBASE-Lösung

Unter Nutzung von dBASE sieht die entsprechende Aufgabe so aus:

1. Anmelden des Arbeitslaufwerks

SET DEFAULT TO A:

2. Laden der interessierenden Datei

USE Dat1

Nach diesem Arbeitsschritt und einem eventuellen Sortierkommando, um den kleinsten und den größten Gruppierungswert auf einen Blick feststellen zu können, erfolgt die Gruppierung selbst mit Hilfe von Zähl-Kommandos nach dem folgenden Muster:

3. Feststellung der Häufigkeit der Kinderzahl 0:

COUNT FOR Kinder = 0 TO F0

In entsprechender Weise können auch alle anderen Häufigkeiten festgestellt und in Speicherfeldern F1, F2 usw. untergebracht werden. Diese Ausgabe der ermittelten Häufigkeiten kann dann nach folgendem Muster erfolgen:

4. Ausgabe der Häufigkeit der Kinderzahl 0:

?"Kinderzahl = 0",F0

In entsprechender Weise können auch die anderen Häufigkeiten ausgegeben werden.

Man erkennt, daß bei dieser Aufgabenstellung die dBASE-Lösung aus einer recht großen Anzahl von Kommandos besteht. Um solche Kommandofolgen "in einem Zuge" abarbeiten zu können, kann man mit dem Programmsystem dBASE auch Programme erstellen, wobei man sich in diesem Programm-Modus der gleichen Sprachelemente bedient wie im Kommando-Modus; allerdings muß der Programm-Modus mit dem Kommando MODIFY COMMAND eingeleitet werden. Einzelheiten dazu sollen aber im Rahmen dieser Einführung nicht betrachtet werden.

10. KLASSIFIZIEREN

Das Klassifizieren unterscheidet sich im Prinzip nicht vom Gruppieren, worüber im vorangegangenen Abschnitt gesprochen wurde, mit dem Unterschied, daß nun die Merkmalswerte nicht mit Gruppierungswerten, sondern mit den Unter- und Obergrenzen von Merkmalswertklassen verglichen werden. Ausgehend von unserem Spieldatenbestand können folgende Lösungen angeboten werden:

a) BASIC-Lösung

10-200

Datenbereitstellung und Einlesen wie im Programm Nr. 1

```
210 REM Sortieren der Variablen Einkommen *****
220 FOR L=1 TO N-1 : FOR R=L+1 TO N
230 IF X(L,1)<=X(R,1) THEN GOTO 250
240 SWAP X(L,1),X(R,1)
250 NEXT R : NEXT L
260 XK = X(1,1) : XG = X(N,1)
270 CLS : PRINT "Kleinster Wert = ";XK
280 PRINT "Größter Wert = ";XG
290 INPUT "Gewünschter Klassifizierungsanfang";A
300 INPUT "Gewünschte Klassenbreite          ";B
310 K=INT((XG-A)/B)+1 : DIM F(K)
320 REM Klassifizieren ************************
330 FOR I=1 TO N : FOR J=1 TO K
340 KA=A+(J-1)*B : KE=KA+B
350 IF X(I)>=KA AND X(I)<KE THEN F(J)=F(J)+1 : GOTO 370
360 NEXT J
370 NEXT I
380 REM Ausgabe *******************************
390 CLS : PRINT "Einkommen","Häufigkeit"
400 FOR J=1 TO K : KA=A+(J-1)*B : KE=KA+B
410 PRINT KA;" bis unter ";KE,F(J) : NEXT J
420 PRINT "Ende des Programms" : END
```

Programmbeschreibung:

Satz 10-200:

Dieser Programmteil ist aus dem ersten Programm bekannt. Es handelt sich wieder um die Bereitstellung der Daten über DATA-Anweisungen, um die Vorgabe von N (Anzahl der Beobachtungen) und V (Anzahl der Variablen) und das Einlesen der Daten in einen entsprechend dimensionierten Array.

Satz 210-250:

Sortieren nach dem Einkommen (Variable X(-,1)) - auch darüber wurde schon gesprochen.

Satz 260:

Nach dem Sortieren steht an der ersten Stelle des sortierten Arrays der kleinste Wert (X(1,1)) und an der letzten Stelle (X(N,1)) der größte Wert. Diese Werte ordnen wir wieder der Übersichtlichkeit halber den zwei Feldern XK und XG zu.

Satz 270-300:

Der kleinste und der größte Wert werden ausgegeben, um dann vom Programmbenutzer den Startpunkt der Klassifizierung und die Klassenbreite anzufordern.

Satz 310:

In Abhängigkeit von diesen Angaben kann die Klassenanzahl K bestimmt und ein Häufigkeitenarray dimensioniert werden.

Satz 320-370:

Ausgehend von den Klassifizierungs-Vorgaben können jetzt die einzelnen Merkmalswerte in die Klassen einsortiert werden, wobei mit dem jeweiligen Klassenanfang KA und dem jeweiligen Klassenende KE verglichen wird.

Satz 380-420:

Ausgabe der ermittelten Häufigkeitsverteilung und Beendigung des Programms.

b) dBASE-Lösung

Hier ist auch wieder ähnlich zu verfahren wie bei dem vorhergehenden Beispiel:

1. Anmelden des Arbeitslaufwerks

SET DEFAULT TO A:

2. Laden der interessierenden Datei

USE Dat1

Nach diesem Arbeitsschritt und einem eventuellen Sortierkommando, um den kleinsten und den größten Merkmalswert auf einen Blick feststellen zu können, erfolgt die Klassifizierung wieder mit Hilfe von Zähl-Kommandos nach dem folgenden Muster:

3. Feststellung der Häufigkeit in der ersten Einkommensklasse

COUNT FOR Eink>=1000.AND.Eink<1500 TO F0

In entsprechender Weise können auch alle anderen Häufigkeiten festgestellt und in Speicherfeldern F1, F2 usw. untergebracht werden. Diese Ausgabe der ermittelten Häufigkeiten kann dann nach folgendem Muster erfolgen:

4. Ausgabe der Häufigkeit der ersten Einkommensklasse:

?"1000 bis unter 1500",F0

In entsprechender Weise können auch die anderen Häufigkeiten ausgegeben werden.

Auch hier ist wieder anzumerken, daß mit Hilfe eines dBASE-Programms die gestellte Aufgabe einfacher zu lösen ist als durch eine, hier wieder reichlich lange Folge einzelner Kommandos.

11. UNIVARIATE MAßZAHLEN

Stellvertretend für die große Zahl univariater statistischer Maßzahlen, die betrachtet werden können, wollen wir uns hier auf die beiden wichtigsten beschränken, nämlich auf das arithmetische Mittel als Maß der zentralen Tendenz und auf die Standardabweichung als Streuungsmaß. Als Ausgangsdaten verwenden wir im folgenden Programm die Variable "Kinderzahl" aus dem vorgegebenen Spieldatenbestand (X(-,2)).

a) BASIC-Lösung

10-200

Datenbereitstellung und Einlesen wie im Programm Nr. 1

```
210 REM Mittelwertberechnung ********************
220 FOR I=1 TO N : S1=S1+X(I,2) : NEXT I
230 M=S1/N
250 PRINT "Mittelwert          = ";M
260 REM Standardabweichungsberechnung ***********
270 FOR I=1 TO N : S2=S2+(X(I,2)-M)^2 : NEXT I
280 S=SQR(S2/N)
290 PRINT "Standardabweichung = ";S
300 PRINT "Programmende" : END
```

Programmbeschreibung:

Satz 10-200:

Dieser Programmteil ist aus dem ersten Programm bekannt. Es handelt sich wieder um die Bereitstellung der Daten über DATA-Anweisungen, um die Vorgabe von N (Anzahl der Beobachtungen) und V (Anzahl der Variablen) und das Einlesen der Daten in einen entsprechend dimensionierten Array.

Satz 210-250:

Berechnung des arithmetischen Mittels durch Aufsummieren der interessierenden Werte im Feld S1, Division der erreichten Summe durch die Anzahl der Werte im Feld N, Speichern des Divisionsergebnisses im Feld M und Ausgabe dieses Wertes.

Satz 260-300:

Berechnung der Standardabweichung nach dem gleichen Muster. Im Feld S2 wird jetzt die Summe der quadrierten Abweichungen zwischen Merkmalswerten und Mittelwert gebildet. Beendigung des Programms.

dBASE-Lösung

Die dBASE-Lösung für die Berechnung des arithmetischen Mittels ist sehr einfach:

1. Anmelden des Arbeitslaufwerks

```
SET DEFAULT TO A:
```

2. Laden der interessierenden Datei

```
USE Dat1
```

3. Berechnung des arithmetischen Mittels der Kinderzahlen

```
AVERAGE Kinder TO M
```

4. Ausgabe

```
?"Durchschnittliche Kinderzahl =",M
```

Vor der Berechnung der Standardabweichung muß zunächst eine neue Tabellenspalte eingerichtet werden, in der die quadrierten Abweichungen zwischen Merkmalswerten und arithmetischem Mittel aufgezeichnet werden. Dies erfordert zunächst das folgende Kommando:

5. Einrichten einer neuen Tabellenspalte

```
MODIFY STRUCTURE
```

Das Programm bietet nun die Möglichkeit, die neue Spalte zu benennen (zum Beispiel QA für "quadrierte Abweichungen"), ihren Typ festzulegen (N für "numerisch"), ihre Breite (Länge) anzugeben (zum Beispiel 8 Stellen) und die Anzahl der Dezimalstellen anzugeben (2 Stellen). Dieser Editiermodus ist durch gemeinsames Drücken der Tasten Ctrl und End zu verlassen.

6. Füllen dieser neuen Spalte

```
REPLACE ALL QA WITH (Kinder-M)^2
```

7. Zählen der Datensätze

```
COUNT TO N
```

8. Summieren der quadrierten Abweichungen

```
SUM AQ TO S2
```

9. Berechnung der Standardabweichung

```
STORE S2/N TO S
```

10.Ausgabe

```
?"Standardabweichung = ",S
```

12. BIVARIATE MAßZAHLEN

Hier beschränken wir uns auf die Bestimmung einer linearen Regressionsfunktion, d.h. auf die Berechnung von Ordinatenabschnitt A und Steigung B und auf die Berechnung des Korrelationskoeffizienten R.

a) BASIC-Lösung

10-200

Datenbereitstellung und Einlesen wie im Programm Nr. 1

```
210 REM Lineare Regression ***********************
220 FOR I=1 TO N
230 S1=S1+X(I,1)*X(I,2)
240 S2=S2+X(I,1)
250 S3=S3+X(I,2)
260 S4=S4+X(I,1)*X(I,1)
270 S5=S5+X(I,2)*X(I,2)
280 NEXT I
290 Z=N*S1-S2*S3
300 N1=N*S4-S2*S2
310 B=Z/N1 : A=S3/N-B*S2/N
320 PRINT "Ordinatenabschnitt = ";A
330 PRINT "Steigung           = ";B
340 REM KOrrelation ******************************
350 N2=N*S5-S3*S3
360 R=Z/SQR(N1*N2)
370 PRINT "Korrelation        = ";R
380 PRINT "Ende des Programms" : END
```

Programmbeschreibung:

Satz 10-200:

Dieser Programmteil ist aus dem ersten Programm bekannt. Es handelt sich wieder um die Bereitstellung der Daten über DATA-Anweisungen, um die Vorgabe von N (Anzahl der Beobachtungen) und V (Anzahl der Variablen) und das Einlesen der Daten in einen entsprechend dimensionierten Array.

Satz 210-280:

Berechnung der fünf Summen, die für die Berechnung der interessierenden Parameter erforderlich sind.

Satz 290-300:

Berechnung der Hilfsgrößen Z und N1 (Zähler in der Berechnungsformel für b und r, bzw. Nenner in der Berechnungsformel für b).

Satz 310-330:

Berechnung der Steigung und des Ordinatenabschnitts der linearen Regressionsfunktion und Ausgabe der Ergebnisse.

Satz 340-350:

Berechnung des zweiten Teils des Nenners in der Berechnungsformel für r.

Satz 360-380:

Berechnung des Korrelationskoeffizienten r, Ausgabe des Ergebnisses und Beendigung des Programms.

dBASE-Lösung

Bei der Nutzung des Programmsystems dBASE müssen bei dieser Aufgabenstellung nach Eingabe des Kommandos MODIFY STRUCTURE drei neue Spalten eingerichtet werden. Die erste neue Spalte (XY) nimmt die paarweisen Produkte aus den beiden Variablen (Eink und Kinder) auf, die zweite (XQ) nimmt die quadrierten x-Werte, die dritte (YQ) die quadrierten y-Werte auf.

Deshalb werden die folgenden Kommandos erforderlich:

1. Anmelden des Arbeitslaufwerks

```
SET DEFAULT TO A:
```

2. Laden der interessierenden Datei

```
USE Dat1
```

3. Einrichten der drei neuen Spalten wie oben beschrieben

4. Belegung der drei neuen Spalten mit folgenden Kommandos:

```
REPLACE ALL XY WITH Eink*Kinder
REPLACE ALL XQ WITH Eink*Eink
REPLACE ALL YQ WITH Kinder*Kinder
```

5. Berechnung der fünf erforderlichen Summen:

```
SUM XY TO S1
SUM Eink TO S2
SUM Kinder TO S3
SUM XQ TO S4
SUM YQ TO S5
```

6. Zählen der Datensätze

```
COUNT TO N
```

7. Belegung der Hilfsfelder Z, N1 und N2

```
STORE N*S1-S2*S3 TO Z
STORE N*S4-S2*S2 TO N1
STORE N*S5-S3*S3 TO N2
```

8. Berechnung der interessierenden Parameter

```
STORE Z/N1 TO B
STORE S3/N-B*S2/N TO A
```

```
STORE Z/SQRT(N1*N2) TO R
```

9. Ausgabe

```
?"Ordinatenabschnitt = ",A
?"Steigung           = ",B
?"Korrelation        = ",R
```

13. AUSBLICK

Noch einmal sei an dieser Stelle daran erinnert, daß wir in diesem Anhang nur einen kleinen Teil der üblichen statistischen Methoden besprochen haben. Insbesondere mit Blick auf die multivariaten Verfahren und auf die Methoden der inferenziellen Statistik gibt es ein breites Spektrum weiterer Verfahren, die hier angesprochen und für die Programme vorgestellt werden könnten. Im Rahmen dieses Buches genügt aber der Blick auf diejenigen Verfahren, die bei empirischen Auswertungen am häufigsten eingesetzt werden. Bedenkt man, daß diese Verfahren häufig auch Grundbausteine anspruchsvollerer Methoden sind, ist sicherlich vorstellbar, wie dieser Anhang bei Bedarf weiter ausgebaut werden könnte.

Stadtbibliothek Trier
:94000288520